# 포커스 그룹 연구 방법론

## 이론과 실제

David W. Stewart · Prem N. Shamdasani 공저
강종구 · 김영표 · 정광조 · 최종근 공역

FOCUS
GROUPS
(3rd Edition)

학지사

**Focus Groups: Theory and Practice (Third Edition)**
(Applied Social Research Methods)

by David W. Stewart, Prem N. Shamdasani

# 포커스 그룹
# 연구 방법론

## 이론과 실제

# 역자 서문


    현재 국외는 물론 국내 사회과학과 다른 연구 분야에서 많은 연구들이 포커스 그룹(Focus Groups)을 활용하고 있다. 예를 들어, RISS에서 한글로 포커스 그룹을 검색하면 포커스 그룹이라는 용어가 들어간 논문만 30여 편이 넘고, 학술지의 경우에는 수백 편에 이른다. 또한, 영어로 Focus Groups이라는 용어로 검색해도 포커스 그룹 연구 방법을 적용한 연구들이 수백 편에 이르는 것으로 나타나고 있다. 특히, 논문이나 학술지의 논문 제목에 포커스 그룹이나 Focus Groups라는 명칭이 드러나 있지는 않지만 포커스 그룹을 연구 방법으로 적용하고 있는 논문은 그 수를 헤아릴 수 없을 정도로 많다.

    2015년부터 역자들은 공동으로 포커스 그룹을 활용한 연구들을 진행하면서 포커스 그룹(Focus Groups)에 대해 보다 구체적으로 접할 수 있는 기회를 갖게 되었다. 특히, 연구 주제를 위한 포커스 그룹 연구를 수행하기 위해 어떻게 포커스 그룹 집단을 구성하고 면담을 진행해야 하는지 그리고 이를 어떻게 해석하고 작성해야 하는지와 관련된 다양한 국내외 문헌들을 찾아보게 된 것이다.

하지만 이 과정에서 역자들은 포커스 그룹이 무엇인지, 또 포커스 그룹을 어떻게 수행할지 그리고 이를 어떻게 해석하고 논문 작성을 어떻게 해야 할지를 중점적으로 다루는 전문적 교재는 두세 편에 불과하다는 것을 알게 되었다. 또한, 국내에서 많은 연구가 포커스 그룹 면담을 적용해 오고 있었지만, 이들 논문들의 참고문헌을 분석한 결과, 이들 논문들이 인용한 교재들과 선행연구의 저자들에 따라 그 내용이 서로 상이하다는 점을 발견하게 되었다.

따라서 역자들은 '포커스 그룹은 무엇일까?' 그리고 '포커스 그룹은 어느 연구 분야에 어떤 주제에 대해 적용이 되고 있는가?' 또한, '포커스 그룹을 어떻게 구성하고 면담을 해야 하는지 그리고 이를 통해 얻어 낸 자료를 어떻게 해석할 것인가?' 이외에도 '이를 어떻게 논문으로 작성하여야 할 것인가?'에 대해 보다 구체적이면서 깊은 관심을 가지게 되었다. 그리고 역자들은 이와 같은 궁금증을 해결해 줄 수 있는 통일되면서도 전문적인 내용을 담고 있는 최근 포커스 그룹 관련 교재는 없는지를 찾아보게 되었다. 그리고 다행스럽게도 Stewart와 Shamdasani(2015)의 『FOCUS GROUPS: Theory And Practice』 3판을 알게 되었다.

이 책의 번역은 사회과학의 한 분야인 교육학과 특수교육학 분야에서 오랜 기간 연구 중인 4명의 역자들이 진행하였다.

이 책의 저자 1판, 2판 그리고 3판 서문, 제1장, 제2장, 제10장 그리고 색인은 강종구 교수(대구대학교)가 번역하였다. 강종구 교수는 교육학 분야와 특수교육학 분야에서 질적 연구 방법을 적용한 다수의 논문들을 발표하였을 뿐만 아니라 포커스 그룹 면담 기법을 활용한 논문들을 발표해 오고 있다.

제1장은 포커스 그룹의 역사, 이론, 실제에 관련된 내용을 담고 있다. 그리고 제2장은 포커스 그룹의 가장 핵심적인 특징이라고 할 수 있는 집단 심층 면접에서의 집단 역동성에 대한 내용을 담고 있다. 마지막으로 제10장은 결론에 대한 내용이다.

제3장과 제4장은 김영표 교수(국립한국교통대학교)가 번역하였다. 김영표 교수도 교육학 분야와 특수교육학 분야에서 다양한 연구 방법을 활용하여 다수의 논문을 발표해 오고 있다.

제3장은 포커스 그룹의 기초에 대한 내용으로 포커스 그룹이 실시되는 장소, 조정자, 주제 그리고 분석에 대한 내용을 담고 있다. 또한 포커스 그룹의 적용상의 장점과 한계점에 대한 내용을 제시하고 있다. 그리고 제4장에서는 어떻게 포커스 그룹 참여자를 구성하고 모집할 것이며, 이들을 대상으로 집단 심층 면접에서 어떻게 질문을 할 것인지에 대한 안내서에 대한 내용을 제시하고 있다.

제5장과 제6장은 최종근 교수(건양대학교)가 번역을 하였다. 최종근 교수는 교육학 분야는 물론 특수교육학 분야에 다수의 논문을 발표해 오고 있다.

제5장은 포커스 그룹의 핵심적 역할을 맡고 있는 조정자에 대한 내용을 담고 있다. 특히, 조정자의 선정 준비에 대한 내용과 집단

역동성에 대한 중요성에 대해서 설명을 하고 있다. 제6장은 포커스 그룹의 실행에 대한 내용을 담고 있다. 포커스 그룹 집단 위치, 면접 유형, 토론 보조도구, 친밀감 형성 방법, 관찰자와 기록 방법, 면접 개시, 참여자의 참여 촉진 방법, 시간 관리, 탐색 방법 그리고 문제 상황을 다루는 방법 등과 같은 포커스 그룹 실행에서 실제로 적용해야 하는 구체적인 내용들을 설명하고 있다.

제7장, 제8장 그리고 제9장은 정광조 교수(성균관대학교)가 번역하였다. 정광조 교수는 교육학 분야 및 특수교육학 분야에서 메타분석 연구는 물론 포커스 그룹을 활용한 논문 등 다양한 연구를 수행하고 발표해 오고 있다.

제7장은 포커스 그룹 자료 분석에 대한 내용을 담고 있다. 특히, 질적 분석 방법으로 내용 분석에 대한 내용을 제시하면서 동시에 양적 분석과 컴퓨터를 활용한 내용 분석에 대해 설명을 하고 있다. 제8장은 포커스 그룹이 실제 연구에서 어떻게 적용되고 있는지 그 사례를 보여 주고 있다. 예를 들어, 정치 선거 운동 영역과 새 차 구매에 대한 소비자의 반응과 관련된 연구 사례를 구체적으로 제시해 주고 있다. 제9장은 최근에 포커스 그룹에서 새롭게 적용되고 있는 가상 포커스 그룹에 대한 내용을 제시하고 있다. 특히, 최근 SNS나 인터넷 등을 활용한 가상 포커스 그룹 연구 방법을 구체적이면서도 실제 적용되고 있는 플랫폼들을 제시한다. 이 외에도 포커스 그룹과는 조금 다르지만 집단 심층 면접방법으로 적용되고 있는 명목집단 기법, 델파이 기법, 브레인스토밍과 창조적 문제 해법 그리고 지도자 없는 토론 집단에 대한 내용도 설명하고 있다.

이 책은 최근 포커스 그룹에 대한 새로운 내용을 담고 있고 구체적인 연구 실행과 관련된 내용들을 담고 있다는 점에서 국내 포커스 그룹 연구의 방향과 기준을 제시해 줄 수 있을 것이라는 기대를 해 본다.

하지만 번역 작업은 쉽지 않은 여정이었다. 이는 단순히 영어를 국어로 바꾸는 것이 아니라 내용에 대한 충분한 이해를 가지고 옮겨야 했고, 이를 독자들의 입장에서 번역해야 했기 때문이다. 역자들이 이런 내용들을 독자들이 쉽게 이해할 수 있도록 오랜 기간 심혈을 기울여 번역을 한 만큼 이 책이 포커스 그룹을 활용한 연구를 수행하고자 하는 연구자들이나 독자에게 포커스 그룹에 대한 이해와 적용에 도움이 될 수 있기를 기대해 본다.

2018년 6월
역자 일동

# 3판 저자 서문

　이 책의 초판이 나온 지 거의 25년이 지났다. 우리가 초판을 썼을 때 포커스 그룹은 크게는 마케팅 연구자들이 다루는 영역이었으며, 포커스 그룹 연구의 고안, 실행, 해석을 안내하는 서적은 거의 없었다. 초판을 쓰는 데에 있어 우리의 목적은 방법의 짧고 접근할 수 있는 처리를 통해 이와 같은 격차를 메우고 사회과학 연구의 더 넓은 상황 속에 포커스 그룹 연구를 자리 잡게 하는 것이었다.

　우리는 이 책의 환대에 감사했지만, 이 책이 출판된 이후 곧이어 계속해서 매우 좋으면서도 더 포괄적인 방식으로 포커스 그룹 연구를 '어떻게' 하는지에 대한 책들이 출판되었다. 이후 20년 동안 포커스 그룹의 사용이 폭발적으로 발생하였으며, 다양한 범위의 사회과학 및 전문 훈련들로 사용의 확장성을 보여 주었다. 우리가 2판을 작업할 당시에는 포커스 그룹 연구가 널리 채택되었지만 이를 사용하는 많은 부분에 있어 그룹 심층 면담들의 기본이 될 수 있는 이론적·규율적 전통성은 잃어버리는 것 같았다. 이로 인하여 2판에서는 포커스 그룹 연구의 역사적인 기원들을 더 완전히 탐구하고 방법에 있어서도 심도 있는 인식적·이론적 토대들을 다루고자 하였다. 2판은 이와 같은 목적을 수행한 것 같으며, 이는 출간 후 3,500번 이상 인용된 것을 통해서도 알 수 있다.

우리가 3판을 시작하였을 때 포커스 그룹 연구는 성숙되었으며, 연구 질문 및 방법에 있어 새로운 영역으로 이동하고 있음이 매우 분명하였다. 이번의 3판은 두 가지 새로운 영역들을 반영하였다. 첫 번째는 세계적 범위에서 증가하는 넓은 범위의 이슈들을 다루는 포커스 그룹 연구들의 사용이 증가한 것이다. 마케팅에 있어 포커스 그룹 연구의 전통적 사용과 함께 이와 같은 그룹들은 지금 조금 말하자면 인도 반도 지역 농부, 중남부 로스앤젤레스 갱단원, 자녀들에게 홈스쿨을 하는 부모, 다양한 물리적 질병으로 고통받는 사람들을 대상으로 채택되고 있다. 포커스 그룹 연구는 확실히 비교적 풍족한 소비자들에게 초점을 맞추는 마케팅 연구가 적용하는 범위 이상으로 확대되고 있다.

두 번째 주요 변화는 가상 그룹의 사용이 증가한 것이다. 인터넷은 고려할 만큼 시간과 공간에서 떨어져 있는 개인들을 참여시키면서 포커스 그룹을 실행할 수 있는 풍부한 도구 및 기술을 불러일으키고 있다. 필요에 의해 먼저 사용되고, 만일 하위적인 것이라면 물리적 그룹들을 위한 대처로서 가상 포커스 그룹은 자체적으로 매우 독특한 장점을 제공한다. 3판에서는 국제적 상황에서의 포커스 그룹 사용 및 가상 포커스 그룹의 사용을 보다 많이 다루었다.

이와 함께 이전 판들의 일부였던 고전적이고 시간 제약이 없는 자료들을 포함하면서도 새롭게 개정된 자료들을 업데이트하고자 하였다. 이 책에서는 기관생명윤리위원회(IRB) 승인에서의 역할, 참여자 모집과 같은 절차에 있어서의 세부 내용들에 대하여 새로운 자료들을 추가하였다. 또한 중재자의 역할, 포커스 그룹의 수행, 포커스 그룹 자료 분석을 위한 소프트웨어 도구들에 대해서도 다루었다.

이 책의 2판은 제3저자였던 Dennis Rook의 기여를 통해 풍성해졌다. Dennis는 3판에 참여할 수 없었지만, Dennis의 초기 기여들 가운데 많은 부분이 3판에 남아 있다. 우리는 Dennis의 협력에 감사하며 기여 저자로서 Dennis를 포함함으로써 초창기 작업을 인정하고자 한다.

책의 이번 판은 학생, 동료, 고객, 검토자를 포함하여 많은 독자의 언급에 의해 정보를 받았다. 우리는 특히 이전 판에 대한 언급들을 제공해 준 검토자들, Pennsylvania 대학교의 Michael B. Blank, Johns Hopkins 대학교의 Christina Harnett, Keele 대학교의 Jane Hunt, Oakland 대학교의 Sheri Oden, Florida 대학교의 Marilyn E. Swisher에게 감사하고 싶다. 이들 검토자들로부터 만들어진 통찰들과 제안들은 우리로 하여금 이 책을 개선하고 업데이트하기 위한 방향과 안내를 제공하였다. 우리는 또한 자신들의 연구 자원으로 이 책을 사용한 많은 연구자의 의견을 들었다. 우리는 이들의 제안에 대하여 매우 깊이 감사하고, 제안들을 반영하고자 노력하였다. 우리는 Sage 편집부의 격려와 인내에 대하여 감사하지 않을 수 없다. 우리는 새로운 판이 계속해서 초기 판들과 같이 유용하게 되기를 희망한다. 우리는 이 시리즈의 초판을 쓰도록 초대해 준 편집자들에게 감사하고 우리의 일을 계속하도록 격려해 준 Sage 직원들에게도 감사한다.

David W. Stewart

Perm N. Shamdasani

2013년 9월

# 2판 저자 서문

우리가 이 책의 2판을 저술하기 시작하였을 때, 초판을 쓴 이후 포커스 그룹의 방법론뿐만 아니라 포커스 그룹 환경의 많은 차원들에 있어 의미 있는 진전이 있었다. 우리는 이와 같은 진전이 하나의 긍정적인 동력이 되어 왔고, 포커스 그룹이 적절한 문제들과 환경들의 범위 모두를 확장시켜 왔고, 포커스 그룹 연구 수행을 위한 일반적인 실천을 향상시켰다고 믿는다. 포커스 그룹 연구에 있어서의 이러한 흐름에는 다음과 같은 것들이 포함되었다.

1. 행동과학 및 보건학 분야에서 포커스 그룹의 매우 의미 있는 확산
2. 포커스 그룹 연구의 세계화
3. 포커스 그룹 설비 소유권의 공공화 및 결과적으로 발생한 다양한 광고상의 호소를 사용하는 소유자들의 광고 증가

4. 전문가들이 특수한 민족 집단, 연령 범위, 특정 산업에 포커스를 두기 시작하면서 발생한 포커스 그룹 설비와 조정자들 사이의 틈새 위치의 성장

5. 포커스 그룹 설계와 공학 사용에 있어서의 창의적 혁신의 출현

이와 같은 혁신에는 인터넷이나 화상회의를 통해 사람들이 함께 모이는 가상 포커스 그룹, (낯선 사람들로 구성된 집단 사용과 대비되는) 자연적 집단의 사용, 토론의 자극제로서 기능할 수 있는 자연적 환경인 가정이나 사무실에서 포커스 그룹을 수행하는 것 등이 포함된다.

이와 같은 긍정적 흐름의 발생과 함께 포커스 그룹을 전통적으로 자주 사용해 온 사람들인 마케팅 커뮤니티 안에서 포커스 그룹에 대한 비판이 증가되어 왔다. 업계 및 학술지에서는 다음과 같은 다양한 단점을 통해 포커스 그룹을 비판하였다. 포커스 그룹의 사용은 양적 연구와 심층 개별 면담의 부적절한 대안이다, 발견을 위한 탐색 도구이기보다는 연구도구의 평가를 위한 수단으로 사용되고 있다, 상대적으로 미숙한 조정자들에 의해 수행되는 별 특징 없는 '붕어빵' 같은 비슷비슷한 그룹을 수행하고 있다. 우리는 이와 같은 비판이 일리가 있다고 믿지만, 이러한 비판은 포커스 그룹 연구 방법 자체보다는 연구 방법의 적용방식에 관한 것이라고 생각한다. 아무리 좋은 도구라고 해도 적절히 사용하지 못한다면 좋은 결과를 얻을 수 없다. 망치는 못을 박을 때는 매우 유용하지만 반으로 잘라야 할 때에는 그다지 유용하지 않다. 망치를 가지고도 반

으로 자르는 데 사용할 수는 있겠지만, 결과물은 별로 도움이 되지 않는다. 포커스 그룹에도 똑같은 원리가 적용될 수 있다. 포커스 그룹 연구 방법은 어떤 형태의 연구 문제에는 유용한 도구이지만 모든 연구 상황에 도움이 되지는 않는다.

이 책을 쓰는 우리의 목표 중의 하나는 포커스 그룹에 가장 적합한 연구 상황과 문제를 잘 정의하는 것이었다. 우리는 또한 포커스 그룹을 연구를 계획하고, 실시하고, 해석하는 방법에 관하여 실질적인 조언을 제공하고자 하였다. 하지만 '방법론'에 관한 책이 많이 있는 상황에서 또 한 권을 더하기를 원하지는 않았다. 오히려 사회과학 및 행동과학 안에 있는 폭넓은 연구의 구조 안에 포커스 그룹이 어떻게 적합한지를 보여 주고 싶었다. 이렇게 하는 데 있어서, 우리는 또한 마케팅 연구자들에 의해 주로 사용되는 도구로서 포커스 그룹 연구가 보다 폭넓게 적용되는 도구로 이동하기를 원하였다. 우리는 이 책의 초판이 마케팅 관계자들 사이에서뿐만 아니라 사회과학, 행동과학, 보건과학에서 많은 독자들을 만나게 되었던 것에 대하여 기쁘게 생각하였다.

이 2판에서는, 사회과학을 위한 일반적 연구도구로서 포커스 그룹에 대한 우리의 관심을 유지하였다. 우리는 또한 가능하다면 초판의 내용을 똑같이 유지하기 위해 노력하였다. 포커스 그룹 연구는 성숙한 연구 방법이고, 오늘날 '최고의 실제(best practice)'라고 생각되고 있는 많은 것들이 초판에 기원을 두고 있다. 동시에 우리는 포커스 그룹 연구에서의 긍정적인 혁신적 경향들을 반영하기 위해 책을 갱신하였다. 우리는 또한 경험적 기반과 관점을 확장시키기 위해서 제3저자를 추가하였다.

지난 수년 동안 수많은 제안과 생각을 우리에게 제공해 준 초판의 많은 독자들에게 감사하지 않을 수 없다. 우리의 학생들과 연구 의뢰인들 또한 우리가 사회과학 연구 방법으로서의 포커스 그룹 연구의 역할을 더 잘 설명하고 포커스 그룹을 중심으로 연구 실천의 일반적 수준을 개선하도록 도와주었다. 마지막으로 우리가 초판을 쓰도록 제안하고 수정한 2판을 개발할 수 있도록 우리를 격려해 주고, 이 책을 어떻게 개선할지에 대하여 도움이 되는 조언을 제공해 준 이 시리즈 편집자에게 감사한다.

David W. Stewart

Prem N. Shamdasani

Dennis W. Rook

2006년 2월

# 1판 저자 서문


우리가 응용 사회과학 연구 방법에 관한 Sage 시리즈의 일환으로 포커스 그룹에 관한 책의 집필을 의뢰받았던 1986년 후반에만 해도, 포커스 그룹을 연구에 어떻게 활용해야 하는지를 다루는 자료들은 거의 없었다. 몇 편의 읽을 자료들과 다양한 핸드북 안의 몇몇 장들에서 다루어지기는 했지만, 이러한 자료들마저도 구시대적이거나 피상적 수준에 머물렀으며, Merton과 Kendall(1946)의 고전 『포커스 면접』은 너무 오래전에 인쇄된 것이었다. 1989년 후반 우리가 저술 작업을 완료하던 즈음에 이르러, 포커스 그룹의 실행 및 적용을 다룬 몇 권의 저서가 출판되었다. 이 대부분의 저서는 포커스 그룹 조정자로 경험이 있는 사람들이 저술한 것이고, 포커스 그룹 참여자의 모집, 포커스 그룹의 실제적인 실행 그리고 포커스 그룹에 의해 생성된 데이터의 해석에 관하여 상당히 상세하게 다루었다. 우리는 이들 저서 여러 편을 참고하여 우리 자신의 논문을 서술하였고, 독자들이 우리가 제시하는 내용들을 이해하는 데 유용한 보충자료가 될 수 있겠다고 느꼈다.

이 주제에 관한 다른 최근 저서들의 출판에도 불구하고, 우리들의 저서가 포커스 그룹에 관한 독특한 관점을 제공해 줄 것이라고 생각하게 되었다. 포커스 그룹 실행 및 적용에 관한 간단명료한 지침을 제공할 수 있고, 포커스 그룹의 활용 및 해석을 이론적인 맥락 안에서 이루어질 수 있도록 하는, 상대적으로 짧은 책(권)을 저술하는 것이 우리 필자들의 의도였고, 우리는 이러한 의도를 간과한 적이 없다고 자부한다.

포커스 그룹 연구는 집단 역동성에 관한 초기 연구, 설득적 커뮤니케이션 그리고 대중매체의 효과에 관한 연구에서 기원하였다. 그럼에도 이런 연구들이 제공해 주는 풍부한 경험적 근거와 이론적 기반들을 간과하거나 활용하지 않는 경우들이 드물지 않다. 우리 저서에서는 포커스 그룹 연구의 기원에 대하여 다시 논의하고, 사회과학의 주류에서 포커스 그룹 연구가 보다 더 그 기원에 가까이 다가설 수 있도록 노력하였다. 이렇게 함으로써 우리는 이 책이 같은 주제에 대해서 다루는 다른 저서들과 차별된다고 믿고 있다. 다른 저서들은 대체로 포커스 그룹의 실행에 관하여 상당히 상세한 설명과 예시를 제공해 주기는 하지만 이론적 차원에 관해서는 그렇게 큰 강조를 하지 않는 경향이 있다.

독자들은 이 책에서 3개의 장이 특히 포커스 그룹의 이론적 차원을 다루고 있다는 것을 알게 될 것이다. 제2장은 집단 역동성 및 집단의 사회심리학에 관한 문헌들에 대하여 다루고 있다. 포커스 그룹은 그 정의 자체가 집단 역동성의 구현이며, 집단의 운영뿐만 아니라 포커스 그룹으로부터 얻어진 결과의 해석은 집단 상호작용의 맥락 안에서 이해되어야 한다. 제4장에서는 면접자와 조정자 효과에 관한 문헌들을 살펴보았고, 집단과 조정자의 상호작용에 관해서도 살펴보았다. 제4장에서는 포커스 그룹 데이터의 질을 결정하는 데 있어 조정자의 중요성에 대한 강조뿐만 아니라, 데이터 그 자체가 조정자와 집단의 독특한 상호작용의 결과라는 점을 시사하였다. 이러한 상호작용을 이해하고 여기에 기여하는 요소들을 잘 이해하는 것만이 포커스 그룹 데이터의 해석을 위한 타당한 기초가 된다. 제6장 또한 내용 분석 이론의 일부에 대하여 논의하고 있다. 제6장은 주로 포커스 그룹 결과의 해석에 관심을 두기 때문에, 이러한 해석의 이론적 토대에 대하여 다루는 것이 특히 적절하다고 여겨진다.

이미 논의된 장들에서와 함께 이 책의 남은 장들에서는 포커스 그룹의 설계, 실행, 결과의 해석 방법을 주로 다루었다. 우리는 그 결과가 이론과 실제의 균형이기를 바라고, 이는 포커스 그룹이 즉석에서 이루어지는 비이론적 또는 비과학적인 실제가 아니라는 것을 시사한다. 그보다 우리는 포커스 그룹이 이론적 기반이 탄탄한 유용한 사회과학 연구도구가 될 수 있다는 점을 알리려고 노력하였다.

어떤 저작도 필자들만의 업적일 수는 없다. 이 책도 예외가 아니다. 이 책이 나오기까지 도와준 이들의 기여에 감사를 표하지 않는다면 그것이야말로 우리들의 태만이 될 것이다. Sage 시리즈의 공동 편집자인 Len Bickmann은 우리가 이 프로젝트를 수행할 수 있도록 큰 힘이 되어 주었다. 일리노이 대학교 홍보팀 Tom O'Guinn은 이 책의 초고를 검토하고 도움이 될 만한 다양한 비평과 제안을 제공해 주었다. Siony Arcilla는 최종판 원고를 타이핑해 주었다. 이들 모두에게 우리의 깊은 사의를 표한다. 그 밖의 다른 분들의 후의에도 불구하고, 문제점이나 표현상의 미숙한 부분이 남아 있다면, 그것은 모두 필자들의 책임임을 밝혀 둔다.

David W. Stewart

Prem N. Shamdasani

1989년 11월

# 차례

# 도입: 포커스 그룹의 역사, 이론, 실제

# 제1장

# 도입: 포커스 그룹의
# 역사, 이론, 실제

사회과학에서 가장 널리 사용되는 연구도구들 중에는 그룹 심층 면담 또는 포커스 그룹이 있다. 원래 (Merton의 선호하는 글자인) '포커스화된' 면담(Merton & Kendall, 1946)이라고 불리던 이러한 기법은 제2차 세계 대전 이후 유행되었으며, 이후 사회과학자들의 도구가 되었다. 포커스 그룹은 질적 연구 분야에서 개별 심층 면담, 문화 기술적 참여관찰, 프로젝트 방법을 포함하는 행동과학 연구에서 나타났다. 다른 질적 연구와 마찬가지로 행동연구자들 속에서 포커스 그룹의 대중성 및 지위는 특정 분야에서의 독특한 유형으로 몇 년간 일진일퇴를 해 왔다. 예를 들어, 한 가지 추정에 의하면 질적 마케팅 연구들에 있어 포커스 그룹은 50년 이상 꾸준히 성장해 왔고, 오늘날 미국에서만 매년 25만 개 이상의 포커스 그룹이 실시되고 있다(FocusVison, 2012). 이와 함께 포커스 그룹은 더 이상 작은 방에서 2~3명의 구성원들과 얼굴을 마주 보면서 진행하는 소규모 연구 프로젝트로만 이루어지지 않게 되었다. 오늘날 포커스 그룹은 웹캠, 가상세계, 원격인식, 소셜미디어를 통해 다루어지고 있다 (McDermott, 2013). 또한 전 세계를 대상으로 많은 포커스 그룹들이 수행되기도 한다. 예를 들어, 에어버스(Airbus)와 보잉(Boeing)은 각자 자신들의 새로운 비행기인 A380과 787의 각각의 개발을 지원하기 위해 전 세계를 대상으로 수백 개의 포커스 그룹을 수행하였다 (Babej & Pollack, 2006; Emerson, Johnson, & Koh, 2000).

1950년대 번성하였고, 1960년대와 1970년대에 쇠퇴하였다가, 1980년대에 재출현한 그룹 연구—질적 연구—를 받아들인 첫 번째 분야는 사회학이라고 볼 수 있다. 이후 계속해서 사회과학자들의 주요 도구 가운데 한 가지가 되어 왔다. 포커스 그룹의 상승, 감소, 부활의 다양한 형태들은 다른 영역들의 특징들을 포함할 수 있지만, 오늘날만큼 행동과학 분야 및 하위영역으로 포커스 그룹 연구가 광범위하게 사용된 적은 없다. 세계를 함께 잇고 시공을 초월해서 의사소통을 촉진시키는 기술은 포커스 그룹 수행에 있어 새로운 수단들을 제공하고 있지만 기본 접근과 혜택은 동일하다.

행동과학을 특징짓는 연구 목적, 이론, 절차에서의 다양성은 다른 분야들과 포커스 그룹 간의 차이를 가지게 할 수 있다. 사실, 이러한 부분은 포커스 그룹 연구의 다재다능성 및 생산성과 관련되어 있다. 인류학자인 Grant McCracken(1988)이 언급한 것처럼 오늘날 포커스 그룹 연구에서 문제되는 것은 '이론보다 실제에 주로 더 많은 관심을' 가지는 지적(intellectual) 환경이다(p. 15). 이는 수십 편의 논문 및 책들이 참여자 모집, 토의 안내 준비, 중재자 선택, 시간 할당, 관찰자 초대, 음식 준비, 자료 분석, 보고서 준비를 포함하여 복잡한 수행 세부 사항들에 있어서의 해야 할 것과 하지 말아야 할 것을 강조하는 경향이 있는 응용연구에서 특히 그러하다. Rook(2003)이 언급한 것처럼 포커스 그룹의 단계별 관리 측면들은 자주 더 기본적 이슈에 대한 고려 없이 연구자들을 사로잡고 있다. 실제적으로 연구자들은 한 발 물러서서, 왜 개인보다 그룹으로 연구를 수행하고자 하는지와 왜 자연적인 환경보다 거울을 갖춘 방에서 하는지에 대한 질문을 거의 하지 않는다. 이러한 질문에 대한 답은 행동과학 연구자들의 포커스 그룹 출현과 본질연구에 가까워지면서 찾아낼 수 있을 것이다.

## 경계선 교차: 포커스 그룹의 행동과학 기원

거의 100년간 (기초 및 응용 모두에서) 행동과학 분야의 수많은 연구자들은 주요 자료의 원천으로 포커스 그룹을 의존해 왔다. 이 분야는 다양한 시점에서 교육, 사회학, 커뮤니케이션, 보건과학, 조직행동, 프로그램 평가, 심리치료, 사회심리, 노인학, 정치과학, 정책연구, 사회학, 인류학, 정보체계, 관리, 마케팅을 포함하는 그룹 연구들을 포함하였다. 이러한 분야들의 주요 관심들은 분명히 꽤 다양하며, 포커스 그룹은 매우 다른 관점 및 우선순위들로서 고안, 처리, 분석을 제시하는 것 같다. 달리 말하면, 어떠한 분야에서 강조하는 개념의 영역은 연구자들의 표본 선택 방법, 질문 구성, 중재자 반응 검증, 포커스 그룹 참여자들 간의 상호작용 관리에 영향을 미친다.

연구 수행에 있어 실질적인 분야에 기초한 이론의 피할 수 없는 영향은 오늘날 포커스 그룹의 사용에 있어 광범위하게 적용될 수 있는 접근으로 일반화하는 경향과는 대조적인 입장을 가진다. 포커스 그룹 방법론은 많은 분야들에서 공통적일 수 있지만, 이에 대한 사용과 적용은 차이가 있다. 이 장에서는 주요 역사적 근원들을 확인하고 이들의 본래 연구 디자인들의 특성을 나타냄으로써 포커스 그룹의 이론과 실천 간의 관계를 검사하고자 한다.

앞서 언급한 것처럼, 포커스 그룹 연구 계보는 설득적 커뮤니케이션의 20세기 연구들, 1940년대 초기에 수행된 대중매체의 효과와 매우 공통적이고 직접적으로 연결된다. 〈표 1-1〉은 상업적 성공이 나타난 마케팅 연구의 분야 내에서의 진전에 대한 특별한 강조와 사회과학 연구의 주요 산물이 된 정당성 있는 연구도구로서 그룹 면담의 발전이 요약된 연대표다. 하지만 이것은 단지 이야기의 일부분으로, 오늘날의 포커스 그룹 방법론들은 또한 ① 그룹 분석과 치료에 있어서 임상심리학의 사용과 ② 집단 역동성에 대한 사회학, 사회심리학 연구들과 같은 두 가지 추가적 주요 원천들로부터 발전하고 있다. 포커스 그룹의 역사는 또한 한 분야(예: 임상심리)로부터 또 다른 분야(마케팅 연구)에 이르는 연구자들의 이동과 함께 초기에는 학제 간 협력의 강화된 효과들로 충만하였다. 결과적으로, 포커스 그룹 방법론의 이론적 기저는 개척자인 Alfred Goldman이

"사회-심리학적 · 심리치료적 전통과 기술의 풍부한 스튜(탕)"로 기술한 데 나타나 있다(Goldman & McDonald, 1987, p. 3).

### 〈표 1-1〉 포커스 그룹 연구의 이정표

| | |
|---|---|
| 1913년 | Strong, E. K., Jr., "Psychological Methods as Applied to Advertising(광고에 적용된 심리학적 방법들)," *Journal of Educational Psychology, 4*, 393–395. |
| 1925년 | Prffenberger, A. T., *Psychology in Advertising*(광고에서의 심리학). Chicago, IL: A. W. Shaw. |
| 1926년 | Bogardus, E. S., "The Group Interview(그룹 면담)," *Journal of Applied Sociology, 10*, 372–382. |
| 1931년 | Moreno, J. L., *The First Book on Group Psychotherapy*(그룹 심리치료에서의 첫 번째 책). New York, NY: Beacon House. |
| 1934년 | Lazarsfeld, P. F., "The Psychological Aspects of Market Research(마켓 연구의 심리학적 측면들)," *Harvard Business Review, 13*(October), 54–71. |
| 1937년 | Lazarsfeld, P. F., "The Use of Detailed Interviews in Market Research(마켓 연구에 있어서 상세한 면담들의 사용)," *Journal of Marketing, 2*(July), 3–8. |
| 1940~ 1945년 | 처음에는 CBS 라디오 프로그램 연구를 위하였으며, 군 훈련 및 사기 진작 영화들을 위해 Lazarsfeld의 동료들인 Hadley Cantril, Gordon Allport, 그리고 Robert Merton 에 의해 수행된 (그룹과 개인 모두의) '포커스 면담' |
| 1944년 | Edmiston, V., "The Group Interview(그룹 면담)," *Journal of Educational Research, 37*, 593–601. |

| 1946년 | Merton, R. K., & Kendall, P. L., "The Focussed Interview(포커스된 면담)," *American Journal of Sociology, 51,* 541–557. |
|---|---|
| 1947년 | Dichter, E., "Psychology in Marketing Research(마케팅 연구에서의 심리학)," *Harvard Business Review, 25,* 432–443. |
| 1948년 | Lewin, K., *Resolving Social Conflicts*(사회적 갈등의 해결). New York, NY: Harper. |
| 1949~ 1953년 | 업계 신문은 뉴욕, 필라델피아, 시카고에서 광고 대행사들에 의해 많은 포커스 그룹 사용을 인용하였다. |
| 1954년 | Smith, G. H., *Motivation Research in Advertising and Marketing*(광고와 마케팅에서의 동기 연구). New York, NY: McGraw-Hill. |
| 1962년 | Goldman, A. E., "The Group Depth Interview(그룹 심층 면담)," *Journal of Marketing, 26,* 61–68. |
| 1976년 | Bellenger, D., Bernhardt, K., & Goldstucker, J., *Qualitative Research in Marketing*(마케팅에서의 질적 연구). Chicago, IL: American Marketing Association. |
| 1979년 | Higgenbotham, J. B., Cox, K. (Eds.). *Focus Group Interview: A Reader*(포커스 그룹 면담: 독자). Chiaco, IL: American Marketing Association. |
| 1982년 | Fern, E. F., "The Use of Focus Groups for Idea Generation: The Effects of Group Size, Acquaintanceship, and Moderator on Response Quantity and Quality(아이디어 생산을 위한 포거스 그룹의 사용: 반응 양과 질에 있어 그룹 크기, 친분, 중재자)," *Journal of Marketing Research, 19,* 1–13. |

| | |
|---|---|
| 1990년대 | Stewart and Shamdasani(1990), Templeton(1994), Greenbaum(2000), Morgan(1998), Edmunds(1999), Krueger and Casey(2000), Fern(2001)에 의한 포커스 그룹 책들 |
| 1990년대 후반 | 포커스 그룹 마케팅에 대한 비판이 업계 신문에 나타난다 (Kaufman, 1997). |
| 2003년 | 문화기술적 영향들은 실제 사회 그룹들과의 자연스러운 환경들에서 수행되는 포커스 그룹의 사용으로 나타난다 (Wellner, 2003). |
| 2007년 | 개척 시장과 글로벌 상황에서 포커스 그룹 연구의 사용 증가(Hennink, 2007) |
| 2012년 | 가상 그룹, 가상 세계 그리고 관련된 기술들의 사용의 증가는 동시에 시간과 공간에서 '그룹'의 정의를 확장하고 자료가 획득될 수 있는 것에 의해 양상의 영역을 확장한다 (Houliez & Gamble, 2012). |

하지만 스튜(탕)는 용광로(melting pot)가 필수적인 것은 아니며, 근본적인 차이는 사회학, 사회심리학, 임상심리학, 건강관리, 교육, 마케팅 연구의 관심에 있다. 포커스 그룹 선구자들은 거의 하나만을 생각하지 않으며, 의견 및 접근에서 발생되는 차이들은 각각의 상위 분야 내에서 특유한 지적 우선순위들을 반영한다. 그룹 상황에서 수행되는 연구에서의 이와 같은 차별성은 자주 포커스 그룹에 있어서의 사용, 고안, 실천, 해석에서의 뚜렷한 차이들을 가지게 한다. 이는 또한 시간이 흐르면서 특정 적용 및 상황과 관련하여 더욱 실용적 관심과 함께 다양한 수준의 사회학적·심리학

적 영향을 반영하는 포커스 그룹의 혼합된 형태를 만들고 있다. 다음의 논의는 세 가지 상위 분야들에 있어서의 포커스 그룹 연구의 기원 및 용도를 다루고 있다.

놀랄 것도 없이 사회적 그룹과 그룹행동에 있어 사회학의 중추적 관심은 많은 연구자들이 연구를 위해 그룹 면담을 가지도록 하고 있다. Karl Mannheim(1936)과 E. S. Bogardus(1926)는 1920년대에 그룹 면담을 사용하여 발표하였다. 이후 질적 사회학자들은 사회적 상호작용 유형들과 개인적 공간, 그룹 구성 · 결합력 · 결정수립 · 생산, 적합 · 리더십 · 사회적 권력을 포함하여 수많은 그룹행동을 주제로 하는 연구들에 있어 포커스 그룹을 사용하고 있다. 사회학자들과 사회심리학자들은 그룹보다는 개인에 초점을 맞추는 경향이 있지만 많은 공통된 연구 관심을 공유한다.

## 🏰 사회학 및 사회심리학의 기여

포커스 그룹에 있어 가장 잘 알려진 초기 사회심리학적 사용들은 매체커뮤니케이션(예: 라디오 방송, 정부 기금 모금 호소, 제2차 세계대전 군 훈련 영화) 효과 및 관련 효과, 특정 커뮤니케이션의 설득을 설명하는 기본적 요소들에 대한 이해의 추구다. 포커스 그룹 발전에 있어 가장 잘 알려져 있고 영향력이 큰 자극은 다른 프로그램들의 호감도에 있어서의 점수 차이가 발생하는 이유를 진단할 수 없다는 네트워크 라디오 연구자들의 좌절감에서부터 시작되었다. 따라서 '포커스화된' 그룹 면담은 Paul Lazarsfeld가 라디오 프로그램에 대한 청취자 반응을 평가하는 데 도움을 받기 위하여 Robert Merton을 초대한 1941년 컬럼비아대학교 라디오 연구실에 기원을 두고 있다. 이러한 초기 연구에서 대중매체 스튜디오 청취자들은 녹음된 라디오 프로그램을 듣고 분노, 따분함, 불신과 같은 부정적 반응을 유발할 때에는 빨간 버튼, 긍정적인 반응으로는 녹색 버튼을 누를 것을 요청받았다. 이러한 반응들과 타이밍들은 Lazarsfeld-Stanton 프로그램 분석기(오늘날 여전히 미디어 연구에 사용되는 장치와 꽤 유사한 녹음 장치)로 일컬어졌던 탐지기 같은 도구에 녹음되었다. 프로그램 마지막에 청중들은 자신들이 녹음한 긍정 및 부정 사건들에 집중할 것을 요청받았으며, 이러한 반응들을 토론하였다 (Merton, 1987).

제2차 세계 대전 발발 이후 Merton은 Samuel Stouffer에 의해 이끌어진 미군 정보교육부의 연구 부서를 위한 군 훈련 및 사기진작 영화들의 분석에 자신의 기술을 적용하였다. 이러한 경험은 방법론의 윤곽을 나타내는 논문 출판(Merton & Kendall, 1946) 및 이후 기법을 다루는 책으로 나타났다(Merton, Fiske, & Kendall, 1956). 전쟁 기간 및 이후 컬럼비아대학교에서의 이와 같은 기법 사용에 기초한 연구 결과들은 대중 매체의 설득과 영향에 관한 고전 서적들 가운데 하나의 기초를 형성하였다(Merton, Fiske, & Curtis, 1946).

Merton은 이후 개별 면담 사용을 위한 기법을 채택했으며, 시간이 지나면서 그룹 및 개별 면담 환경 모두에서 이와 같은 방법은 더 널리 전파되고 사용되었다. 이러한 것은 또한 연구자들이 자신의 요구들을 위한 절차를 수정하면서 변화하는 경향을 가졌으며, Merton에 의해 채택된 미디어 포커스 절차를 포함하지 않는 다른 유형의 그룹 면담들을 통합하는 경향을 가졌다. 따라서 오늘날 포커스 그룹으로 알려진 것은 많은 다양한 유형을 가지고 있으며, Merton이 '포커스화된' 면담에 대한 자신의 책에서 확인한 모든 절차들을 따르지 않을 것이다.

역설적으로, 포커스 그룹은 곧 학문적 사회심리학 및 커뮤니케이션 연구에서 더욱 실험적이고 양적인 접근들을 채택함으로써 이들 모두에서 소외당하였다. 하지만 현상학적 사회학(Schutz, 1967)의 이론적 영향과 양적 연구 방법들에 있어서 1980년대 사회학적 관심의 부활은 포커스 그룹의 재출현에 기여하였으며, 이는 일부 관찰자들로 하여금 질적 사회학 연구를 위한 '새로운 도구'를 대변한다고 잘못 결론짓게 하였다(Morgan & Spanish, 1984). 더욱 최근에는, 포커스 그룹은 사회과학 및 보건과학, 평가 연구에서 점차 인기 있는 자료 수집 방법이 되고 있다(Ansay, Perkins, & Nelson, 2004; Hennink, 2007; Walden, 2008, 2009, 2012).

## 🏰 임상심리학으로부터의 기여

심리치료적 연구에 있어 포커스 그룹의 사용은 임상진단과 치료의 꽤 다른 우선순위들로 나타났다. 그룹을 대상으로 하는 가장 초기의 임상적 사용의 일부는 심리극과 연극치료에 대한 Moreno(1931)의 중요한 작업으로 거슬러 올라간다. 사회심리학적 전통에서 수행된 그룹들과 비교하여 임상적 접근은 상호그룹 토의 및 활동, 개별적으로 깊이 자리 잡은 사고 및 감정, 확장적이고 넓은 범위의 자발적 표현을 더 강조하는 경향이 있다. 심리치료적 학파에 영향을 받은 연구자들은 방향성과 고안에 있어 더욱 발달적인 포커스 그룹을 선호하는 경향이 있다. 이러한 그룹들은 평가적인 과제를 덜 강조하고, 더 간접적인 질문 방식을 사용하는 경향이 있다. 또한 개별 환자-치료사의 심리치료와는 대조적으로 임상 그룹 치료에 있는 참여자들 간의 상호작용은 개별 치료 절차들을 촉진시킨다.

포커스 그룹의 임상심리학적 기원의 지속적인 유산은 전통적 심리치료에 있어 전문 배경을 가진 포커스 그룹 중재자들에 대한 오늘날의 핵심 그룹, 특히 20세기 초 유럽 기원의 형태들에 남아 있다(Kassarjian, 1994). 임상심리학으로부터 마케팅 연구로 이동한 가장 초기면서도 가장 잘 알려진 개척자는 Paul Lazarsfeld의 제자인 Ernest Dichter이었다. 비록 Ernest Dichter는 그룹 면담보다는 개별 면담을 선호하였지만, 자신의 컨설팅 회사는 많은 1세대 포커스 그룹 연구자들을 훈련시켰다. Alfread Goldman(1962)은 포커스 그룹에 있어서 임상 연구로부터 마케팅 연구로 전환한 2세대 연구자들 가운데 저명인으로, 그의 논문 「그룹 심층 면담(The Group Depth Interview)」은 확실한 고전으로 널리 받아들여진다. 오늘날 많은 중재자들은 또한 감수성 훈련과 함께 대면 그룹, 교류분석, 형태주의적 치료, 인지-행동치료와 같은 더욱 새로운 심리치료 기법들과의 특정한 연결을 갖는다.

# 🏰 마케팅 연구로부터의 기여

　제2차 세계 대전의 군 사기진작 및 훈련 영화들의 평가에 있어 포커스 그룹의 성공적인 사용은 마케팅 연구 단체의 주목을 받지 못하였다. Lazarsfeld와 Merton이 개발한 절차들은 탐색적인 라디오 및 텔레비전 프로그램들에 대한 CBS의 연구에 직접 도입되었으며, 현재에도 여전히 사용되고 있다. 비록 일부 비즈니스 연구들이 1930년대에 포커스 그룹에서 사용된 것 같지만(Henderson, 2004), 이에 대한 대중성은 1950년대부터 극적으로 발전하였다(Leonard, 1967; Smith, 1954).

　마케팅 연구자들은 재빠르게 생산 및 서비스 고안과 관련된 수많은 우려들: 가격·브랜드·소매 환경에 대한 소비자의 인식 획득, 광고와 다른 마케팅 자극에서의 반응, 다양한 제품 및 서비스에 대한 만족 및 불만족에 있어 포커스 그룹의 다재다능성을 발견하였다. 또한 상업적 면담 기관들이 나타나기 전에 면접관들은 소비자들과 가정에서 대화를 포착하기 위하여 무거운 오픈 릴식(reel-to-reel) 녹음기를 운반하는 것을 힘들어하였으며, 어떤 사람의 집에 있는 방에서 일련의 주부들과 면담하기 위해 앉아 있는다는 아이디어에 긍정적으로 반응하였다. 통계연구와 비교하여 포커스 그룹은 더욱 사용자 친화적이며, 비교적 빠른 수행과 분석이 이루어질 수 있다. 포커스 그룹은 또한 직관적인 것과 더불어 종종 사회적이고 흥미 있는 사무실 밖의 경험을 제공한다.

　포커스 그룹의 가장 주목할 만한 부분은 마케팅 관리자들을 위한

'생생한' 소비자들을 전달하는 일일 것이다. 1975년 Axelrod가 감탄한 것처럼 포커스 그룹은 관리자들에게 '신선한 소비자를 경험하는 기회'를 제공한다(p. 6). 많은 방식들에서 포커스 그룹의 마켓 연구 사용은 다양한 범위에서 사회적 전통 및 임상심리학적 전통 모두를 반영한다. 마케팅 문헌에 있어 이와 같은 초기 출현은 전형적으로 프로이트와 신프로이트 사고에 바탕을 둔 지식인들이었던 1950년대의 '동기' 연구자들에게 강하게 연결되었다(Smith, 1954). 이와 같은 전통에서 수행하였던 단체들은 임상심리학적 그룹들의 탐구적이고, 상호적이며, 활발하고, 대립적인 특징들을 공유하는 경향이 있다. 이와는 달리 사회심리학적 사고에 뿌리를 둔 포커스 그룹은 의도적으로 더욱 평가적이며, 질문하는 것에 직접적이고 반응자 상호작용이 낮다. 이와 같은 포커스 그룹은 종종 제품 개념, 마케팅 커뮤니케이션, 경쟁 브랜드들에 대한 소비자 반응 획득에 크게 관여된다.

두 학파 간의 지적인 구별들은 표면 아래에서 크게 나타나며, '과학적' 연구와 부족한 부분들에 있어서는 모호하게 나타나는 경향이 있다. 실제로 오늘날 많은 연구자들은 광고 대행사, 리서치 회사, 고객 단체, 대학 수업에서 구전되는 것과 연구 매뉴얼을 통해 포커스 그룹 실천에 대하여 배우는 것으로, 이와 같은 역사적으로 경쟁적인 관념 배경에 대하여 인식하지 못하고 있다. 하지만 무의식적이게 결과적으로 발생하는 포커스 그룹 혼합은 심리치료적, 사회심리학적 영향을 다양한 수준에서 반영한다. 전반적으로 이러한 것은 긍정적인 발전일 것이다. 개별 평가와 투표에 크게 의존하는 포커스 그룹은 깊이 없는 인위적인 설문 조사들을 가지는 경향이 있으며, 비구조적이고 간접적인 질문에 크게 의존하는 것은 결정적인 발견을 얻지 못할 수 있다.

## 이론으로부터 실천의 분리

포커스 그룹 방향성에서의 차이들에도 불구하고 포커스 그룹의 이론과 실천에 가장 많은 기여를 한 분야들은 기술의 목적, 본질, 구조에 있어 실제적으로 몇 가지 공통적이고 기본적인 이론적 위치들을 공유하고 있음을 인식하는 것이 중요하다. 불행히도 사회학적 학파 및 임상학적 학파의 모든 사고들을 연결하는 포커스 그룹 연구의 지배적인 핵심 이론은 오늘날 발전하고 있는 포커스 그룹 사용자, 실천자, 촉진자 집단으로부터 자주 무시되고 있으며, 종종 지켜지지 않고 있다. 때때로 이에 대한 결과들은 거의 나타나지 않으며, 포커스 그룹이 중요한 질문들에 대하여 충분한 답을 제공하지 못함으로써 혼란이 발생되고 있다. 하지만 대부분의 연구들은 무가치한 것을 투입하면 무가치한 결과가 발생한다는 원칙 아래에 있는 것 같다. 방법적으로 핵심 논리에 대한 완벽한 조화 없이 고안되고 실시되는 포커스 그룹은 의문스러운 결과를 가져올 가능성이 높다. 이 장의 전제는 포커스 그룹 자체에 대하여 더 큰 인식을 가지는 것이 연구자로 하여금 더 흥미롭고, 유용하고, 타당한 것을 발견할 가능성을 높일 수 있는 연구를 고안하도록 장려하리라는 점이다.

# 🏰 포커스 그룹 이론

앞에서 다룬 토의는 '포커스 그룹 연구를 사용하는 다양한 분야들 간에 포커스 그룹 이론과 실천의 핵심적인 요소들은 공통성을 가지고 있는가?'라는 질문에 대한 것이다. 답변으로는 비록 어떤 특정 요소의 존재는 연구 내용에 따라 차이가 있을 수 있지만 어느 정도는 맞는 것 같다. 다음의 토론은 전형적인 포커스 그룹을 구성하는 네 가지 표준적인 기준들을 제안한다. 이러한 분석은 사회학자인 Robert Merton의 중요 작업과 마켓연구 선구자인 Alfred Goldman의 아이디어에 크게 의존하는 것으로 사회적·임상심리학적 전통을 통합하는 것과 학문적·실천적 관점들의 연결에 대한 생각들이다. 이러한 기초적인 바탕하에서, 포커스 그룹 연구의 이론적 기둥은 Goldman(1962)의 고전 논문인 「The [Focused] Group Depth Interview([포커스화된] 그룹 심층 면담」의 (달리 표현된) 제목에 반영되어 있다.

## 포커스화된 연구

라디오 방송과 군 사기진작 영화의 획기적인 그룹 연구들이 있은 지 40년 넘게 지난 이후 가진 흥미진진한 지적 회고로서 Robert Merton(1987)은 포커스 그룹 연구의 역사적인 연속성과 비연속성을 돌이켜보았다. Merton은 '포커스화된' 면담의 기본 목적은 면담의 포커스로서 '특정한 구체적인 상황'을 경험한 개인들로부터 질적 자료를 수집하는 것이라고 설명하였다(Merton & Kendall, 1945, p. 541). 흥미롭게도 Merton은 개별 및 그룹 면담 모두에서 사용될 수 있는 일반적인 질적 연구 접근으로써 '포커스화된' 면담에 대한 자신의 관점을 설명하였다. '특정한 구체적 상황'에 대한 연구와 학습의 목적은 개인 또는 그룹과는 상관없이 면담은 포커스에서 비교적 단일하게 될 것임을 암시한다. 이러한 요소는 수많은 주제 및 변인들의 통계적 측정을 수집하기 위한 설문연구의 전형적인 사용과는 대조적이며, 이는 포커스 그룹이 왜 일반적으로 탐구적이고, 임상적이고 그리고/또는 현상학적인 연구를 위해 공통적으로 규정되었는가를 보여 준다(Aaker, Kumar, Leone, & Day, 2012; Calder, 1977).

행동과학에서 포커스 그룹 연구의 수많은 발표된 보고들은 대부분 포커스 기준을 따를 것을 제안하고 있다. 예를 들어, 보건과학에 있어 포커스 그룹은 임상간호사, HIV에 감염된 여성들에 대한 사회복지사의 우려, 의사-간병인 관계의 역할과 개념을 탐구하는 데 사용되어 왔다. 사회학적·사회심리학적 연구에서는 포커스 그룹을 노동자 계층 라틴 여성들의 생활방식, 과부의 심리사회적 측면, 개인 간 집단 역동성 및 영향의 다양한 특정 측면을 탐구하기 위해 포커스 그룹을 사용해 왔다. 많은 임상심리학적 그룹 연구는 동일한 심리적 상황을 중심으로 '특정한 구체적 상황'에 있는 개인들을 포함하는 보통의 사례에 초점을 맞춘다. 마케팅 연구에서는 포커스 그룹이 소비자 생활양식과 트렌드, 제품 목록과 경쟁 브랜드에 있어서의 개입, 소비에 대한 역사, 열망, 우려를 탐구하기 위해 광범위하게 사용된다. 비록 많은 연구들이 비교적 단일한 초점을 가지지만, 일부 연구들은 느슨하거나 관련 없는 주제, 질문, 과제가 혼합되어 분산되어 있다(Rook, 2003). 이와 같은 포커스 이외의 그룹들은 이론적·방법론적인 미묘함에 있어 일반적으로 관심이 약해질 뿐만 아니라 연구 시간 및 경비에 있어 관리자로 하여금 실제적인 우려를 가지게 한다. 물론 여러 가지 초점을 가지는 포커스 그룹은 결정 수립을 지원하는 정보를 산출할 수 있지만, 이들은 대화 면담, 심층자료 끌어내기, 그룹 내 상호작용의 전통적 규범기준을 전달하는 사회적 환경을 생성하지 못하고, 잘 정의된 주제에 대한 풍부한 통찰들을 산출하지도 못하는 것으로 보인다.

## 그룹 상호작용

포커스 그룹의 두 번째 주요 특징은 개인 인식, 정보 처리, 결정 수립에 영향을 미치는 집단 역동성에 대한 이해다. 개인 환경보다 그룹 연구 수행을 하는 데 대한 설득적 논리는 개인들이 다른 사람들의 생각들을 어떻게, 그리고 왜 수용 또는 거절하는지를 관찰할 수 있도록 해 준다는 것이다. 또한 그룹 참여자들을 서로 자극시키는 상호작용들은, 비록 이를 뒷받침하는 것은 없을지라도 개별 면담들이 제공하는 것보다 더 많은 정보를 주는 것으로 가정된다 (Fern, 1982). 포커스 그룹 연구 고안에 있어 ① 그룹 구성, ② 개인 간 영향, ③ 연구 환경 요소와 같은 세 가지 주요 요소들은 포커스 그룹 참여자들 간의 상호작용 본질과 질에 직접적인 영향을 미친다. 수많은 행동과학 연구들이 이러한 그룹 행동 영향을 조사하였고, 이와 같은 것은 제2장에서 언급되기 때문에 여기에서의 논의는 몇 가지 이슈들에 한정하였다.

Merton(1987)은 많은 포커스 그룹들이 "공통된 정체성 또는 계속적인 단일성, 공유된 기준들 그리고 목표들을 가지는 사회학적 의미에서의 그룹들이 …… 아니다"라고 정확히 결론내리고 있다 (p. 555). Merton은 이와 같은 '비그룹들'은 더 적절히 '그룹화(groupings)' 되어야 한다고 강조하였다. 다른 한편으로는, 사회학, 임상심리학, 보건과학에 있어 포커스 그룹 연구는 일부 공통적인 '구체적 상황'과 마찬가지로 일부 공통적인 정체성과 목표들을 공유하는 개인들로 구성된 그룹들을 모으는 것 같다. 비교하자면, 마케팅에 있는 포커스 그룹은 종종 어느 정도의 공통적인 인구 구성과 제품 사용 패턴을 공유하는 개인들을 '그룹화(groupings)'하는 것으로 채워지는 것 같다.

현실 세계에서 정보와 영향들은 가족구성원, 친구, 이웃, 직장동료, 다른 사회적 네트워크들과의 개인의 일상 상호작용들을 통해 걸러지지만, 연구자들은 이와 같은 자연적이고 존재하고 있으며 접근 가능한 그룹들에 대하여 좀처럼 다루지 않는다. 대신 연구자들은 자발적 포커스 그룹 참여자들의 전문적인 모집자들의 광범위한 목록들의 편의성에 의존하는 경향이 있다. 반대 경향이 나타나는 것은 종종 자연적인 상황들(이들의 가정)에서 아마도 다양한 분야들—실제 그룹들 또는 '친구 그룹들'에서 수행된 포커스 그룹들—에 있는 문화기술이 증가하는 영향을 반영하는 것일 것이다

(Wong, 2010). 이러한 그룹에 있는 참여자들은 더 많이 이야기하는 경향이 있으며, 전형적인 빈약한 포커스 그룹 시설에서는 어려울 수 있는 것들을 할 수 있는 기회들을 가진다. 예를 들어, 한 광고 기관은 일련의 이웃을 대상으로 잔디 관리에 대한 토론을 위해 견인지에 자신들의 잔디 깎기 기계가 있는 뒷마당으로 초청하였다.

집단 역동성 연구에 있어 주요 이슈는 그룹 멤버들의 인구 통계 자료, 성격, 신체적 특성의 영향이다. 늘 그렇다고는 볼 수 없지만, 비교적 동질 집단에 있는 그룹들은 보다 생산적이고 '일을 더 잘한다'는 경향을 보여 주는 것 같다. 하지만 이에 대한 한 가지 문제점은 사실 이러한 연구들은 많은 결과에서 40년 또는 그 이전에, 예를 들어 백인으로 구성된 그룹에 라틴계가 포함된 것이 양쪽 모두를 불편하게 할 수 있다고 나타났다는 사실이다. 논란의 여지가 있듯이 미국인들은 오늘날 다양성에 대하여 더 편안해하기 때문에, 초기 결론들은 시간의 제약에 가로막힌 것이다. 마지막으로, 널리 나타나면서도 정확하지 않은 가정은 포커스 그룹은 즐거운 경험이어야 하고 갈등은 회피되어야 한다는 것이다. 이는 확실히 그룹 멤버들 간에 갈등적인 만남과 깊이 있는 감정을 표출하도록 고안된 기술들에 대한 다양한 강조가 있는 임상 그룹에서의 상황은 아니다. 마케팅 분야의 포커스 그룹은 일반적으로 참여자들의 연령, 사회적 지위, 심지어 성별의 차이들로부터 발생될 수 있는 갈등을 피한다. 연구자들은 그들의 기준에 맞는 동질 그룹을 선호하지만, 많은 마케팅 문제들은 이와 같은 반응자 특성들에 걸쳐 있다. 예를 들어, '너무 여성적'이라고 인식된 어떤 브랜드(예: Zima)는 남성과 여성 모두를 구성하는 그룹들을 수행함으로써 배울 수 있는 유용한 지식이 많을 것이다. 마찬가지로, '너무 구식'이라고 인식되는 어떤 브랜드(예: 캐딜락)는 베이비부머 세대의 포커스 그룹, 그들의 부모와 자녀 모두에 대한 포커스 그룹을 수행함으로써 필요한 정보를 얻을 것이다. 반면에, 포커스 그룹 내에 있는 잘 관리된 갈등은 불일치의 지점들과 갈등의 역동성이 관심일 수 있는 정책 또는 정치적 연구를 수행할 때 매우 유용할 것이다.

## 심층 자료

오늘날 포커스 그룹 사용자들과 제공자들의 다양한 가계도를 연결하는 강한 실타래는 사람들의 그룹들과의 생생한 만남을 통해 행동적 질문에 대한 표면적인 설명을 뛰어넘는 심층적인 답변을 내놓으리라는 믿음이다. 임상심리학에는 특정 행동에 영향을 미치는 정서, 연관, 동기들을 이끌어 내는 계획적인 방법들과 그룹 참여 기법 같은 질적 연구도구·기법이 많이 있다. 보건과학에서 포커스 그룹은 종종 정서적이고, 심지어 생사에 대한 이슈들을 다룬다. 마켓 연구자들은 비록 일반적으로 소비자들의 태도, 선호도, 동기를 설명하는 기본적 행동 요소들을 확인하는 것에 대하여 덜 심각하지만 대게 유사하다. 이것은 1950년대에 자신들의 목적들을 위하여 계획적인, 그리고 다른 질적 방법들을 채택하도록 자극한 유사한 목적들이다. 많은 '심도 깊은' 통찰은 역사학자들의 마케팅 '동기 연구' 시대 기술 결과물로서 출판되었다(Smith, 1954).

마케팅 연구 초기의 원형적인 포커스 그룹은 초점화된 주제나 자극 주변에서 돌아가며, 확장적인 토의와 검증을 장려하는 비교적 적은 수의 느슨하게 구조화된 질문들로 특징지어진다. 간접 면담에 대한 Carl Rogers의 작업은 특히 영향력이 크며, 저명한 많은 포커스 그룹 중재자들은 임상심리나 관련 분야들에서 대학원 학위를 가졌다(예: Ernest Dichter, Ted Nowak, Perham Nahl, George Horsley Smith, Steuart Henderson Britt, Thomas Coffin, Alfred Goldman, 그리고 Irving White). 시간이 흐르면서 포커스 그룹은 심도 깊은 소비자 통찰을 성취하는 원래 목표로부터 벗어났다. 마케팅에 대한 포커스 그룹과 관련하여 Robert Merton(1987)은 이러한 것이 '심각하게 오용되고 있다'는 것이다(p. 557). 다음의 두 가지 요소가 많은 포커스 그룹 연구의 깊이를 떨어뜨린다.

첫째 포커스 그룹 토의 안내는 종종 너무 많은 질문을 포함하는 경향이 있으며, 이로 인하여 상호 토의보다는 그룹 내 설문조사와 같은 경험을 더 자주 하도록 한다. 포커스 그룹 분석 전문가인 Naomi Henderson(2004)은 초기 포커스 그룹과 비교하여 오늘날의 그룹은 동일한 시간에 거의 2배 많은 자료들을 다루고 있다고 보았다. Rook(2003)은 토론 안내에 있는 질문 수와 포커스 그룹 길이 사이의 상호작용을 수량화하였다. 질문들은 30개 이상이 일반적이며, 이는 반응자당 응답 시간을 13초 이내로 단축시킬 수 있다. 이러한 상황에서 중재자는 서둘러야 할 수 있으며 흥미롭거나 애매한 응답을 검증할 수 없는데, 이는 심층적인 정보 분석과 이해를 방해한다.

두 번째 문제는 직접적 질문과 언어적 반응만을 사용하는 경향이다. 이는 포커스 그룹의 역사적 본질과 상충할 뿐만 아니라 인간 정신의 작동에 대한 현대 과학적 이해를 거스르는 것이기도 하다. 신경과학의 최근 연구는 방대한 양의 인간 사고는 시각적·은유적·정서적이며, 신경계 기층에 깊이 자리 잡고 있다고 결론짓는다(Boleyn-Fitzgerald, 2010; Zaltman, 2003). 이와 같은 정신적 영역들에 대한 접근은 일반적으로 질문에 대하여 더욱 미세하고 간접적인 접근들을 요구하며, 시각화 또는 역할놀이를 포함하는 비언어적 기법의 사용을 제안한다.

## 인본주의적 면담

포커스 그룹 이론과 실천의 역사는 행동과학에서 질적 연구 분야의 더 큰 역사의 일부분이다. 대부분의 양적 연구와 비교하여 질적 연구는 개인의 삶에 일정 부분의 몰입을 요구하는 접촉하는 스포츠다. 이와 함께 측정보다는 오히려 의미를 강조하는 '인본주의적' 연구로서의 특징을 가지는 데 기여해 왔다(Anderson & Braud, 2011). 이는 고상한 질적 연구를 의미하는 것이 아니라 오히려 연구 참여자들에 대한 공감, 개방, 적극적 청취, 다양한 유형의 상호작용들을 포함하는 일반적 방향성을 가리키는 것이다. 보건과학에 있어 임상심리학적 그룹은 AIDS 환자들과 같이 소외 집단들의 목소리를 제공한다는 면에서 고귀하다.

예를 들어, 다른 것들 가운데 일부 분야인 마케팅과 정치학에 있어 포커스 그룹은 인본주의적 기준에는 더 잘 수행하는 경향이 있다. 이러한 것은 부분적으로는 개발적인 목적보다는 평가적인 측면을 위해 더 많은 연구를 사용하는 경향이 있기 때문이다(Zaltman, 1989). 마케팅 담당자들은 새로운 제품 개념들, 광고 카피, 경쟁 브랜드들에 대한 소비자들의 평가를 가지기 위한 강렬한 욕구를 갖고 있다. 이러한 것은 이해할 만하고 필요한 것이지만, 이와 같은 관심들은 포커스 그룹보다는 설문조사 연구를 통해 더 잘 다루어질 수 있다. 또한 평가적인 여론 조사에 기여하는 그룹들은 중재자들이 잘못 이끌어 그룹 동의를 얻는 '업무상 모임'의 특징을 나타내는 경향이 있다(Agar & MacDonald, 1995). 그룹의 인본주의적 특성들을 약하게 하는 또 다른 요소는 중재자는 종종 '면담 내의 자유도와 타당도의 요소들을 파괴'(McCracken, 1998, p. 25)하기 때문에 토론 안내에 있는 모든 질문들을 질문해야 한다는 잘못되었지만 널리 퍼진 믿음을 가지고 있다.

다양한 분야들에 있어 포커스 그룹 연구에 대한 비판은 단기간 동안 커져가고 있으며, 일부 단체들은 소비자의 생활에 더 많은 몰입을 촉진할 수 있는 문화기술학과 같은 대체 연구들의 선호로 인해 이러한 것을 거의 완전히 그만두고 있다(Kiley, 2005). 논란은 Malcom Galdwell이 자신의 베스트셀러인 『블링크(깜빡거림)』(2005)를 통해 포커스 그룹을 일반적으로 쓸모없는 것으로 특징지었을 때 최고조에 이르렀다. Malcom Galdwell은 미국 광고대행사 협회의 여름 회의에서 기조 연설자로서 자신의 견해를 되풀이하고 정교화하였으며, 광고대행사들은 포커스 그룹의 매우 광범위한 사용자들이었기 때문에 꽤 동요하였다(Pollack, 2005). 다양한 분야들―그리고 변증적인 논리를 수반하는 지적인 요소들―을 가로지르고 분야들 내에서 포커스 그룹의 일진일퇴는 포커스 그룹을 계속해서 고려와 사용의 가치가 있는 흥미롭고 역동적인 무대로 만들고 있다.

## 책의 목적

광범위한 사용에도 불구하고, 포커스 그룹은 특히 최근에는 거의 체계적인 연구로서의 목적을 가지고 있지 않다. 어떻게 하는가에 대하여 다수의 책들(Carey & Asbury, 2012; Krueger & Casey, 2008; Liamputtong, 2011)이 지난 20년 동안 나왔지만, 이러한 것들은 포커스 그룹을 모집하고 진행하는 실제적인 측면들을 다루는 경향이 있다. 어떠한 것도 포커스 그룹-생성 자료들을 분석하는 데 도움이 될 수 있을 것 같은 컴퓨터 보조 내용 분석의 최근 진전들을 반영하고 있지 않다. 그리고 포커스 그룹 기법을 집단 역동성에 대해 풍부한 기반 자료를 가지도록 통합하기 위한 것은 거의 없다. 물론 이와 같은 자원 모두가 유용하지만 이들은 종종 불완전하고, 특히 접근에 있어서 이론적 토대를 추구하는 학생이나 학자에게는 불완전하다.

이 책의 목적은 사회과학 연구와 이론의 범위 내에서 포커스 그룹 면담의 고안, 수행, 해석, 그룹 과정들에 있어서의 주요 문헌, 질적 자료 분석의 체계적인 방법을 제공하기 위한 것이다. 소그룹의 상호작용과 질적 자료의 분석에 대하여서는 알려진 바가 많다. 이 책은 과학적 도구로서 포커스 그룹 면담의 타당성에 대한 지식에 관한 것이다.

## 책의 계획

장들에서는 포커스 그룹의 고안, 사용, 해석의 구체적인 측면을 다룬다. 연구도구로서 포커스 그룹의 주요 장점 가운데 한 가지는 상당한 연구 및 이론이 그룹 행동 측면에서 이루어졌다는 사실이다. 사회심리학, 특히 집단 역동성의 하위 분야는 타당하고 유용한 포커스 그룹 연구를 만드는 데 강력한 토대를 제공한다. 제2장은 이와 같은 문헌을 종합하고 포커스 그룹 연구에서의 이론적이고 경험적인 기초의 개관을 제공한다. 권력, 리더십, 개인 간 의사소통, 사회적 촉진과 억제, 그룹 구성의 영향과 같은 주제들이 다루어진다. 이러한 이슈들 각각과 관련된 문헌을 간략히 검토하고, 포커스 그룹 연구의 고안과 수행에 대한 암시들을 논의한다. 제3장에서는 포커스 그룹에 있어서의 다양한 적용 및 상대적 장점과 단점, 포커스 그룹 고안 및 사용에 있어서의 주요 단계들을 포함하여 포커스 그룹 연구에 관련된 기본적인 요소와 이슈에 대해 개관한다.

다음으로 포커스 그룹을 고안, 수행, 해석하는 더욱 상세한 메커니즘으로 넘어간다. 제4장은 포커스 그룹 회기들을 위해 참여자들을 모집하고 면담 안내서를 고안하는 것에 있어서의 문제들을 다룬다. 샘플링 틀에 대한 결정, 인센티브의 사용, 일정, 물리적 시설과 관련된 이슈들이 다루어진다. 제4장은 또한 사업관리자, 맞벌이 부모(working parents), 의사, 아동과 같은 특별한 개인들을 대상으로 그룹을 모으는 것과 관련된 문제들을 다룬다.

포커스 그룹의 사용을 통해 풍부하고 타당한 직관들을 획득하는 열쇠는 효과적인 중재자다. 제5장은 효과적인 포커스 그룹 중재자들의 특성들을 다룬다. 면담 기술과 기법, 리더십 스타일에 대한 풍부한 문헌들을 요약하며, 관련된 발견들을 포커스 그룹 상황에 연관시킨다. 제5장은 다양한 면접관 특성들과 집단 역동성 사이의 상호작용을 위한 가능성을 다룬다. 포커스 그룹으로부터 획득된 자료의 질을 위한 이와 같은 상호작용의 암시들도 논의한다.

포커스 그룹 수행을 위한 기법들과 접근은 제6장에서 다룰 것이다. 반응자들을 끌어들이고, 반응에 대한 추가적인 정보와 명확성을 검증하고, 지배적이거나 침묵하는 반응자들을 다루고, 토론 촉진을 위한 방법을 검토한다. 추가적으로 민감하거나 잠재적으로 당황시키는 이슈들을 어떻게 다룰지, 자극적인 자료들을 어떻게 제시할지, 아동과 같은 특별한 집단들을 어떻게 다룰지, 국제적인 장소에 있는 그룹들에 대한 수행과 관련된 특별한 이슈들은 어떻게 다룰 것인지와 같은 주제들을 살펴본다. 언어적 반응을 보충하기 위해 관찰 자료의 수집, 녹음 및 녹화 장비의 사용을 이 장에서 검토한다.

포커스 그룹은 언어적 · 관찰적 자료들을 생성한다. 자료들은 일반적으로 내용 분석 방법을 통해 부호화되고 분석되어야 한다. 제7장은 내용 분석 문헌의 개관 및 포커스 그룹 자료들에 대한 적용을 제공한다. 또한 내용 분석을 위한 다양한 컴퓨터 지원 접근들에 대한 논의 및 포커스 그룹 자료들의 분석과 해석에 필요한 연합 네트워크에 있어 인지심리학에서의 최근 연구들의 시사점들을 제공한다. 내용 부호화 및 분석의 이슈들을 고려하는 것과 함께, 이 장에서는 부호화 및 분석에 대한 해석을 다룬다.

제8장에서는 포커스 그룹 사용의 더욱 자세한 예들을 통해 이전 장 모두를 함께 묶기 위해 고안되었다. 이러한 예들은 연구를 촉발시키는 문제에 대한 논의, 포커스 그룹이 적절한 이유, 면담 안내서 개발, 포커스 그룹으로부터 도출된 결론 및 이와 같은 결론으로부터 수반되는 행동들을 포함한다. 제9장은 전화 및 인터넷을 통해 가상 포커스 수행과 관련된 이슈들을 검토하고, 창조공학, 브레인스토밍, 델파이 기법과 같은 다른 그룹 연구기법들을 기술한다. 마지막으로 제10장에서는 포커스 그룹이 사회과학 내에서의 광범위한 연구도구들 중 수행하는 역할에 대한 간략한 요약을 제공한다.


# 결론

행동과학에서의 포커스 그룹 연구의 역사적 기원들에 대한 검토를 통해 학제 간 상호협력과 높은 수준의 창의성을 보면서 깊은 인상을 받을 수 있다. 제2차 세계 대전 훈련과 군 사기진작 영화에 관한 위대한 연구들은 사회심리학, 실험심리학, 사회학 배경을 가진 사람들에 의해 이루어졌다. 비슷하게, 마켓 연구에서의 포커스 그룹의 사용은 마케팅 영역에 대한 임상 및 사회심리학자들의 지적 경계 횡단들로부터 큰 영향을 받았다. 다양한 분야를 통해 포커스 그룹 실천을 보면 특정 영역을 특징짓는 핵심 이슈들에 따라 다양한 그룹 연구 형태와 접근들을 관찰할 수 있다. 마지막으로, 포커스 그룹이 이 장에서 논의된 역사상의 규범 기준에 따르는 정도를 고려하는 것은 흥미로운 일이다. 일부 경우에 있어 순응의 결핍은 단순히 특정 영역에서의 적응적인 사용의 필요성들 또는 특정 연구 목적들을 반영한다. 최악의 경우에 있어 역사적인 포커스 그룹 이론과 연구 고안 기준들로부터의 표류는 단일한 관점을 거의 가지지 못하고, 피상적인 합의 자료들을 이끌어 내거나 심도 깊은 이해를 이루지 못하고, 질적 면담보다는 그룹 설문지들로 끝나는 포커스 그룹이 되고 만다.

## 복습 질문

1. 포커스 그룹 연구의 기원들은 무엇인가? 왜 그룹 면담이 자료 수집의 매력적인 방법인가?
2. 포커스 그룹 연구의 초기 발전의 많은 부분이 왜 커뮤니케이션의 연구에 있는가? 특히 이와 같은 상황에서 포커스 그룹을 유용하게 만드는 그룹 면담은 어떠한 것이 있는가?
3. 어떤 분야가 현대 포커스 그룹 실천의 발전에 기여하고 있는가? 무엇이 포커스 그룹 수행에 대한 이러한 영역의 독특한 관점과

기여가 되어 왔는가?

4. 포커스 그룹 연구의 대중성이 시기별로 강해지거나 약해진 이유
는 무엇인가?

5. 그룹 심층 면담의 수행과 관련된 몇 가지 문제들은 무엇인가?

검색 용어로 '포커스 그룹'을 사용하는 인터넷 검색을 해 보자. 당신
이 발견한 포커스 그룹 연구의 적용 유형들을 적고, 연구문제·샘
플·접근에 따라 이러한 적용들을 비교하고 대조해 보자. 이러한 비
교가 포커스 그룹 연구에서 제시하는 것은 무엇인가?

주 1 | 이와 같은 시작의 흥미로운 회상과 함께 어떻게 포커스화된 면담이 두 번째 S를 잃었
는지에 대하여 Merton(1987)을 참고하라.

# 집단 역동성과
# 포커스 그룹 연구

# 집단 역동성과
# 포커스 그룹 연구

포커스 그룹들은 본질적으로 사회적 현상이며, 그룹 면담이 가지는 복잡하고 역동적인 사회적 상황을 이해하는 것이 중요하다 (Hollander, 2004; Tubbs, 2011). 포커스 그룹 연구와 설문조사, 개별 면담, 실험실 실습과 같은 다른 유형 연구들 사이의 주요 차이는 자료 수집이 그룹 상황에서 발생하고 용이하다는 것이다. 몇 년 간 많은 이론적 · 경험적 연구들은 그룹 행동과 그룹 내 사람들의 상호작용에 초점을 맞춰 왔다[이와 같은 문헌에 대한 폭넓은 검토를 위해서는 Forsyth(2014), Tubbs(2011) 참고]. 이 장은 토대가 되는 이론 맥락에 포커스 그룹 연구를 위치시킬 수 있는 방식에서 이와 같은 지식을 요약하고, 차례로 타당하고 더욱 유용한 포커스 그룹을 고안하는 것을 돕기 위해 계획되었다. 그룹 행동의 역동성에 대한 물리적 · 임의적 · 사회적 · 문화적 · 심리적 · 환경적 영향을 이해함으로써 포커스 그룹 자료에 대한 분석과 해석에서의 편견의 본질과 정도를 더 잘 확인할 수 있다. 일반적으로 포커스 그룹 자료들의 유용성 및 타당성은 참여자들이 개방적으로 자신들의 생각, 관점, 의견들을 의사소통하는 것에서의 편안한 정도로부터 영향을 받는다. 집단 역동성에 대한 많은 문헌들은 참여자의 '안전지대'에 영향을 미치는 다양한 변인들을 제시하고 있다. 이러한 영향들은 ① 개인 내 요소들과 개인적 차이, ② 개인 간 요인, ③ 환경적 요인과 같은 세 가지 넓은 범주로 묶일 수 있다.

## 개인 내 요소와 개인적 차이의 영향

개인 내 또는 개인적 차이 변인은 인구 통계적·물리적·성격적 특성들을 포함한다. 개인 내 변인에서 각 개인의 고유한 결합은 그룹 상황들에서의 어떤 유형의 행동에 있어 개인에게 영향을 미치는 특정한 행동의 성향을 나타낸다. 이러한 행동 성향은 특정 개인에 대한 반응 또는 응답을 결정하도록 다른 그룹 구성원들에 의해 종종 '사용'된다. 개인적 특성들과 개인 내 기대에서의 이와 같은 차이는 포커스 그룹 참여를 최대화시키기 위해 신중히 고려되어야 한다. 예를 들어, 인종적으로 민감한 문제들을 논의할 때 인종적 이질 그룹에서의 정서적 분출 가능성은 인종적으로 더 동질한 사람들을 포함함으로써 어느 정도 최소화할 수 있다.

그룹 상황에서 그룹 구성원들의 개별 특성이 단지 그림의 일부

임을 주목하는 것은 중요하다. 추가로 그룹 구성원들 서로와 관련된 상호작용에 대해 영향을 미치는 요인들은 그룹 행동과 수행 또한 결정한다. 이와 같은 다른 개인 간 특성들은 그룹 응집력, 호환성, 동질성/이질성, 종국에는 일치성, 리더십 출현, 권력의 근거 및 사용, 개인 간 갈등에 영향을 미친다.

그룹 과정들에 있어 개별적 영향들에 대한 이해의 필요성은 그룹이 개인들로 구성되고 그룹 결과는 개인적 행동들의 결과들이라는 명백한 사실에 의해 강조된다. Forsyth(2014)는 그룹을 "사회적 관계에 의해 그리고 사회적 관계 내에 연결된 2명 또는 그 이상의 개인들"(p. 4)로 정의하고 있는데, 이는 그룹 구성원들이 서로에게 영향을 미침을 의미한다. 결과적으로, 사람들은 그룹 상황에 있을 때 혼자인 경우와는 다르게 행동한다. 일반적으로 집단 역동성에 대한 연구는 더 큰 동질성은 더 큰 협력, 의사소통에 대한 더 큰 갈망, 그룹 구성원들 간의 더 적은 갈등과 관련이 있음을 보여 주고 있다(Forsyth, 2014; Stringer, 2008; Tynan & Drayton, 2007). 질적 연구의 선구자들 가운데 한 사람인 Sid Levy는 동질 집단의 사용에 있어 "결과는 잠재적으로 흥미로울 수 있다. 하지만 이것은 참여자들이 공통점을 발견하거나, 연령, 성별, 계층 차이들에 대한 싸움에서의 어려움으로 인해 낭패할 가능성이 더 높다"(Levy, 1979, p. 35)와 같은 경계를 주고 있다.

다른 한편으로는 다양성은 더 큰 관점과 혁신을 제공한다(Levine & Moreland, 1998). 실제로 Surowiecki(2004)는 많은 사람들이 가지는 그럴듯한 지혜 가운데 상당수가 현재의 다양한 관점들을 반영하지 않는다고 말한다. 실제로 배경, 경험, 견해, 신념에 있어 서로 비슷한 개인들로 구성된 집단은 다소 따분하고, 확실히 통찰이 부족한 토의를 만들 수 있다. 유용한 포커스 그룹 연구 수행에는 다른 관점과 생각들이 드러나고, 어떤 창조적인 긴장을 생성하기 위하여 충분한 다양성이 필요함을 확신시켜야 한다. 유의미한 대화를 위한 공통적 토대의 확인을 위해서는 그룹 구성원들 간의 충분한 유사성을 확신시켜야 한다. 포커스 그룹 면담에서의 성공의 열쇠는 연구의 목적과 목표의 제공에 있어 그룹 역동적 작업을 하는 것이다.

개인 내 또는 개별적 특성은 두 가지 방식들에서 그룹 과정에 영향을 미친다. 첫째 개인의 개별적 특성들(예: 물리적, 성격, 인구 통계적)은 그룹에서의 개인 행동과 다른 사람들이 자신들의 말과 행동에 어떻게 반응하는지에 영향을 미친다. 둘째, 개인적 특성의 특정 결합은 그룹의 행동에 영향을 줄 수 있다. 예를 들어, 매력적이고 외향적인 사람은 밝고, 친절하고 솔직하다고 인식될 것이기에 구성원이 이들의 언급이나 생각에 더 우호적인 반응을 가짐으로써 포커스 그룹의 다른 사람들에게 영향을 미칠 수 있다. 포커스 그룹 참여는 참여자들에 대한 적절한 선택과 조합을 통해 개인 간 매력을 증가시킴으로써 최대화시킬 수 있다. 이와 같은 성공적인 조합(blending)에 영향을 미치는 몇 가지 요인에 대한 검토는 다음과 같다.

# 인구 통계적 요인

인구 통계적 요인들은 연령, 성별, 수입, 직업, 교육, 종교, 인종을 포함한다. 집단 역동성에 있어 이와 같은 요인의 영향은 종종 멈추기 어렵다. 더 나아가 존재하고 있는 관계들은 분리가 어려울 수 있다. 예를 들어, 심지어 우연한 관찰에서도 연령 차이는 집단 행동에 영향을 미치고 효과에 있어서는 일부 제한적이기는 하지만 경험적 증거가 있음을 제시한다. 하지만 연령의 영향 범위와 방향은 일반적으로 잘 문서화되어 있지 않다. 이에 대한 한 가지 이유는 그룹 행동에서 연령 효과는 통제된 연구에서는 불필요한 것으로 매우 분명하게 고려되기 때문일 것이다. 명백히 일부 주제들에 있어서는 특정 연령 그룹에 더 많은 관련성을 가지며, 연령 자체는 그룹 행동에서 중요한 요인이 아니다. 추가적으로, 연령과 관련될 수 있는 다른 요인과 그룹 구성원들 간의 연령 차이는 그룹 행동에 영향을 미칠 수 있다(Manderson, Bennett, & Andajani-Sutjahjo, 2006).

**연령** 상호작용의 빈도와 복잡성에 있어 연령 및 연령의 효과는 많은 학자들에 의해 조사되어 왔다. 연령에 관한 연구 중 발견된 몇 가지는 다음과 같다. 개인의 사회적 접촉에서 그의 수와 비율은 연령과 함께 증가하고(Beaver, 1932), 공감 능력도 연령과 함께 증가하며(Dymond, Hughes, & Raabe, 1952), 동시적 대화 및 개입 경향은 연령과 함께 감소하고(Smith, 1977), 모험 행동은 연령과 함께 감소한다(Chaubey, 1974). 그리고 리더십 행동이 연령과 함께 증가함을 제시하는 일부 증거가 있다(Stogdill(1948)의 리더십 특성 연구들에 대한 검토 참고). 또한 연령은 특히 매우 다양한 집단들과 특정 문화들에 대한 상황을 함축할 것이다.

**순응** 개인들이 그룹에서 상호작용할 때 균일화하려는 경향인 순응은 연령과 관련해서도 나타난다. Costanzo와 Shaw(1966)는 순응은 약 12세에 최고조로 증가하고, 이후 감소한다는 연령과 균일성 사이의 곡선 관계를 가설을 세웠다. 경험적 연구는 이 같은 가설을 지원하는 것 같다(Berndt, 1979). 문헌은 다른 조건이 동일하다면 혼합 연령이 대부분의 포커스 그룹들에 적합할 것이라고 제시한다. 다른 한편으로 연구자들은 새로 면허를 받은 10대 운전자들의 안전 운전 태도에 대한 연구처럼 동일한 연령대의 그룹에 필요한 질문을 가질 필요가 있다.

**성별** 남성과 여성이 그룹 상황들에서 다르게 행동하는 것은 놀라운 일이 아니다(Canary & Dindia, 2006; Fosyth, 2014). 개인 간 관계에 있어 성별 차이는 자신들이 경험하는 사회적 · 문화적 환경들에서의 차이뿐만 아니라 생물학적 요인도 영향을 미칠 수 있다. 사회화의 많은 부분은 평생 동안 이루어지고, 남성과 여성 사이의 기본적인 성격 차이들에서 분명해진다. 성격에서 성별 차이들에 대한 연구는 남성이 여성보다 더 공격적인 경향을 보이고(예: 물리적 공격성과 비언어적 우월), 여성은 남성보다 그룹 압력에 더 순응하며, 여성이 남성보다 더 민감하고 감정을 해석

하는 데 더 유능하고, 남성이 여성보다 자신의 능력에 대하여 더
확신을 가지고 있음을 보여 준다(Swim & Campbell, 2003).

공격성, 의존성, 사회적 경향, 정서에 있어 이와 같은 전형적인
성별 차이는 신체적 성향 및 눈맞춤과 같은 비언어적 의사소통을
포함하여 개인 간 의사소통의 다른 측면들에 영향을 미친다. 따라
서 공감대를 형성하고 포커스 그룹 토의의 범위와 깊이를 최대화
하는 능력은 그룹의 성별 구성에 의해 많은 영향을 받는다. 이는
혼성 그룹으로 실행되어질 때 주의를 가져야 하며, 중재자는 이러
한 그룹에서의 상호작용에 있어 수용될 수 있는 수준을 확실히 할
필요가 있음을 의미한다. 이와 같은 우려는 성별에 있어 민감한 주
제들을 연구할 때 특히 심할 수 있다.

**사회경제적 상태** 수입, 직업, 교육, 가족배경의 차이와 같이 개인의 다양
한 사회경제적 배경들은 그룹 상호작용의 역동성에 영
향을 미칠 수 있다. 일반적으로 상호작용은 그룹이 비슷
한 사회경제적 배경들을 가진 개인들로 구성될 때 더 쉽다. 비슷한
능력, 지능, 지식은 의사소통을 촉진하는 경향이 있다. 비슷하게
문화적·인종적 동질 그룹 상황들에서 구성원 참여를 격려하는 것
이 더 용이할 수 있다. 이러한 것은 사회경제적 수준과 관련하여
그룹 구성원들의 유사성은 그룹 내 상호작용을 더욱 최대화시킬
수 있음을 제시한다. 다른 한편으로는 어떤 상황에서 연구자들은
고소득층, 중산층, 저소득층에 속한 개인들 간의 대화와 차이를 직
접적으로 탐구하고자 할 수도 있다.

# 물리적 특성

개인의 물리적 특성은 그룹 내에서의 행동에도 영향을 미친다. 신체 지수, 신장, 체중, 일반적 건강, 외모와 같은 특성은 개인을 대하는 다른 사람들의 행동에 영향을 미치고, 이는 그룹에 대한 개인의 행동에 영향을 미친다. 예를 들어, 이제는 고전적인 연구인 Stogdill(1948)에서는 리더십과 체중, 신장, 체격 간에 긍정적인 관계가 있음이 드러난다. 신체적으로 매력적인 사람들은 덜 매력적인 사람들보다 사회적으로 더 능력 있어 보이고 호감이 가는 것으로 평가된다는 것을 보여 주고 있다(Goldman & Lewis, 1977). Adams와 Huston(1975)은 아동과 성인 모두 매력적인 중년 성인들이 덜 매력적인 중년 성인들보다 더 즐겁고, 사회적으로 더 편안하며, 더 높은 자존감을 가지고, 더 높은 수준의 직업을 가지고 있는 것으로 판단함을 발견하였다. 물론 그룹 구성원들의 신체적 특성들은 실제 면담 이전에 연구자에 의해 알려질 것 같지는 않다. 하지만 숙련된 면접관은 그룹을 재빠르게 판단하며, 어떠한 문제나 기회가 그룹에 있는 개인의 신체적 특성에 의해 제공되는가를 결정한다. 연구자는 이에 맞추어서 면담을 조절한다.

의복 스타일은 어떤 개인에 대한 개인들의 인상(Gibbins, 1969) 및 행동(Bryant, 1975)에 영향을 미친다. 하지만 Shaw(1981)는 "다른 변인들과 관련해서 이러한 요인들은 일반적으로 약하며 성격이나 능력과 같이 더욱 강력한 변인들의 영향을 통해 극복될 수 있다."고 언급하였다. 하지만 신체적 모습은 인상이 매우 제한적인 정보에 기초하거나, 초기 인상이 향후 상호작용의 방향을 만들어갈 때와 같이 인상을 결정짓는 한 가지 가장 중요한 요인이 잘될 수 있는 몇 가지 상황들이 있을 수 있다(Frieze, 1980). 예를 들어, 포커스 그룹은 관찰자와 참여자 모두 최소한의 개인정보를 토대로 서로 상호작용을 해야 할 때 자신들을 이와 같은 상황들에 맡기는 경향이 있다. 따라서 모집이 이루어지는 순간에 그룹 구성원들에게 복장 매너를 제시하고 중재자는 이에 맞춰 옷을 입는 것이 현명할 수 있다.

## 성격

성격 특성은 그룹에 있는 개인들의 행동에 영향을 미치는 인구 통계적 변인들과 함께 상호작용한다. 성격 특성은 다른 상황들에서 어떤 방식으로 행동하는 경향 또는 성향을 나타낸다. 예를 들어, 공격적인 성격의 사람은 일반적으로 비위협적인 상황에서조차 공격적인 행동이나 성향을 나타낼 수 있다. 비록 그룹 행동에 있어 어떤 단일 성격 변인의 효과가 비교적 약할 수 있지만, 이러한 것들은 개인 간 상호작용에 있어 중요한 영향력을 끼칠 수 있다. 포커스 그룹 상황에서 공격적 또는 지배적 성격은 정서적 그리고/또는 부정적 언급들을 만듦으로써 다른 참여자들로 하여금 자신들의 의견에 솔직하지 못하게 할 수 있다. 제6장은 이와 같은 개인들을 다루는 것에 대한 제안들을 제공하지만 중재자가 그룹 구성원들의 성격들을 재빠르게 판단하고 이에 맞춰 반응하는 것이 중요하다.

개인 행동에 있어 성격 특성의 영향은 많은 관심을 받아 왔다.

Forsyth(2014)는 외향성, 쾌활성, 성실성, 예민성, 경험에 대한 개방성과 같은 '빅 파이브(Big Five)' 성격 특성의 영향을 논의하였다(pp. 101-103). 이와 같은 특성 모두가 적어도 일부 상황들에서 포커스 그룹 참여자들 간의 상호작용에 영향을 미칠 수 있지만, 외향성, 쾌활성, 새로운 경험에 대한 개방성은 그룹 과정들에서 가장 광범위한 영향력이 될 수 있다.

외향성은 사교적이고 사람들을 향해 나아가는 경향이 있다. 이와 같은 특성과 반대되는 것으로는 더 내향적이고 조용한 경향이 있다. 외향적인 사람들로 가득 찬 방은 흥미롭고 역동적인 장소가 될 수 있지만 그룹 중재자가 초점을 유지하기 어려울 수 있다. 외향적인 사람들과 내향적인 사람들이 혼재된 그룹에서는 중재자는 내향적인 사람들에게서 이끌어 내는 동안 외향적인 사람들이 토의를 지배하는 것을 막기 위해 열심히 노력할 필요가 있다.

쾌활성은 긍정적이고 협조적인 경향을 나타낸다. 이는 이와 같은 성격이 강한 개인들이 모든 사안에 대하여 동의하는 사람임을 의미하지는 않는다. 오히려 이들은 비전문가들에 의해 '멋있게' 보일 것이다. 이러한 사람들로 가득찬 방은 종종 유쾌한 경험이지만, 때로 더 많이 동의하지 않는 개인들이 그룹 내에서 창의적인 긴장을 촉진시킬 수 있다. 갈등은 어떤 그룹에서 잘 관리되기만 한다면 나쁜 것이 아니며, '싫어하는' 그룹 구성원은 종종 새로운 생각들과 반론들을 자극시킬 수 있다.

새로운 경험들에 대하여 개방적인 사람은 더 창의적이고 상상력이 풍부한 경향이 있다. 많은 포커스 그룹은 새로운 프로그램, 제품, 서비스와 같이 새로운 생각들을 생성하거나 새로운 생각들에 대한 반응을 위해 모인다. 창의성이 포커스 그룹의 목적일 때 창의적이고 상상력을 가진 참여자 집단이 이상적이다. 하지만 포커스 그룹이 새로운 생각에 대한 잠재적인 저항의 원천을 확인하기 위한 목적일 때는 많은 경우들이 있다. 새로운 생각들에 우호적인 성향을 가진 사람들로 가득찬 방은 이와 같은 목적에 도움이 되지 않을 것이다. 많은 그룹들에게 새로운 경험들에 대한 다양한 수준의 개방성을 가진 사람들로의 조합은 유용한 직관들에 의해 수반되는 아이디어들의 생산적 교환 단계를 세울 수 있다.

숙련되고 경험 많은 포커스 그룹 중재자는 면담의 처음 몇 분 동안 이와 같은 개인들의 특성을 재빠르게 판단하고, 이에 따른 중재를 하기 위해 노력할 것이다. 이것은 어떠한 접근이 그룹의 모든 구성원 간의 상호작용을 최대화할지에 따라 어느 정도 구조화된 접근을 사용하는 것을 포함한다. 제5장과 제6장에서 포커스 그룹 수행에 있어서 여러 가지 접근과 구조의 효과를 다룰 것이다.

추가적으로, 일부 연구자들은 포커스 그룹 회기에 앞서 전화를 통해 참여자들의 성격 목록을 관리하는 것을 추천한다(Quiriconi & Durgan, 1985). 이렇게 함으로써 연구 목적에 따라 동질 그룹들(예: 단지 유행을 선도하는 사람들만, 전통주의자들만) 또는 이질적 그룹들(예: 유행을 선도하는 사람들과 전통주의자들 모두)을 구성하는 것이 가능하다. 포커스 그룹 참여자들은 일반적으로 인구 통계 또는 행동에 기초하여 모집되기 때문에, 응답자의 성격에 대한 선행 지식은 중재자가 포커스 참여자들이 왜 그러한 행동들을 하는지와 어떻게 이들과 가장 잘 상호작용할 수 있는지를 이해하도록 돕는다. 다른 한편, Krueger와 Casey(2008)는 성격, 가치, 태도와 같은 요인들이 연구 질문을 위해 중요할 수 있는 다른 요인들과 혼동될 수 있기 때문에 이와 같은 요인들에 근거하여 반응자들을 선택하는 것에 주의를 기울여야 함을 제안하고 있다. 예를 들어, 공공 건강과 같은 특정 사회기관에 대한 자신들의 태도와 관련하여 동일한 집단의 반응자들을 선택하는 것은 그룹 구성원들의 태도가 주로 긍정적인지, 부정적인지와 상관없이 그룹 구성원들 간의 상호작용과 대화에서의 풍부함을 감소시킬 수 있다. 포커스 그룹 연구에 있어 개별적 성격 요인들의 역할과 관련된 핵심은 이들에 대하여 인식하는 것이 중요하며, 몇 가지 제한된 경우들에 있어 이러한 것들이 그룹 참여자들을 선택하는 근거가 된다는 것이다. 대부분의 경우에 숙련된 면담자의 조정을 거친 성격 유형들의 좋은 조합은 가장 유용한 결과를 만들 수 있다.

## 개인 간 영향

개인 간 상호작용은 다른 사람들이 어떻게 활동하거나 행동하는지에 대한 기대들에 의해 매우 많은 영향을 받는다. 이러한 기대들은 과거의 경험들과 함께 인구 통계학적 특성(예: 연령, 성별, 사회경제적 지위), 성격 특성과 신체적 특성(예: 외모, 의복)로부터 이끌어진다. Miller와 Turnbull(1986)은 다양한 유형의 사회적 상호작용들을 검사하였으며, "한 사람(파악자)이 다른 사람(대상)에 대하여 가지는 기대는 ① 대상의 행동, ② 파악자에 의한 대상자 행동의 처리, ③ 스스로에 대한 대상의 인식과 같은 세 가지 현상에 영향을 미친다."(p. 234)라고 결론 내렸다.

기대와 믿음은 종종 고정관념화된다. 개인 간 과정들에 대한 유형들의 영향은 주목할 만한 관심을 받아 왔다(Hilton & vion Hippel, 1996). 고정관념의 효과는 고정관념을 가진 개인들의 행동에 영향을 미칠 뿐만 아니라 고정관념화될 수 있는 그룹들에 속한 개인들 간에도 존재한다(Lee, Hakkyun, & Vohs, 2011; Steele, Aronson, & Spencer, 2007). 따라서 개인들은 자신들이 아마도 적용될 수 있을 것이라고 생각하는 고정관념에 근거하여 다른 사람들에게 반응할 수 있다. 이러한 반응은 고정관념과 일치하거나 또는 반대될 수 있다. 고정관념은 만연하면서 변화에 저항하는 경향이 있으며, 일반적으로 근거가 없지만, 세상의 의미를 만드는 데 중요한 역할을 한다(McGarty, Spears, & Yzerbyt, 2002). 고정관념은 세상에 의미를 주는 데 도움이 될 수 있기 때문에, 심지어 고정관념이 타당하지 않을 때에도 그룹 응집력, 적합성, 동질성/이질성 측면에서 개인 간 상호작용에 영향을 준다. 더 나아가서, 사회적 권력의 인식과 그룹 참여 및 수행을 향상시키는 것에서의 사용은 개인 간 기대에 의해서도 영향을 받는다. 포커스 그룹 중재자는 그룹이 기대를 수립하는 데 중요한 역할을 한다. 중재자는 그룹 구성원들이 그룹에게 다양한 기대를 가져온다는 것을 이해해야 하며, 그룹의 다른 구성원을 만날 때 계속해서 이러한 기대들을 확장시켜야 한다. 중재자는 견고한 통제를 가지고 그룹 구성원들의 기대가 연구의 목적과 일치하며 목적을 촉진시킨다는 것을 확실히 할 필요가 있다. 다른 한편으로, 중재자가 고정관념들을 드러낼 수 있고 중립적인 방식으로 사용할 수 있다면 행동을 이해하는 데 특히 유용할 수 있다. 예를 들어, 특정 행동을 가질 수 있는 사람의 유형, 특정 제품이 호소할 수 있는 대상, 왜 인식에 영향을 미치는 고정관념을 드러낼 수 있는지를 어떤 그룹에게 기술해 달라고 물어보라.

## 그룹 응집력

그룹 응집력은 그룹을 함께 붙드는 것이다. Pennington(2002)은 응집력을 "그룹 구성원들이 서로에게 끌리고, 그룹 우선순위 및 목적을 수용 및 동의하고, 목적 성취를 돕기 위한 기여 정도"로 정의하였다(p.83). 하지만 Forsyth(2014)는 여러 유형의 응집들이 있음을 관찰하였다. 사회적 응집은 그룹 구성원들이 서로와 그룹에 대하여 받아들이고 확인하는 정도다. 과제적 응집은 특정 결과나 목적을 성취하기 위해 그룹 구성원들 간의 약속을 공유하는 정도와 관련이 있다. 집단적 응집은 팀으로서의 그룹의 느낌과 팀 구성원으로서의 정체성이 있는 그룹 확인의 매우 강한 형태다. 정서적 응집은 그룹의 정서적 강도, 때때로 단결심을 나타낸다. 마지막으로 구조적 응집은 그룹이 전체로 함께 적합하고 각 구성원이 잘 정의된 역할을 가지는 것이다.

포커스 그룹은 비록 임시적인 경향이 있지만, 그 응집력은 사소한 이슈가 아니다. 포커스 그룹의 임시적인 본질은 사회적·과제적 응집이 가장 중요한 응집 유형들처럼 보이지만, 다섯 가지 응집 유형이 모두 중요하다. 실제로, 일부 포커스 그룹은 강한 단결심을 발전시키고, 숙련된 중재자들은 그룹 구성원들에게 역할들을 할당함으로써 종종 구조적 응집감을 만들어 낼 수 있다. 면담이 성공적이기 위해서는 그룹이 임무를 확인하고 임무에 따른 정보를 제공하는 일이 중요하다. 이는 중재자가 포커스 그룹 모임 초기에 촉진시켜야만 하는 것이다.

그룹 응집력의 원천은 배경과 태도에서의 유사성과 같이 개인 간 매력에 영향을 미치는 대부분의 변인을 포함한다. Pennington(2002)은 신분, 목적, 가치와 관련하여 상호 매력과 유사성을 포함하여 그룹 응집력에 영향을 미치는 다양한 요인들을 항목별로 보여 주고 있다. 이는 포커스 그룹이 서로에 대하여 완전히 동의하는 사람들로 구성되어야 하는 것은 아니지만 심한 반대 의견들을 가진 개인들로 이루어진 그룹은 문제가 발생할 수 있음을 보여 준다.

응집력은 또한 그룹 구성원들 간의 의사소통의 정도와 본질, 다른 그룹 구성원들에 의해 영향을 받는 경향, 그룹 구성원들로부터의 행동이나 피드백에 대한 반응으로부터 영향을 받는다(Levine & Moreland, 1998). 이는 포커스 그룹 상황에서 그룹이 목적 성취 인식이 그룹 응집력을 높일 수 있음을 의미한다. 토의의 질에 대한 중재자의 간헐적인 언급은 과제 응집력과 성공에 대한 의미에 도달하기까지 오랜 길을 가게 할 것이다. 그룹 응집력은 언어적·비언어적 상호작용, 사회적 영향의 효과성, 생산성, 그룹 구성원들의 만족과 같이 그룹 과정들에 많은 영향을 미친다. Shaw와 Shaw(1962)는 응집력이 높거나 낮은 아동들의 그룹 간 상호작용을 연구하였다. 그들은 높은 응집력을 가진 그룹이 낮은 응집력을 가진 그룹에 비해 더 협력적이고, 더 우호적이며, 서로의 성취에 대하여 더 칭찬하는 것을 알아냈다. Berkowitz(1954), Schachter, Ellertson, McBride, 그리고 Gregory(1951)의 고전적 연구에 따르면 그룹의 응집력이 커지면 구성원들의 권력은 더 많아지고, 서로에 대한 영향력도 더 커짐을 언급하였다. 이는 포커스 그룹의 결집성이 상호작용을 확실하게 하는 것에 있어 중요한 요소임을 의미한다. 따라서 결집력은 대부분의 민감한 주제들에 대한 논의까지 촉진시킬 수 있다.

실제 세계에 있는 그룹들과 같이 가상 그룹들 또는 온라인에서 만들어지고 존재하는 'e-그룹'은 결집력에서 고려할 만한 변동성을 가지고 있다. 일부 가상 그룹들은 실제 세계에 있는 것처럼 응집성을 가지고 있다(Bateman, Gray, & Butler, 2011; Faraj & Johnson, 2011). 이러한 발견은 비록 이러한 그룹의 사용이 이 책의 다음 부분에서 언급될 독특한 이슈로 제기되지만, 포커스 그룹 연구와 다른 유형들의 연구를 위한 가상 그룹들의 증가하는 사용과 함께 일관성을 가지는 것이다.

그룹 생산성과 응집력은 분명한 관련성이 있다. 응집력이 높은 그룹에 속한 구성원들은 또한 덜 응집적인 그룹에 있는 사람들보다 더 큰 만족감을 경험한다. 포커스 그룹은 일반적으로 참여자들에 의해 '재미있다'고 여겨진다. 생생하고 흥미로운 토의는 응집력의 의미를 구축하는 경향이 있다. 똑같이 중요한 경험들을 공유하고 다른 사람들도 비슷한 경험들을 하였다는 것을 인식하는 것은 그룹 응집력을 높이는 것이다. 이것이 포커스 그룹 중재자들이 더 논란이 큰 주제로 진행하기 전에 그룹 구성원들 가운데 공통적인 경험들을 찾기 위해 그룹 토의에서 초기 시간을 보내야 할 이유다.

## 그룹 호환성, 동질성/이질성

그룹 응집력과 밀접한 관련을 가지는 것은 그룹 구성원들의 유사한 개인적 특성(예: 요구, 성격, 태도)을 가지는 정도인 그룹 호환성이다. 호환성은 효과적인 그룹 수행과 그룹 만족을 암시한다. 일반적으로, 호환이 높은 그룹들은 그룹 유지에 더 적은 시간과 에너지를 가지기 때문에 호환성이 낮은 그룹보다 더 효과적으로 과제를 수행한다(Forsyth, 2014; Schutz, 1958 또한 참조). 더 나아가 호환적 그룹은 호환성되지 않는 그룹들보다 더 적은 걱정과 더 큰 만족을 경험한다(Cohen, 1956; Fry, 1965; Smelser, 1961).

호환성과 동질성이 밀접한 관련성을 가지기는 하지만, 호환성이 반드시 동질성을 암시하는 것은 아님에 주목해야 한다. 평가적 호환성에 있어서의 강조는 그룹 구성원 특성들에 대한 동질성에 대한 여부보다 오히려 그룹 구성원들의 특정 특성들 간의 관계다 (Forsyth, 2014; Shaw, 1981). 예를 들어, 포커스 그룹 구성원들의 성별은 동질적이지만 사회경제적 상태(예: 수입, 직업, 사회적 지위)에서는 호환되지 않을 수 있다. 어떤 포커스 그룹 구성원들은 성별에서 동질적이며, 사회경제적 상태에서 호환적일 수 있다. 이 두 그룹은 성별에 있어서는 동질적이지만, 그룹들 가운데 한 그룹에서의 사회경제적 호환성의 부족은 다른 상호작용 스타일을 불러일으키고 그룹 참여의 수준에 영향을 미칠 수 있다. 이러한 차이들은 그룹 구성원들 사이의 상호작용에서 포커스 그룹의 획득된 결과에 변화를 일으킬 수 있으며, 참여자를 모집하고 개별 그룹의 구성을 결정할 때 고려되어야 한다.

성별이 그룹 구성에 미치는 영향은 사회과학자들에 의해 자주 연구되어 왔다. 이러한 연구들은 그룹의 성별 구성과 관련하여 남성과 여성의 상호작용 양식의 차이들을 계속 발견하고 있다(Deaux & Lafrance, 1998; Manderson et al., 2006). 예를 들어, 한 연구는 남성이 더 '개인적' 성향을 가지며 (전체로 그룹에 반대되는 것으로서) 개별적 구성원들을 부르는 경향이 더 크며, 동성 그룹들보다 혼합된 (사회적) 성별 그룹들에서 더 자주 자신들에 대하여 이야기하는 경향이 있음을 발견하였다(Aries, 1976). 남성들로만 구성된 그룹들에서 남성들은 지위와 경쟁에 대하여 더 걱정하였다. 대조적으로, 혼성 그룹에 있는 여성들은 여성만 있는 그룹들보다 덜 지배적인 경향이 있다. 이와 같은 연구는 상호작용의 본질과 포커스 그룹에서 획득된 자료의 질이 그룹 성별 구성의 영향을 받음을 보여 준다. 많은 연구자들이 동성과 혼합된 (사회적) 성별 그룹을 함께 실시하는 것은 이와 같은 이유 때문이다. 또한 자료 수집 도구로서 그룹의 최대 장점들을 얻는 방법이다.

일부 연구자들은 이질 그룹들은 다양한 기술, 관점, 지식이 과제 수행에 집중하도록 하기 때문에 일반적으로 동질 그룹들보다 더 효과적이라고 믿는다(Nijstad & Paulus, 2003). 다른 한편으로 혼합된 (사회적) 성별 그룹들은 순응 경향이 더 클 수 있다. 개인 간 관계들에 대하여 더 큰 관심을 가지기 때문에 동성 그룹들의 구성원들 사이에서보다 혼합된 (사회적) 성별 그룹들의 구성원들 사이에서 더 큰 순응이 있음을 제시하는 일부 증거가 있다(Reitan & Shaw, 1964; Reysen & Reysen, 2004). 따라서 혼성 그룹에서 표현된 견해의 다양성은 동성 그룹보다는 더 낮을 수 있다. Dyson, Godwin, 그리고 Hazelwood(1976)는 리더십 특성은 동성 그룹보다 혼성 그룹에서 더 많이 나타날 수 있음을 발견하였다.

리더십 행동은 일반적으로 개인 간 영향과 효과적인 의사소통 사용을 통해 목적한 과제 수행을 촉진시킨다. 이러한 것은 주제가 허용하면 혼합된 (사회적) 성별 그룹들이 동성 구성원들로 구성된 포커스 그룹보다 참여를 장려하고 문제를 해결하는 데 더 효과적임을 제시한다. 하지만 만일 문제나 반응에 대한 다양한 해결책을 원한다면 혼합된 (사회적) 성별 그룹들에 흔한 순응 경향을 줄이기 위해 동성 포커스 그룹을 사용하는 쪽이 더 나을 수 있다. 궁극적으로 혼합된 (사회적) 성별 그룹이어야 하는지 동성 그룹이어야 하는지는 주제의 본질에 가장 많이 달려 있다. 하지만 이와 같은 두 가지 유형의 그룹들은 매우 다른 집단 역동성과 정보의 유형을 산출할 수 있음을 기억하는 것이 중요하다. 일반적으로 혼합된 (사회적) 성별 그룹들은 중재자가 통제하기가 더 쉽지만, 이러한 통제는 덜 자발적이게 된다는 비용을 치를 수 있다. 포커스 그룹 연구자에게 덜 명확한 것은 (인식되거나 수행되는) 집단 역동성에 대한 사회적 권력이며, 다음에서 이를 다루어 볼 것이다.

## 사회적 권력

사회적 권력은 그룹 상황에서 다른 사람들에게 영향을 미치는 잠재성 또는 능력을 의미한다(Forsyth, 2014). 이는 소그룹 상호작용과 수행에 있어 중요한 시사점들을 가지는 현재 진행형 현상이다. 사회적 권력의 본질에 대한 이해와 이것이 포커스 그룹 면담 상황에서 어떻게 장점으로 사용될 수 있을지는 포커스 그룹 연구의 계획 및 수행에서 중요한 요소다.

사회적 상황에서 다른 사람들에게 영향을 미치는 능력은 전통적으로 ① 보상력, ② 강제력, ③ 합법적 권력, ④ 지시적 권력, ⑤ 전문적 권력, ⑥ 정보력과 같은 여섯 가지 출처에서 유래되어 왔다(Forstyh, 2014). 하지만 대부분의 상황들에서 이러한 것은 권력의 인식이며 개인의 행동과 다른 사람들의 반응에 영향을 미치는 실제적인 소유는 아니다. 예를 들어, 포커스 그룹 상황에서 중재자는 토론의 흐름과 강도를 지시하는 자신의 위치와 능력 때문에 더 많은 권력을 가지고 있는 것으로 인식될 수 있다. 하지만 어떤 참여자들은 교육, 훈련, 일반적 경험으로 인해 전문적 권력을 가지고 있는 것으로 인식될 수 있다. 이러한 전문적 권력은 실제적이거나 또는 단순히 인식된 것일 수 있다. 양쪽 유형의 '전문가들' 모두는 포커스 그룹 중재자에 대한 문제들을 일으킬 수 있지만, 각각은 다르게 다루어져야 한다. 제6장에서는 이와 같은 전문가들을 다루는 구체적 전략들을 논의한다.

때때로 어떤 그룹 구성원들 내에서의 좌석에 대한 선호는 토의와 다른 참여자들의 의견에 영향을 미치고자 하는 자신들의 요구 표시일 수 있다(Forsyth, 2014). 공간 배치에 대한 행동적 암시는 이번 장의 환경적 영향을 살펴보는 부분에서 논의할 것이고, 제6장에서 좌석에 있어서의 참여자들의 이슈를 다룰 때 다시 살펴본다.

많은 연구들은 더 큰 권력을 가진 것으로 인식된 그룹 구성원들이 더 적은 권력을 가진 사람들보다 더 많은 호의를 받게 된다고 제시하고 있다(Hurwitz, Zander, Hymovitch, 1953; Lippitt, Polansky, Redl, & Rosen, 1952). 이러한 현상 중 일부는 권력자는 보상 또는 처벌의 근원으로 보인다는 사실 때문에 발생한다. 더 나아가서 만일 권력자가 좋게 여겨진다면, 이러한 권력자는 처벌보다는 보상을 더 많이 제공할 수 있다. 동시에, 그룹 내에서 권력이 있는 구성원에게서는 더 적은 권력을 가진 구성원보다 더 많은 매력이 발견되는 경향이 있다(Lippitt et al., 1952; Watson & Bromberg, 1965; Zander & Cohen, 1955). Shaw(1981)는 다음과 같이 언급하였다.

"다인으로부터 다른 대우를 받는 대상이고, 그룹 과정에서 많은 영향력을 가지는 그룹에 의해 높이 받들어지는 그룹 구성원은 의심의 여지 없이 그렇게 우호적으로 취급되지 않는 구성원보다 그룹에서는 더 매력적으로 보인다."(p. 313)

따라서 포커스 그룹 중재자는 그룹의 특정 구성원이 그룹 내의 다른 사람들보다 더 높은 지위나 권력을 가질 수 있음을 인식해야 한다. 중재자는 이러한 상황이 발생할 때 이를 강점으로 사용할 필요가 있다. 제6장에서는 이를 위한 전략을 토의한다.

포커스 그룹 상호작용에서의 암시 가운데 사회적 권력과 관련된 또 다른 요인은 권력과 지위 간의 관계이다. 일반적으로 낮은 지위의 사람들은 더 적은 권력을 부여받고, 이로 인하여 그룹에서 더 적은 영향력을 미친다. 공군 승무원들에 대한 연구(Torrance, 1954)는 이 주장을 지지한다. 이러한 연구에서, 심지어 서열이 낮은 승무원이 문제에 대한 올바른 해결책이 있다고 하더라도 그룹 결정 수립에 미치는 영향은 미미하다는 것은 관심을 끄는 것이다. 더 나아가 Maier와 Hoffman(1961)은 엄청나게 많은 시간과 에너지들이 문제에 대한 대안적인 해결책들을 모색하는 것보다 서열이 높은 사람들의 생각을 지지하거나 거부하는 데 소모됨을 발견하였다. 포커스 그룹 중재자는 이와 같은 경향을 인식해야 하고, 특히 다양한 관점들을 원한다면 개별 아이디어의 생산을 장려해야 한다. 이에 더하여, 중재자는 이러한 의견들을 명확하게 질문하고, 이에 대한 표현과 관련하여 언어적 보상을 제공함으로써 서열이 낮은 사람들이 표현하는 의견들을 정당화해 줄 필요가 있다. 이는 낮은 서열에 있는 구성원들의 의견을 장려하는 것만이 아니라 그룹 내 나머지 구성원들 역시 적극적인 참여와 의견의 수용을 장려하기 위한 행동을 모델화하는 것이다.

# 그룹 참여와 비언어적 의사소통

최근 들어 그룹 구성원들 간의 참여에 있어서의 구조적인 (누가 그리고 얼마나 많이), 그리고 임시적 (언제) 패턴에 대한 관심이 증가하고 있다. 점점 더 많은 연구에서의 관심이 정보 기록, 처리, 분석에 있어서의 더욱 정교한 방법들의 가용성으로 채워지고 있다 (Forsyth, 2014; Hollingshead, 2003). 연구자들은 과거에는 상세한 검사를 하는 데 어려움이 있었던 개인 간 신뢰 유형, 상호작용에서의 인지적 탑재, 상호작용에서의 자기 감시, 지배와 영향의 유형과 같은 많은 이슈들을 오늘날 검사할 수 있다(Hollingshead & Poole, 2011; Napier & Gershenfeld, 2003 참조).

포커스 그룹 상황에서의 특별한 관심 가운데는 그룹 상호작용에서의 비언어적 측면들에 대한 연구가 있다. 주목할 만한 연구는 응시와 눈맞춤에 관한 것이다(Pennington, Gillen, & Hill, 1999와 제6장 참조). 눈맞춤은 그룹 내에서 중요한 기능들을 한다. Hargie(2010)는 이와 같은 것으로 ① 상호작용 흐름뿐만 아니라 상호작용 준비와 상호작용 시작에 대한 신호, ② 타인에 대한 반응 지표, ③ 반응 행동을 강화하며, 따라서 상호작용을 촉진한다고 하였다. 웃음, 제스처와 같은 비언어적 단서들이 개인 간 상호작용에서 유용한 정보를 제공할 수 있는 것처럼, 개인 간 상호작용 상황 내에서의 비언어적 단서들이 가지고 있는 여러 기능이 기술되어 있다(Knapp, Hall, & Horgan, 2013). 이와 함께 개인들의 개인 간 거리 또는 가까움, 그룹 상호작용을 위한 암시들은 일부 연구에서 관심을 받고 있으며, 이에 대한 내용은 다음 단락에서 논의한다.

비언어적 의사소통의 정확성과 효과성에 관하여 비언어적 해독의 정확성은 수신자의 성별과 해독 기술들의 영향을 받는다고 알려져 왔다(Hall, 1978, 1980). 더 나아가 다른 방식(예: 청각 대 시각)에서의 단서가 모순될 때, 수신자는 명백히 청각적 단서보다는 시각적 단서로부터 더 많은 영향을 받는다(DePaulo, Rosenthal, Eisentat, Rogers, & Finkelstein, 1978). 일반적으로 시각적 단서는 보상을 위해 또는 청각적 어려움에 대한 극복을 위해 사용된다(Krauss, Garlock, Bricker, & McMahon, 1977). 포커스 그룹 토의에서 비언어적 단서들의 역할은 포커스 그룹 면담의 수행뿐만 아니라 중재자 선택 및 훈련을 위한 중요한 시사점을 가진다. 이에 더하여 포커스 그룹 참여자들의 비언어적 반응에 나타난 정보는 유용할 수 있으며 의사소통의 언어적 채널을 경유하여 제공된 정보를 보완할 수 있다. 직접 관찰 또는 녹화가 많은 포커스 그룹 연구 상황들에서 바람직하게 사용될 수 있는 것은 이와 같은 이유 때문이다. 이 이슈들은 제6장과 제7장에서 다시 다룬다.

## 환경적 영향

포커스 그룹 환경의 일반적인 유쾌감은 공감 및 참여 수준에 영향을 미친다. 예를 들어, 공간적 배치 및 개인 간 간격에 대한 연구는 참여자들의 좌석 배치 및 일반적 접근성이 관심 사안들에 대하여 자유롭고 개방적으로 말할 수 있도록 하는 참여자의 능력에 영향을 미칠 수 있음을 보여 준다. 포커스 그룹은 그룹 구성원들의 구성 및 연구자의 목적을 더 발전시키기 위한 그룹과 방의 물리적 배치 모두를 통해 구성될 수 있음을 인식하는 것이 중요하다. 이 같은 요인에 대한 부주의는 포커스 그룹 수행에 최선이 아닌 결과를 불러일으킬 수도 있다.

이 부분의 목적은 방의 형태와 크기, 조명, 환기, 가구, 벽지 색깔 같은 물리적 환경의 보다 명백한 영향과 함께 영역, 개인적 공간, 공간적 배치, 의사소통 채널의 패턴들과 같은 물리적 환경에 있어 매우 빈번하게 연구된 측면들의 일부를 간략하게 검토하는 것이다. 개인과 그룹 행동에서 물리적 환경 결정의 더 상세한 관련은 Forsyth(2014), Levine과 Moreland(1998)을 통해서 알 수 있다. 이러한 요인들은 포커스 그룹 수행에서 중요한 시사점을 가지며, 이 장의 나머지 부분에서 이와 같은 시사점들을 논의한다.

## 물리적 환경

그룹 상호작용에 있어 방 크기의 영향과 관련된 연구는 포커스 그룹에 대하여 특별한 시사점을 가진다. Lecuyer(1975)는 특정 과제에 대한 그룹 상호작용이 큰 방보다는 작은 방에서 더 집중됨을 밝혀냈다. 다른 한편으로 의견에 있어서 더 많은 분열은 작은 방에서 관찰되었다. 이와 함께 가구 배치 및 소도구가 개인 간 상호작용에 영향을 미친다는 것이 발견되고 있다. 예를 들어, Mehrabian과

Diamond(1971)는 퍼즐 포스터에 대한 집착이 대화의 양, 고개 끄덕임, 눈맞춤, 언어적 강화물과 같은 친화적 행동을 감소시킴을 관찰하였다. 다른 한편으로, 관심 있는 조각품의 존재는 모두는 아니지만 일부 개인들 간의 상호작용을 촉진시킨다. 이러한 발견들은 포커스 그룹 환경에 비교적 별 특징이 없어야 함을 제시한다. 그림, 예술작품, 또는 다른 벽장식은 당면한 과제로부터 그룹 구성원들을 분산시킨다. 실제로 물리적 환경은 토의 주제에 대한 그룹 관심에 초점을 맞추어야 한다. 소도구가 토의를 촉진시키기 위해 사용될 때, 이러한 것들은 토의 때까지 숨겨져야 한다.

## 영역성

영역성은 개인들이 지리적 지역과 이러한 지역에 있는 물건을 채택하는 방식을 나타내는 것으로 소그룹 상호작용에 있어 중요한 시사점을 가진다(Beebe, Beebe, & Redmond, 2008). Shaw(1981)는 다음과 같이 설명하였다.

"어떤 그룹 구성원이 특정 물체에 대한 소유권을 주장할 때, 그룹의 부드러운 기능은 다른 그룹 구성원들이 그 사람의 가정된 영토권을 존중하는 정도에 달려 있다. 예를 들어, 만일 한 구성원이 자기 자신의 것으로 특정 의자를 택하고, 다른 사람이 그 의자에 앉아 있기를 고집한다면 그룹 내 갈등은 불가피하다."(p. 122)

일반적으로 포커스 그룹에는 참여자들을 위한 편한 거리가 있다. 다른 사람들에게 너무 가까이 앉아야 하는 참여자들은 불편해할 수 있으며 그룹 의도에 맞지 않는 행동을 통해 자신의 영역을 보호하고자 하는 경향이 있다. 이러한 행동은 토의에서 물러나거나 그리고/또는 그룹 전체보다 중재자에게 주목하는 경향을 포함할 수 있다.

## 공간적 배치

좌석 배치와 같은 공간적 배치들은 지위, 참여 정도, 상호작용유형, 리더십 행동에 대한 그룹 구성원들의 인식에 영향을 미칠 수 있다. Hare와 Bales(1963)는 지배 지수가 높은 사람들은 그룹에서 더욱 중앙 자리를 선택하는 경향이 있음을 발견하였다. 서로가 테이블 건너편에 앉은 그룹 구성원들 간의 의사소통은 다른 위치의 사람들보다 유의할 만큼 더 크다(Stinzor, 1950; Strodeck & Hook, 1961). 이는 원형으로 또는 적어도 모든 그룹 구성원들이 서로를 쉽게 볼 수 있는 방식으로 그룹을 배치하면 토의를 촉진하고 그룹에서 특정 구성원이 지배하거나 또는 하위그룹의 발생 가능성을 감소시킬 수 있다.

## 개인 간 거리

그룹 상호작용은 이와 함께 그룹 구성원들 사이에서 선호되는 개인 간 거리의 영향을 받는다. Forsyth(2014)는 개인적 공간에 대해 전통적으로 사람들이 개인적이고 사적인 것으로서 자신의 주변에 있는 공간을 고려한다는 것을 관찰하였다. 하지만 사람들이 원하는 개인적 공간은 상황에 따라 다르다. 예를 들어, 친구들 간의 개인 간 공간은 낯선 사람들 간의 것보다 더 좁다. 심지어 낯선 사람들 간에도 개인 간 거리는 연령, 성별 · 사회경제적 · 문화적 배경들과 같은 인구 통계적 특성에 따라 차이가 있다. 개인 간 거리는 청년기, 때때로 그 이상의 기간 동안 연령과 함께 증가한다 (Baxter, 1970; Tennis & Dabbs, 1975).

개인 간 관계의 본질은 선호하는 대면 거리에도 영향을 미친다 (Little, 1965; Meisels & Guardo, 1969). 개인 간 거리는 안면이 있는 사람보다는 낯선 사람들 사이에서 더 넓고, 친구들보다는 안면 있는 사람들 사이에서 더 멀게 나타나는 경향이 있다. 일반적으로 여성은 남성보다 더 가까운 개인 간 거리를 선호하는 경향이 있다 (Patterson & Schaeffer, 1977; Wills, 1966). 관련성을 가진 사회적 지위에 대한 인식은 선호되는 개인 간 거리에 영향을 미칠 수 있다. Lott과 Sommer(1967)에 따르면 개인 간 거리는 사람들이 더 높은 지위와 더 낮은 지위에 있는 사람들 모두로부터 자신들의 거리를 가지는 경향이 있기 때문에 그 사람이 높은 지위를 가지고 있음을 나타내는 것은 아니다.

이와 같은 연구들은 영역성과 개인적 공간의 이슈들이 단순하지 않음을 명확하게 보여 준다. 오히려 특정 포커스 그룹을 위한 편한 거리와 좌석 배치는 이러한 그룹이 혼합된 (사회적) 성별인지 또는 동성인지 여부, 그룹 구성원들의 사회경제적 지위, 참여자들의 문화적 배경 또는 하위문화적 배경과 같이 어느 정도 그룹 구성에 달려 있다. 이와 같은 이슈는 포커스 그룹 연구의 고안 단계 동안 고려되어야 하며, 연구 목적 및 모든 그룹 구성원들의 최대한의 참여와 일관되게 해결되어야 한다.

## 낯선 이들의 조화된 그룹화

집단 역동성에 대한 많은 이론 및 연구는 포커스 그룹에 있어서의 상호작용이 가지는 역동성을 이해하고 포커스 그룹의 연구 목표들을 촉진하거나 방해하는 요인을 확인하기 위한 유용한 시작점을 제공한다. 하지만 이와 같은 일련의 지식은 포커스 그룹의 독특한 특성에 대한 이해와 포커스 그룹 관리 및 분석에 있어 집단 역동성의 일반적 원칙들과 결합하여 조절되어야 한다. 포커스 그룹의 임시성은 관리 능력을 제약할 수 있으며, 더 중요하게 연령, 성별, 개인 간 의사소통의 개방성에 있어서의 직업과 같이 특정한 인구 통계학적 요인들에 영향을 미칠 수 있다. 따라서 직장 또는 사회적 환경에 있는 그룹 구성원들의 장기적 관찰들에 근거한 연구 발견들은 모든 가능성에 있어 완전한 낯선 사람들이고 따라서 공감대를 실제로 개발하기 위한 시간이 없는 포커스 그룹 구성원들에게 매번 적용되지 않을 수 있다. 초기에 언급한 것처럼 A. E. Goldman(1962)은 이와 같은 상황들을 그룹보다는 오히려 '그룹화'로 기술하고 있다. 하지만 집단 역동성에 관한 다수의 연구가 포커스 그룹을 정의하는 것과 동일한 유형의 그룹 상황 내에서 이루어졌다. 일시적인 그룹은 일단 목적이 달성되면 해체된다는 특정한 목적을 위해 함께 모인다.

포커스 그룹 면담에 있어 흔히 발생하지만 잘 검사되지 않는 가설은 더 좋은 자료는 참여자는 낯선 사람들일 때 획득된다는 것이다. 예를 들어, Morgan(1998)은 안면이 있는 사람들은 집단 역동성에 대하여 매우 속상해할 수 있으며 대답을 하지 않을 수 있다. Morgan은 또한 자신을 설명하고 서로에게 자신의 관점을 설명하기 위하여 낯선 사람을 필요로 하는 것은 그룹의 정보 가치도 증가시킨다고 제시하고 있다. 친구들과 지인들은 분명한 언급과 상황 설명 없이 의사소통을 할 수 있는 서로에 대한 특성 지식을 더 많이 가지고 있을 것이다. Fern(1982)은 이러한 면식 가정을 검사하였으며 서로에 대해 알지 못하고 그룹으로 만나지 않은 개인들의 독립적 반응의 집합이 포커스 그룹으로서 아이디어들을 생성하는 것과 마찬가지로 효과적이라고 결론을 내렸다. 더 나아가 비록 포커스 그룹과 조정 없는 그룹 간에는 아이디어의 양적 · 질적 측면에 있어 큰 차이는 없지만, 이러한 차이점이 포커스 그룹을 선호하게 한다.

일반적으로 포커스 그룹 회기는 보통 참여자들에게 제한적이지만 충분히 서로를 알 수 있는 기회를 제공하는 '알아가기'와 '준비' 회기들이 선행된다. 따라서 면식에 대한 이슈는 대부분의 포커스 그룹에서 정도의 문제이며, 이러한 영향은 기껏해야 그렇게 크지 않은 것으로 나타난다.

물론 그룹의 목적이 지인, 친구, 또는 가까운 친척을 포함하도록 요구하는 경우가 있다. 남편과 아내, 부모와 자녀, 동료로 구성된 그룹들은 흔한 것이며, 특히 유용한 통찰들을 제공할 수도 있다. 하지만 이러한 그룹들에서 낯선 사람들, 또는 심지어 다른 상황에서 면담하는 동일한 사람들로부터 획득될 수 있는 것과는 꽤 다른 정보가 발생할 수 있음을 인식하는 것이 중요하다. 따라서 2개의 그룹들을 형성하는 데 있어 남편을 아내로부터 떼어놓거나 부모를 자녀로부터 떼어놓는 것이 가장 확실하게 다른 사회적 역동성 및 정보를 산출하는 방법이다.

포커스 그룹 참여의 우연적이고 자발적인 본질은 문제 상황에 대한 아이디어 및 반응을 공유하는 그룹의 임무에 참여하는 참여자들의 동기를 감소시킬 수 있다. 포커스 그룹들의 임시성은 또한 포커스 그룹 결과에 영향을 미치기 위해 사용되는 전략의 효과에 영향을 미칠 수 있다. 직장 환경에서 승진과 보너스 같은 보상은 개인 및 그룹에서 최선을 다하도록 하는 데 자주 사용된다. 다른 한편으로 포커스 그룹의 일시성과 구성원들 간의 지인의 부족은 자신의 의견 표현에 있어 각 구성원과 관련되는 결과가 거의 없기 때문에 토론을 촉진할 수도 있다. 포커스 그룹 중재자의 과제는 그룹의 임시성에서 발생되는 제한을 극복하고, 정보 공유를 촉진하기 위하여 그룹의 임시적이고 독특한 특성을 사용하는 것이다.

중재자는 또한 자신의 존재로 인한 결과들을 다루어야 한다. 거의 언제나 그룹에서 낯선 사람인 중재자 또는 촉진자의 존재는 인위적인 분위기를 만들 수 있으며, 잠재적으로 토의의 자유로운 흐름을 방해할 수 있다. 과업과 관련된 그룹들에서 리더는 점차 출현하거나 그룹 목표의 성취를 위해 지시나 동기를 제공하는 그룹 구성원 또는 권위자에 의해 임명된다. 포커스 그룹 중재자는 그룹에서 밀어붙여지며, 때때로 자신들의 아이디어와 감정을 공유하도록 공감대를 형성하고 참석자들에게 동기를 부여하는 어려운 과제들을 맡는다. 비록 이와 같은 '인위적' 리더는 어떠한 면에서는 그룹을 방해할 수 있지만, 자신의 리더십을 발전시키면서 그룹과 관련하여 방해되는 많은 것들을 없앤다. 중재자의 역할에 대해서는 제5장에서 더 많이 다룰 것이다.

포커스 그룹은 다른 소그룹들과 많은 특징들을 공유한다. 하지만 이들의 목적, 구성, 지속성은 여전히 독특하다. 포커스 그룹의 독특한 특징들은 이와 같은 유형의 연구에서의 제한들 가운데 한 가지로 나타날 수 있지만, 이것들은 또한 어떠한 상황에서 잠재적인 장점을 제공한다. 이러한 제한은 참여자들에게 인센티브들을 제공하고, 모임을 위한 편안한 시간과 장소를 선택하고, 잘 훈련된 중재자를 제공함으로써 사전 그룹 심사 면담들에 의해 부분적으로 극복될 수 있을 것이다. 포커스 그룹의 제한을 극복하고 소집단 역동성의 지식을 만들기 위한 주도적인 노력은 그룹 면담의 독특한 장점을 이용하기 위한 단계를 설정하고 활동적인 그룹 참여를 수행하는 환경을 만드는 것에 대한 장기적인 방법을 진행한다.

# 문화 간 포커스 그룹에서의 집단 역동성

정보기술에 의해 계속해서 더 적게 제작되고 더 긴밀히 연결되는 세계 경제에서 연구 질문은 종종 국가적 · 문화적 경계를 가로지른다. 결과적으로 포커스 그룹 연구는 빈번하게 자신들의 문화적 정착들과 차이가 있는 그룹 및 개인들을 참여시킨다. 최근까지 포커스 그룹의 역동성에 대한 대부분의 연구들은 서유럽 및 북미 문화 상황들로부터 이루어졌다(Colucci, 2008; Krueger & Casey, 2000). 학자들(Colucci, 2008; Lee & Lee, 2009; Nevid & Maria, 1999)은 포커스 그룹 조사자들이 특히 서구 문화가 지배적이지 않고 문화적인 규범 및 기대들에 뚜렷한 차이가 있는 세상의 여러 곳들에서 일반적인 특성들과 개인 간 상호작용과 관련한 문화적 차이에 민감함의 중요성을 지적해 왔다. 추가적으로 더 많은 포커스 그룹 연구는 개발도상국들에서 덜 부유한 개인들 사이에서, 그리고 다른 사회적, 지역 상황들 내에서 수행될수록, 이와 같은 요인들이 포커스 그룹 내의 상호작용 및 획득되는 정보 유형 모두에 영향을 미칠 수 있음을 인식하는 것이 특히 중요하다.

## 개인 간 스타일과 의사소통 패턴

서구 사회는 일반적으로 집단주의보다는 매우 개인주의적이다 (Nevid & Maria, 1999). 서구 문화들에는 강한 구술 전통이 있는데, 이는 포커스 그룹에서 언어적 상호작용 및 논쟁을 통해 정보를 획득하는 자연스러운 방식을 만든다. 대조적으로, Nevid와 Maria(1999)는 집단주의 문화, 특히 아시아 문화에는 견해 불일치 또는 차이를 공개적으로 드러내는 것을 억제하는 강한 문화적 전통이 있다. Hall, de Jong, 그리고 Steehouder(2004)는 유럽 응답자들은 아시아 응답자들과 비교하여 더 비판적인 경향이 있음을 발견하였다. Chavan(2005)과 Colucci(2008)에 의한 다른 연구들 또한 아시아 응답자들의 비저항적인 특성을 확인하였으며, 인도(India) 참여자들은 자신들이 검토를 요구받은 제품들에 대해 부정적 언급을 삼간다는 것을 관찰하였다.

집단주의 문화에 있는 사람들은 고-맥락 의사소통 패턴—대부분의 정보는 상황에 포함되고 이에 따라 덜 외부적인 표현—을 채택하는 경향이 있다. 대조적으로 개인주의 문화에 있는 사람들의 의사소통은 직접적이고, 분명하고, 외부적으로 표현되는 저-맥락 의사소통 스타일의 경향이 있다(Hall, 1977; Hofstede, 2001). 집단주의/고-맥락 문화의 또 다른 차원은 다른 사람들에 의해 평가되기를 원하고 다른 사람들에게 자신들의 실용적이면서 존경받을 만한 모습을 제시하고자 하는 긍정적인 얼굴에 신경을 쓰는 경향이다. 사람들이 긍정적인 얼굴을 신경을 쓸 때, 이들은 자신들의 견해/경험이 관련성이 없거나, 어리석어 보이거나, 또는 일반적이지 않게 들릴 수 있음을 두려워한다. 그룹 토의 내에서 긍정적인 얼굴은 수동적인 참여 및 참여자들에게 자신들의 개인적 감정을 정직하게 허용하는 것에 대해 주저할 수 있다(Lee & Lee, 2009; Nevid & Maria, 1999). 집단주의/고-맥락 대 개인주의/저-맥락 문화에 대한 더욱 상세한 논의는 체면 유지 체계에 대한 Ting-Toomey와 Kurogi(1998)의 연구와 이와 같은 2개의 문화 유형들의 비교를 제공하는 Hall 등 (2004)의 연구에서 발견할 수 있다.

Lee와 Lee(2009)는 집단주의 문화에서 참여자를 관여시키는 포커스 그룹을 수행할 때 중재자는 참여자들의 관심과 동기를 끌기 위해 주요 아이디어들의 출현에 더 적극적으로 개입하고 촉진해야 함을 제시하고 있다. 이와 같은 중재들은 '실마리 풀기'—포커스 그룹 면담 전의 사소한 이야기들—와 기분을 가볍게 하기 위해 즐거운 소품 사용하기, 참여자들의 감정 표현을 위한 간접적인 방법 제공과 같은 '간접적인 의사소통' 기법들의 사용을 포함한다. 제5장과 제6장은 중재자가 이와 같은 문화적 이슈들 주변에서 일하는 것과 더 큰 토의를 촉진하기 위해 채택할 수 있는 기법들을 더욱 상세하게 제공한다.

## 비언어적 의사소통

다른 문화들은 종종 비언어적 단서들에 대하여 다양한 반응들을 보인다. 예를 들어, 한국인들은 낯선 사람들과 눈인사 하는 것을 무례하다고 여긴다. 인디언들 사이에서는 화자들이 상대방의 질문에 반응하기 전에 오랫동안 멈추는 일이 특별하지 않다(Nevid & Maria, 1999). 비언어적 의사소통 양식에서의 이와 같은 차이는 포커스 그룹 면담 촉진에서 고려되어야 하며, 다른 문화적 배경을 가진 사람을 당황시킬 수 있다.

## 사회적 권력

Nevid와 Maria(1999)는 아시아 참여자들과의 그룹 설정에서 다수 의견을 중심으로 연합하고, 특히 다수 의견이 더 상위 구성원 또는 그룹 권위자를 통해 나타났을 때 어떤 반대 태도를 취하는 것을 회피하는 경향이 있음을 언급하였다. Robinson(1996)은 이와 같은 경향을 Hofstede(Hofstede, Hofstede, & Minkov, 2010)에 의해 정의된 문화 차원들 가운데 한 가지인 권력거리라고 불리는 개념으로 보았으며, 더 적은 권력을 가진 개인이 더 많은 권력을 가진 개인의 더 큰 권력을 기대하고 수용하는 정도로 정의하였다.

포커스 그룹 연구에 있어 이와 같은 문화적 방향의 시사점은 타인이 먼저 말하거나 그룹 회기를 지배할 때, 아시아 구성원들은 조용해지며, 더 큰 목소리를 내는 그룹 리더에 대한 도전을 자제할 가능성이 있음을 보여 준다(Nevid & Maria, 1999). 이와 같은 행동은 동질한 아시아 참여자들과의 포커스 그룹에서도 적용될 수 있다. Lee와 Lee(2009)는 한국의 포커스 그룹 참여자들은 어떠한 중재 없이는 더 적고 덜 역동적인 구성원 간의 상호작용들을 가지며, 이러한 것들은 더 많이 중재자 중심의 토의가 이루어지도록 함을 보여 주었다. 인도(India) 참여자들에 대한 Colucci(2008) 연구에 따르면 중재자에 대한 그룹 구성원들의 존경이 나타났으며, 특히 중재자가 교육 수준 그리고/또는 전문성에 있어 더 높은 지위를 가지는 것으로 인식될 때 존경이 나타났다.

## 그룹 호환성, 동질성, 이질성

여러 문화를 가진 포커스 그룹 내에서 참여자들의 동질성과 이질성은 연구 결과에 다양한 영향을 미칠 수 있다. Liamputtong과 Ezzy(2005)는 태국에서는 낯선 사람들이 신뢰를 못 받고, 이러한 이유로 사람들은 낯선 사람들에게 기꺼이 가족 문제를 드러내려 하지 않는다고 밝혔다. Colucci(2008)는 또한 일부 상황들에서는 익명성보다는 오히려 친밀감이 부드러운 토의를 위한 열쇠가 될 수 있으며, 따라서 낯선 사람들은 된 구성은 이러한 상황들에 있어 포커스 그룹을 위한 최선의 구성이 아닐 수 있다. Khan과 Manderson(1992)은 그룹 구성에서 유연성이 필요한데, 개발도상국을 대상으로 하는 포커스 그룹에서 특히 필요함을 언급하였다. 이들의 연구는 참여자들이 일반적으로 동일한 지역 출신들이기 때문에 익명성으로는 작은 마을 또는 빈민가에 있는 참여자들을 모으기가 어렵다고 주장하였다. 그룹 호환성에 있어 고려되어야 할 또 다른 측면은 중재자의 문화적 배경이다. 참여자들의 문화적/인종적 배경과 조화되는 중재자들의 배경이 참여자들로부터의 더 큰 공감과 신뢰를 이끌 수 있다(Nevid & Maria, 1999), 문화 간 포커스 그룹을 위한 중재자 선택에 대한 더 많은 논의는 이 책의 제5장에서 알아본다.

## 환경적 영향

좌석 준비는 특정 포커스 그룹의 실시에 있어 주의 깊게 고려될 필요가 있으며, 이러한 것은 특정 환경들에서는 특히 중요할 수 있다. Strickland(1999)는 태평양 북서 원주민 참여자들을 대상으로 포커스 그룹을 수행할 때, 원형이 문화적으로 적절하기 때문에 눈맞춤을 장려하기 위해 'U'자 형태로 좌석을 배치하는 것은 문화적으로 부적절함을 발견하였다. 동일한 연구는 원주민들이 개인적이거나 괴로운 주제를 이야기할 때 원주민들 사이에서 계속 눈맞춤을 하는 것은 부적절함을 보여 주었다. Colucci(2008)는 아시아인들과의 포커스 그룹에서는 어떤 사람 앞에 놓인 장애물이 선호할 만한 물리적 방어제임을 언급하였다. 따라서 포커스 그룹은 관습적으로 참여자들을 위하여 책상이나 테이블을 제공한다(Halcomb, Gholizadeh, DiGiacomo, Phillips, & Davidson, 2007).

모든 연구는 유용한 결과를 획득하기 위해 주의 깊은 계획을 세워야 함을 요구한다. 포커스 그룹 연구 또한 예외가 아니다. 익숙하지 않은 문화 또는 혼합된 문화의 참여자들을 포함하는 포커스 그룹을 수행할 때에는 문화에 대한 계획이 특히 중요하다.


# 🏰 결론

집단 역동성에 대한 중요한 문헌은 포커스 그룹 면담을 위한 방법을 만들기 위한 일반적 토대를 제공한다. 그룹 설정은 포커스 그룹 연구의 중요하고 매우 유용한 요소이지만, 이러한 연구의 혜택을 최대화하는 것은 그룹 영향을 이해하고, 인식하며, 예상할 것을 요구한다. 어떠한 특정 포커스 그룹 연구 프로젝트는 개인적 차이, 개인 간 요인, 환경적 요인이 어떻게 그룹의 행동적인 역동성에 영향을 미칠지에 대하여 사전에 주의 깊은 고려를 함으로써 유익할 수 있다. 다음 장에서 우리는 그룹들이 연구자의 목적 성취를 최대화할 수 있도록 확실히 고안하는 것과 관련하여 몇 가지 실제적 이슈들을 고찰한다.

## 복습 질문

1. 집단 역동성의 적절한 이해는 어떤 의미 있는 포커스 그룹의 수행을 위해 필수적인 전제조건이다. 토의해 보시오.

2. 포커스 그룹 참여자의 개인적 특성은 상호작용의 본질과 강도에 어떠한 영향을 미치는가?

3. 포커스 그룹 참여를 향상시키기 위한 공간적 배치, 물리적 환경과 같은 환경적 영향에 있어 우리의 지식을 어떻게 사용할 수 있는가?

4. 질적 연구자는 포커스 그룹을 수행할 때 왜 성별(sexual) 또는 인종과 관련된 고정관념들을 경계해야 하는가?

5. 포커스 집단 역동성의 성격이 가지는 몇 가지 영향들을 논의해 보시오.

6. 개인은 그룹에 있을 때 혼자 있을 때와는 다르게 행동한다. 포커스 그룹의 결과에 영향을 미칠 수 있는 그룹 과정(예: 응집력 및 리더십 출현) 몇 가지는 무엇인가?

7. 중재자가 그룹 참여의 비언어적 측면에 주의하는 것이 왜 중요한가?

8. 질적 연구자는 포커스 그룹 참여자들 가운데 어떠한 조건들에서 더 많은 이질성을 선호하는가?

9. 태도에 있어 성별 차이는 피할 수 없는 것 같다는 사실을 인정하면서, 남성과 여성 간에 피임에 대한 이해를 위한 포커스 그룹 연구를 계획하는 데 있어 몇 가지 기본적인 고려 행동은 무엇인가?

10. 신체적 모습은 언제 그룹 상호작용의 중요한 결정적 요인이 되는가? 중재자의 신체적 모습은 중재자가 포커스 그룹을 효과적으로 수행하기 위한 자신의 능력에 어떻게 영향을 미치는가?

11. 문화는 사람들이 서로 상호작용하는 방식에 영향을 미친다. 사람들이 상호작용하는 방식에서의 차이는 포커스 그룹에서 획득된 정보의 유형(들)에 어떻게 영향을 미치는가?

## 연습

도서관, 레스토랑, 카페와 같은 장소에서 몇몇 그룹들의 행동을 관찰해 보자. 그룹 구성원들이 누구인지, 누가 주도권을 가지고 있는지, 얼마나 강하게 각 구성원이 그룹에서 교류하고 있는지 주목하라. 원거리 관찰을 통해 이에 대한 결정을 해야 한다. 어떠한 단서들이 그룹 정보를 제공하는가? 이러한 단서들은 포커스 그룹 중재자에게 어떻게 유용할 것인가?

# 포커스 그룹과
# 연구의 도구상자

# 제3장

# 포커스 그룹과
# 연구의 도구상자

Merton의 선구적인 연구 이래로, 포커스 그룹은 프로그램 평가, 마케팅, 공공 정책, 교육, 보건과학, 광고 및 의사소통을 연구하는 응용 사회과학자들을 위한 중요한 연구도구가 되어 왔다. 포커스 그룹 면담은 집단 연구 중 한 가지 유형일 뿐이다. 하지만 이러한 많은 집단 기법들은 유의한 공통성을 가지고 있다. 이 장에서는 포커스 그룹 연구에 관련된 기초적인 요소와 이슈에 관한 개관을 제공한다. 가상 포커스 그룹의 사용 같은 다른 집단 연구기법들에 관해서는 제9장에서 논의한다.

# 포커스 그룹의 기초: 구조, 절차 그리고 자료

포커스 그룹에 관한 고전적인 초기 연구에서, A. E. Goldman(1962)은 그 명칭에 있는 세 단어의 의미를 검토함으로써 집단 심층 면담을 다른 기법들과 구별하였다. 집단이란 "공통적인 관심을 가진 여러 명의 개인들"(p. 61), 심층이란 "대인관계 수준에서 통상적으로 접근 가능한 정보에 비해 보다 깊이 있는 정보를 탐색하는 것"(p. 63)에 관련된다. 그리고 면담이란 '정보를 이끌어 내기 위한 장치로서 집단을 사용하는' 조정자가 존재함을 나타낸다. 전체 제목에서 포커스라는 용어는 단순히 그 면담이 집단 구성원들 사이의 세부적인 토론의 초점이 되는 적은 수의 이슈에 제한된다는 것을 함의한다. 정보를 이끌어 내기 위한 수단으로서 집단의 중요성은 G. H. Smith(1954)의 집단면담에 대한 고전적 정의에 의해 강조되어 왔다. "집단 면담이라는 용어는 모인 집단이 구성원 간의 순수한 논의를 허용할 만큼 충분히 작은 상황에 제한될 것이다."(p. 59)

현대의 포커스 그룹 면담은 일반적으로 상호작용을 촉진하고 관심 주제가 지속적으로 논의되도록 하는 조정자의 주도 아래에서 8에서 12명 정도의 개인이 특정 주제를 논의하는 것이다. 경험적으로 보았을 때, 이보다 구성원이 적은 집단은 한두 명의 구성원들에 의해 지배될 수 있고 12명보다 구성원이 많은 집단은 운영이 어렵고 집단의 모든 구성원들이 참여하기가 곤란하다. 일반적인 포커스 그룹 회기는 1.5~2.5시간 정도 지속된다. 이러한 집단은 집에서 사무실에 이르기까지 다양한 장소에서 수행될 수 있고, 전화 회의나 심지어는 가상 세계 모임도 진행할 수 있지만, 포커스 그룹 면담을 위해 특별히 고안된 장소에서 진행하는 것이 보통이다. 그러한 시설들에서는 관찰자가 면담이 진행되는 것을 방해하지 않고 관찰할 수 있는 관찰실과 일방향 거울을 제공한다.

## 장소

포커스 그룹 설비에는 면담을 녹음 또는 녹화하는 장치가 포함되며 조정자가 귀에 장착하여 면담하는 동안에 관찰자들이 질문을 실시간 입력할 수 있는 작은 트랜스미터도 있을 수 있다. 그러한 장비들은 주요 보행자 교통 요충지 근처와 같은 접근하기 쉬운 위치나 사람들이 자연스럽게 모이는 경향이 있는 쇼핑몰 같은 장소에 배치되기 쉽다. 2015년 현재 미국에는 그러한 시설이 1,000개 이상 존재한다. 전 세계의 대부분의 주요 도시에는 지역 포커스 그룹 시설이 있고, 시설에 관한 수많은 목록이 존재한다. Impulse Survey of Focus Facilities(http://www.impulsesurvey.com/about.asp)는 조정자들과 연구자들의 설문 조사에 근거하여 전세계의 시설에 관한 연간 리뷰를 제공한다. 포커스 그룹 시설들에 관한 다른 유용한 안내서는 http://www.greenbook.org/market-research-firms.cfm/focus-group-facilities에서 온라인으로 활용할 수 있는 『The Green Book』과 http://www.quirks.com/ directory/focusgroup/의 Quirks.com이다.

# 조정자

조정자 또는 면담자는 집단 토의가 원만하게 진행되도록 보장하기 위한 핵심이 된다. 포커스 그룹 조정자는 일반적으로(그러나 항상 그렇지는 않음) 잘 훈련된 집단 상호작용과 면담 기술을 가지고 있다. 연구의 의도에 따라, 조정자는 토론에 관하여 다소 주도적일 수도 있고 관심 주제에서 벗어나지 않는 한 토론이 자연스럽게 흘러가도록 상당히 비주도적일 수도 있다. 실제로 포커스 그룹 연구의 장점 중의 하나는 가장 바람직한 수준의 초점과 구조가 제공되도록 조절할 수 있다는 것이다. 부모들이 맞벌이로 인해 생기는 아동 관리의 필요성에 대해 어떻게 대응하는지에 대해 연구자들이 관심을 가진다면, 면담자는 참여자들의 마음속에 있는 가장 두드러진 이슈들이 무엇인지 알아보기 위해 그 주제에 대한 매우 일반적이고 불특정한 질문들을 할 수 있다. 반면에 연구자들의 관심이 아동 관리를 위한 대안적인 개념들에 대한 부모의 반응에 있다면, 면담자는 그 개념들에 관한 자세한 정보를 제공하고 각각의 개념에 대한 매우 구체적인 질문들을 할 수 있다. 그 조정자는 또한 아동 관리에 대한 최초의 일련의 일반적 질문들에서부터 파고 들어가고, 집단이 진행됨에 따라서 보다 구체적인 이슈들로 논의를 이동해 감으로써 이러한 사례에서 다소 주도적이 될 수도 있다. 사실상, 면담자가 몇몇 일반적 질문들로 집단을 시작하고, 그러고 나서 논의가 진행됨에 따라 보다 구체적인 이슈들로 집단의 초점을 옮겨 가는 일은 상당히 빈번하게 일어난다.

## 주제

면담자가 제공한 지시의 양이 집단으로부터 획득된 자료의 유형과 질에 영향을 미칠 수 있다는 점을 인식해야 한다. 면담자는 집단 안에서 리더로서의 역할을 함으로써 토론을 위한 어젠다 또는 구조를 제공한다. 조정자가 새 질문을 함으로써 새로운 주제를 논의할 것을 제안할 때, 집단은 순응하는 경향이 있다. 조정자가 개입해서 논의를 진전시키도록 하지 않으면, 집단 토론은 특정 주제 또는 이슈를 벗어나지 않으려고 한다. 이러한 점은 집단을 위해 어느 정도의 구조를 제공하는 것이 가장 적절한가 하는 질문을 던진다. 물론, 조정자가 제공하는 구조와 지시의 양은 포커스 그룹에서 일어나는 폭넓은 연구 어젠다(추구하는 정보의 형태, 필요한 정보의 구체성, 그리고 그 정보가 사용될 방식 등)에 의해 결정되어야만 하기 때문에, 이러한 질문에 대한 정답은 없다. 제1장에서 살펴보았듯이, 포커스 그룹 어젠다 안에 너무 많은 주제를 담으려고 하는 경향이 있다. 가장 유용한 집단은 몇 가지 주제들을 깊이 있게 탐구할 수 있는 적당한 시간과 기회가 있는 집단들일 것이다.

집단 구성원들에게 중요한 것과 연구자들에게 중요한 것 사이에는 부딪힐 수밖에 없는 또 하나의 균형이 존재한다. 덜 구조화된 집단은 그 집단에게 더 중요하고, 관련성이 높으며, 더 큰 이익이 되는 그러한 이슈들과 주제들을 추구하려고 할 것이다. 연구자의 목표가 그 집단에게 가장 중요한 것들에 관하여 학습하는 것이라면 이렇게 하는 것이 완전히 적절한 것이다. 그렇지만 흔히 연구자들은 보다 특정한 정보를 필요로 한다. 이러한 정보 요구에 적합한 이슈들에 대한 논의는 조정자가 보다 지시적이고 구조화된 접근을 할 때에만 발생할 수 있다. 이렇게 해야 참여자들이 그들이 가장 의미 있다고 생각하는 것이 아닐지라도, 연구자에게 중요한 것을 논의하리라는 점을 기억해야 한다.

## 분석

포커스 그룹 연구는 양적인 자료를 생산할 수 있지만, 포커스 그룹은 거의 항상 질적 자료 수합을 그들의 기본적 목적으로 하여 수행된다. 포커스 그룹은 응답자들 스스로의 말과 맥락으로 표현된 매우 풍부한 양의 자료를 생산하기 때문에, 이렇게 하는 것이 유리하다.

5점 평정척도 또는 다른 제한된 반응 유목으로 표현되는 반응을 요구하는 설문조사 질문지들과는 달리 반응의 인위성이 최소화된다. 참여자들은 그들의 반응을 부연설명하거나, 그들의 답변과 관련된 중요한 유관 사항들을 언급할 수 있다. 즉, 반응들은 전통적인 설문조사 연구에서는 발견되지 않는 어떤 생태학적 타당도를 가진다. 그렇지만 이런 점들이 포커스 그룹에 의해 제공된 자료를 독특하게 만든다. 또한 이로 인해서 포커스 그룹 연구의 결과들을 요약하고 일반화하기가 좀 더 어렵고 도전적으로 된다. 이것이 양적 도구가 포커스 그룹 자료의 분석과 해석에 적용될 수 없음을 의미하는 것은 아니다. 포커스 그룹 자료를 분석하기 위해서 양적인 방법들을 사용할 수 있다. 그리고 우리는 이런 방법에 대하여 제7장에서 다룰 것이다. 또한 후속 대화와 정교화를 위한 기초로서 반응자들의 견해를 단단히 묶어놓기 위해서 포커스 그룹에서 양적인 자료(예: 단순 설문조사)를 수집할 수도 있다.

　포커스 그룹 연구는 많은 논쟁과 비판의 대상이 되어 왔다. 그러한 비판은 일반적으로 두 가지 고려사항들과 연관된다. 첫째, 포커스 그룹 면담은 '강력한' 양적 자료를 만들어 내지 못한다는 견해다. 둘째, 소표본수와 집단 토의의 독특한 성격으로 인해, 집단 구성원들이 더 큰 모집단의 대표가 아닐 수 있다는 관점이다. 그렇지만 그러한 비판은 불공정하다. 포커스 그룹은 연구자가 인식해야 할 중요한 한계점들을 가지고 있지만, 이러한 한계점들은 포커스 그룹 연구에만 존재하는 것이 아니다. 그리고 사회과학의 모든 연구도구가 유의한 한계점을 가지고 있듯이, 그것들이 '치명적인 결함'은 아니다. 설문조사가 필수적일 때, 포커스 그룹은 설문조사를 대체하지 못한다. 반대로, 고도로 구조화된 질문들로 구성된 설문조사는 잘 수행된 포커스 그룹 토의에서 발생하는 풍부한 정보를 대체할 수 없다.

　사회과학 연구에서 포커스 그룹을 성공적으로 사용하는 열쇠는 그 사용이 연구의 목적 및 목표들과 일관되도록 보장하는 것이다. 사실상, 이것은 또한 모든 사회과학 연구 방법들의 성공적 사용을 위해서도 마찬가지다. 포커스 그룹은 연구 어젠다에서 그들이 언제 어떻게 적용되는가에 따라서 다양한 목적으로 사용될 수 있다. 예를 들어, 포커스 그룹들은 흔히 설문조사 질문지를 계획하기 위한 유용한 출발점이 된다. 왜냐하면 그것들이 잠재적 응답자들이 대상과 사건에 대해 무엇을 말할지를 탐구하고, 폐쇄형 설문조사 항목들에 대한 대안들을 확인하며 여러 가지 형태의 척도 접근법 들의 적합성을 결정하기 위한 수단을 제공하기 때문이다.

포커스 그룹들이 대부분 그러한 탐색적 연구를 위해 사용되지 만, 역시 확인적 도구로서의 역할도 하고 있다. 예를 들어, 더 큰 모 집단의 대표가 되는 한두 포커스 그룹들의 구성원들의 반응들로도 한 광고 수행에서 사용된 유머가 응답자들에게 적중했는지, 적중 하지 않았는지를 결정하기에 충분할 수 있다. 포커스 그룹들은 또 한 가끔씩 각각의 연구 과정에서 나중에 사용된다. 예를 들어, 양 적인 마케팅 연구의 결과 한 제품 또는 서비스에 대해 불만족의 요 소가 있다고 지적했을 때, 만족과 불만족의 미묘한 요소를 흔히 포 커스 그룹을 통해 파악할 수 있다. 사실상, 소비자들 사이에서 질 이 정확하게 무엇을 의미하는지 알아보기 위한 후속연구 없이 설 문조사에서 한 집단의 소비자들이 상품의 '질'을 낮게 평가했음을 아는 것은 도움이 되지 않는다.

## 연구도구들 중 포커스 그룹의 역할

탐색과 확인 둘 다를 위해서 포커스 그룹을 사용할 수 있다면, 포커스 그룹이 다른 과학 도구들과 어떻게 다른가, 다른 방법들과 어떤 목적으로 달리 사용되는 것인가 하는 의문이 생긴다. 그 대답 은 포커스 그룹 면담에 의해서 생성되는 자료의 성격이나 특성에서 찾을 수 있다. Sullivan(2009)은 자료의 두 가지 유형('내부적'과 '외관적')을 구분한다. 내부적 자료(emic data)는 자연적 또는 자생적인 형식으로 발생하는 자료다. 내부적 자료는 연구자나 연구 세팅에 의해서 최소한으로만 부과된다. 반면에, 외관적 자료(etic data)는 연구자가 제시한 상황에 대한 관점이다. 실제로 수행되는 연구 중에서 완전히 내부적이거나 완전히 외관적인 것은 거의 없다. 가장 구조화된 형태의 연구조차도 응답자 및 그 환경의 독특한 특성에 의해 어느 정도 영향을 받을 것이다. 한편 가장 자연적인 상황에서도 완전히 내부적인 자료를 얻기 어려운 이유는 연구자가 주목해야 할 것들과 무시해야 할 것들에 대한 의사결정을 해야하기 때문이다. 즉, 연구들이 연속선 위에 있다고 볼 때, 일부 방법은 연속선 위의 내부적인 말단에 가깝고 일부 기법은 외관적인 말단에 좀 더 가깝게 놓여 있다고 생각하는 편이 아마도 더 유용할 것이다.

포커스 그룹은 비구조화된 개인 심층 면담, 투사법 그리고 민족지와 같은 다른 기법들과 함께 연속선상의 내부적인 말단에 더 가까운 자료를 제공한다. 왜냐하면 포커스 그룹은 사람들이 그들 자신의 유목화와 지각된 연상을 사용하여 자기 자신의 언어로 반응하도록 허용하기 때문이다. 그렇지만 연구자는 하나의 유형 또는 다른 하나의 유형을 가진 질문을 하기 때문에 구조화를 완전히 배제하지는 않는다. 설문조사 연구와 실험은 응답자가 사용하는 반응 유목들이 일반적으로 연구자에 의해 처방된 것이기 때문에, 연속선상의 외관적 말단에 더 가까운 자료를 산출하는 경향이 있다.

이러한 반응 유목들은 응답자가 여전히 답안을 선택할 수는 있지만, 응답자가 편안해할 수도 있고 그렇지 않을 수도 있다. 그리고 폐쇄형 설문조사 질문이 사용 가능한 유일한 선택지일 때조차도, 대부분의 경험 있는 설문조사 연구자들이 발견해 왔던 것처럼, 몇몇 응답자들은 그들 자신의 어휘로 답하는 것을 좋아한다.

내부적 자료 또는 외관적 자료 중 한쪽이 더 좋거나 나쁜 것은 결코 아니다. 그것들은 단순히 서로 다른 것이다. 각각은 사회과학 연구에서 각자의 자리를 차지하고 있고, 서로 보완적인 관계에 있다. 각각은 서로의 한계점을 보완해 준다. 사실상, 사회과학연구를 바라보는 한 가지 방법은 내부적 자료에서 외관적 자료로 이동하고 다시 내부적 자료로 순환적으로 돌아가는 과정이다. 이해가 쉽지 않은 현상들은 대개 내부적 자료를 더 많이 산출하는 도구로 처음 연구되는 경우가 많다. 어떤 현상이 더 잘 이해되고 더 좋은 이론적·경험적 구조가 생성되면, 보다 외관적인 종류의 자료를 산출하는 도구가 주로 사용되는 경향이 있다. 지식이 축적되면 주어진 현상을 둘러싼 설명적 구조가 불완전하다는 것이 명백해진다. 이렇게 되면 보다 내부적인 자료가 요구되고, 그래서 그 연구의 과정은 계속 이어진다.

이러한 견해와 연관된 철학적 이슈들은 이 책의 범위를 벗어난다. 그럼에도 내부 대 외관의 이해는 포커스 그룹 면담의 목적과 가치를 이해하는 유용한 방법을 제공한다. 관심이 있다면 Markee(2013)와 Morris, Leung, Ames, 그리고 Lickel(1999)에서 이러한 이슈에 관한 보다 심화된 논의를 찾아보기 바란다.

# 적용, 장점 그리고 한계점

## 포커스 그룹의 적용

포커스 그룹은 연구 프로그램의 모든 지점에서 실제적으로 유용하지만 관심 현상에 대하여 알려진 것이 거의 없을 때 실시하는 탐색적 연구에서 특히 유용하다. 결과적으로 포커스 그룹은 연구 프로젝트에서 매우 일찍 사용되는 경향이 있고 대개 더 큰 응답자 표본으로부터 보다 정확한 양적 자료를 제공하는 다른 종류의 연구가 뒤따르게 된다. 앞에서 언급했듯이, 포커스 그룹은 대규모 양적 설문조사의 분석 결과를 추수하는 데에도 또한 유용한 것으로 입증되었다. 후자로 사용하는 데 있어서, 포커스 그룹은 양적 결과의 해석을 촉진하고 보다 구조화된 설문조사에서 획득된 반응들의 깊이를 더해 준다. 포커스 그룹은 또한 가설을 검증하기 위해서 사용할 수 있는 확인적 방법으로서의 위치도 가진다. 이러한 후자로서의 적용은 연구자가 어떤 가설이 옳다고 믿는 강력한 이유를 가지고 있을 때, 그리고 소집단에 의한 확인이 가설의 기각을 초래하는 경향이 있을 때에 이루어질 수 있다. 다양한 연구 요구들이 포커스 그룹 면담의 사용에 힘을 실어 준다. 포커스 그룹의 보다 일반적인 사용은 다음과 같다.

1. 관심 주제에 대한 일반적 배경 정보의 획득
2. 보다 양적인 접근들을 사용한 후속 연구와 검증에 제출될 수 있는 연구 가설의 생성

3. 새로운 아이디어와 창조적 개념의 자극

4. 새 프로그램, 서비스 또는 산출물의 문제 가능성 진단

5. 산출물, 프로그램, 기관 또는 다른 관심 대상들에 대한 느낌 생성

6. 응답자들이 관심 현상에 대해 어떻게 말하는지 학습하기.

   이것은 결국 질문지, 설문조사 도구 또는 보다 양적인 연구에서
   사용할 수 있는 다른 연구도구의 설계를 촉진할 수 있다.

7. 이전에 획득한 양적 결과의 해석


 이 목록은 포커스 그룹 연구의 인상적인 적용 범위를 나타내고
있지만 이것이 전부는 아니다. 포커스 그룹의 가장 매력적인 특성
중 하나는 거의 모든 주제 또는 이슈에 해당하는 탄탄한 다재다능
성이다. 또한 포커스 그룹은 유용한 정보를 제공하고 연구자에게
수많은 이득을 제공하기 때문에 폭넓게 사용된다. 그렇지만 포커
스 그룹 연구 방법은 장점도 많지만, 어쩔 수 없는 단점도 가지고
있다. 이제 포커스 그룹의 상대적인 장점과 단점에 관하여 간단히
논의한 다음 포커스 그룹의 사용과 설계에 관련된 단계들에 관하
여 논의하고자 한다.


## 포커스 그룹의 장점

 포커스 그룹은 다른 종류의 연구와 비교하여 수많은 장점을 제
공한다.

1. 포커스 그룹은 흔히 각각의 개인을 따로 면담할 때보다 한 집단의 사람들로부터 훨씬 더 빠르게 자료를 제공하며 비용이 적게 든다. 그들은 또한 보다 체계적이고 규모가 큰 설문조사에서 요구되는 것보다 훨씬 더 짧은 안내를 거쳐서 모집될 수 있다. 마케팅 연구에서, 포커스 그룹 자료 분석은 흔히 한 회기가 끝난 직후에 시작되고 예비적인 결과를 빠르게 산출한다.

2. 포커스 그룹은 연구자가 응답자들과 직접적으로 상호작용할 수 있게 한다. 이것은 반응의 명료화, 후속질문 그리고 반응의 탐사를 위한 기회를 제공한다. 응답자들은 반응을 부연설명하거나 질문에 대해 인과관계가 있는 답변을 할 수 있다. 또한 연구자는 보충적이거나 경우에 따라 구어적 반응과 모순되는 정보를 전달할 수도 있는 응답자들의 제스처, 웃음, 찡그림 등과 같은 비구어적 반응들을 관찰할 수 있다.

3. 개방적 반응 형식의 포커스 그룹은 응답자들 스스로 어휘로 된 넓고 풍부한 양의 자료를 획득할 기회를 제공한다. 연구자는 더 깊은 수준의 의미를 획득하고, 중요한 연결을 만들며, 표현과 의미에서의 미묘한 뉘앙스를 확인할 수 있다.

4. 포커스 그룹은 응답자들이 다른 집단 구성원들의 답변에 대해 반응을 보이고 의미를 구성하도록 허용한다. 이러한 집단 상황의 상승효과는 개인적 면담에서는 다룰 수 없는 자료나 아이디

어들을 산출하는 결과를 낳는다. 집단 구성원들 사이의 의견 차이 또한 개인들이 각각의 아이디어, 의사소통 또는 산출물에 대하여 어떻게 그리고 왜 수용하거나 기각하는지에 관하여 연구자들이 확인할 수 있도록 도와준다.

5. 포커스 그룹은 매우 융통성이 있다. 다양한 상황에 있는 다양한 사람들과 폭넓은 주제를 검토하기 위해 사용할 수 있다.

6. 포커스 그룹은 아동으로부터 또는 문해 능력이 없는 사람들로부터 자료를 획득할 수 있는, 얼마 되지 않는 연구도구들 중 하나다.

7. 포커스 그룹의 결과들은 사용자에게 극도로 친숙하며 이해하기 쉽다. 연구자와 의사결정자들은 응답자 대부분의 구어적 답변들을 쉽게 이해할 수 있다. 이러한 점은 복합적인 통계적 분석을 사용하는 보다 복잡한 설문조사 연구들에는 해당하지 않는다.

질적 연구를 계획할 때 중요한 문제는 집단면담을 사용할 것인지, 아니면 일련의 개인 심층 면담을 사용할 것인지 결정하는 것이다. 개인 심층 면담은 집단 상황에서는 획득할 수 없는 개인에 대한 매우 풍부하고 자세한 정보를 얻을 기회를 제공한다. 그렇지만 일련의 개인면담은 하나의 포커스 면담 또는 몇 번의 포커스 면담을 실시하는 것보다 훨씬 더 많은 시간을 요구할 것이다. 개인면담을 수행하는 것과 대조하여, 포커스 면담은 하나의 현상에 대해 상대적으로 빠르게 개관할 수 있다. 또한 집단 상황은 개인면담에는 존재하지 않는 장점을 가지고 있다. 〈표 3-1〉에서 이러한 장점을 요약하였다.

## 〈표 3-1〉 개인면담과 비교한 포커스 그룹의 장점

**응답자 상호작용의 장점**

1. 상승 효과: 집단의 연합된 노력이 이러한 회답이 개인적으로 고정되어 있는 수많은 사람들의 반응을 축적한 것보다 더 폭넓은 범위의 정보, 통찰 그리고 아이디어를 산출할 것이다. (그러나 몇몇 연구자들은 항상 그렇지는 않다고 말하고 있음에 주의해야 한다.)

2. 눈덩이 효과: 한 개인에 의한 의견이 흔히 다른 참여자들로부터의 연쇄 반응을 일으킨다는 점에서 밴드웨건 효과가 집단면담 상황에서 종종 작용한다.

3. 자극: 일반적으로 짧은 도입 시기 이후에, 응답자들이 아이디어를 표현하고 집단 내의 주제 증가를 뛰어넘는 흥분의 일반적인 수준으로서 자신의 감정을 공개하고 싶어 한다는 점에서, 응답자들은 쉽게 참여에 대한 자극을 받는다.

4. 안전: 면담자-피면담자 상황에서는, '관심이 없거나' '근본적이거나' 또는 어떤 다른 경우이든 이러한 견해를 지켜야만 한다는 두려움으로 그들의 견해를 기꺼이 노출하려고 하지 않는다. 반면 잘 구조화된 집단에서는, 본인의 감정이 다른 동료들의 감정과 크게 다르지 않다는 사실, 그리고 방어하거나 추종하거나 또는 그것을 구체화해야 한다는 강압이 없이 생각을 표현할 수 있다는 사실에서 그 사람은 일반적으로 편안함을 느낄 수 있다. 초점이 개인이 아니라 집단에 있기 때문에, 보다 솔직해질 가능성이 있다. 그(녀)가 말하는 것들이 반드시 그(녀)와 밀접한 관계가 있는 것은 아니라는 사실을 응답자는 금방 깨닫게 된다(Hess, 1968, p. 194).

5. 자발성: 집단면담에서는 개인이 주어진 질문에 답해야 하는 것이 아니기 때문에 개인의 반응은 보다 자발적이고 덜 틀에 박혀 있을 수 있으며 몇몇 이슈들에 관한 그 사람의 입장을 보다 정확하게 설명할 수 있다. 집단면담에서는 사람들이 어떤 대상에 대하여 명확한 느낌을 가지고 있을 때에만 말을 하며, 이것은 하나의 질문이 하나의 반응을 요구하기 때문이 아니다.

## 스폰서의 장점

1. 뜻밖의 행운: 몇몇 아이디어들이 갑자기 생각나는 경우가 개인면담보다는 집단면담에서 더 자주 발생한다. 집단에서는 또한 그 아이디어를 충분히 의미 있게 개발할 수 있는 기회를 가질 수 있다.

2. 전문화: 집단면담은 보다 고도로 훈련되었지만 좀 더 비싼 면담자를 사용할 수 있다. 왜냐하면 수많은 사람들을 동시에 '면담할 수 있기' 때문이다.

3. 과학적 검토: 집단면담은 더 정밀한 검토를 허용한다. 첫째, 회기 자체가 여러 사람들에 의해 관찰될 수 있다. 이것은 해석의 일관성을 검토할 수 있도록 한다. 둘째, 회기는 녹화 또는 녹음될 수 있다. 나중에 기록된 회기에 관한 자세한 검토를 통해 추가적인 통찰을 할 수 있고, 또 분석가들 사이에 불일치하는 지점을 없애는 데 도움이 될 수 있다.

4. 구조: 집단면담은 조정자의 역할을 하는 '면담자'가 처음에 제시한 주제에 대한 논의가 너무 깊이가 없을 때 주제를 다시 제시할 기회를 가지기 때문에 다룬 주제들과 그 주제들이 다루어진 깊이에 관하여 개인면담에 비해 더 많은 개입을 할 수 있다.

5. 속도: 수많은 사람들을 동시에 면담하기 때문에, 집단면담은 개인 면담보다 빨리 필요한 면담의 횟수를 확보할 수 있다.

출처: Hess (1968).

# 포커스 그룹의 단점

포커스 그룹은 가치 있는 연구도구이고 수많은 장점을 제공하지만, 모든 연구 요구에 대한 만능열쇠는 아니다. 그리고 단점들을 가지고 있다. 이러한 단점들 중 많은 부분은 위에서 열거한 장점들의 단순한 부정적 측면들이다.

1. 몇 개의 다른 포커스 그룹들에 참가하는 적은 수의 응답자들과 대부분의 포커스 그룹 모집이 실제적으로 가지는 편의적 성격으로 인해 더 큰 모집단에 대한 일반화가 유의하게 제한된다. 사실상, 한두 시간의 집단 토의에 참여하기 위해 어떤 장소로 기꺼이 이동하려고 하는 사람들은 적어도 순응도 또는 존중도와 같은 일부 차원에서 관심 모집단과 상당히 다를 수 있다.

2. 응답자 상호 및 응답자와 조정자와의 상호작용은 두 가지 바람직하지 않은 효과를 불러올 수 있다. 첫째, 집단 구성원들의 반응이 서로 독립적이 아니다. 이것은 결과의 일반화를 제한한다. 둘째, 하나의 포커스 그룹에서 획득된 결과는 매우 지배적이거나 독선적인 구성원에 의해 왜곡될 수 있다. 보다 내성적인 집단 구성원들은 말하기를 주저할 수 있다.

3. 상호작용이 '살아 있는' 그리고 즉각적인 성격으로 인해 연구자 또는 의사결정자가 실제 필요한 정도 이상으로 결과를 더 크게

신뢰하게 될 수 있다. 흔히 통계적 요약에는 존재하지 않는 살아서 존재하는 응답자들의 의견을 확신에 차서 신뢰하게 된다.

4. 포커스 그룹에서 획득된 응답이 가진 개방적인 성격은 흔히 결과의 요약과 해석을 어렵게 만든다.

5. 조정자는 알게 모르게 어떤 종류의 반응과 답변이 바람직한가에 대한 단서를 제공하거나 각각의 주제에 대한 집단 합의를 성취하려고 하다가 결과를 왜곡시킬 가능성이 있다.

즉, 우리는 포커스 그룹이 중요한 장점들을 제공한다고 본다. 그러나 이 같은 장점들은 위험 및 제한점과 연관되어 있다.

우리가 앞에서 언급했듯이, 포커스 그룹은 결국 모집단에 대한 더 크고 많은 대표적 설문조사를 포함하는 연구 프로그램의 예비적 단계로서, 또는 설문조사로부터 획득된 결과에 통찰을 더하는 수단으로서 매우 자주 사용된다. 그렇지만 우리는 의사결정을 위한 충분한 기초로서 포커스 그룹만을 사용하는 경우를 간과해서는 안 된다. 응용 연구 상황에서의 그러한 사례 중 한 가지는 어떤 프로그램의 결함이나 새로운 제품이 가진 심각한 문제를 확인해서 재설계를 필요로 하는 경우다. 또 다른 경우는 적어도 현재 다루고 있는 이슈에 관하여, 관심을 두고 있는 사람들의 집단 또는 모집단이 비교적 동질적이라고 믿을 수 있는 상황일 때다. 그러한 경우에, 소수의 응답자들이 더 큰 모집단으로 일반화하기에 충분하다.

Reynolds와 Johnson(1978)은 포커스 그룹과 설문조사 연구를 상보적으로 사용할 수 있는 유용한 예를 제공한다.

포커스 그룹은 서로 상호작용하는 상대적으로 적은 수의 응답자들로부터 질적 자료를 획득할 수 있게 한다. 게다가 이것이 포커스 그룹 사용의 정확한 목적이다. 설문조사 또는 실험에 의해 보다 적절하게 해결될 수 있는 이슈들이어도, 온갖 종류의 연구 질문들을 탐구하기 위해서 포커스 그룹을 사용하는 사람들이 있다. 이러한 관점은 포커스 그룹이 유용성이 없다고 묵살하는 견해만큼 부적절한 것이다. 포커스 그룹은 사회과학자의 연구도구상자 안에 있는 한 가지 도구다. 적절할 때, 그것이 설계된 목적에 따라 사용해야 한다. 다른 도구는 다른 목적을 위해서 사용되어야 한다. 망치를 가지고 있는 사람에게는 모든 것이 못이라는 말이 있다. 이 같은 방식으로 세상을 바라보는 일부 사회과학자들 속에 이러한 불행한 경향성이 존재한다. 즉, 그들은 연구 질문에 관계없이 포커스 그룹을 적절하거나 적절하지 않은 것으로 보는 경향이 있다. 포커스 그룹은 어떤 문제들에 적절하다. 양적인 기법들에 비해 좀 더 적절하다. 다른 도구는 다른 문제에 보다 더 적절하다.

포커스 그룹은 발견과 탐색을 위한 중요한 도구로서 오랜 역사를 가지고 있다. 특정 대상 또는 어떤 현상에 대해서 거의 아는 것이 없을 때는, 연구 대안이 거의 없다. 따라서 일종의 방향 탐색, 인간 면담이 요구될 것이다. 활용 가능한 선택지는 개인면담 또는 포커스 그룹이다. 포커스 그룹은 면담을 완수하기 위한 보다 빠르고 대개의 경우 비용 대비 효과가 높은 수단을 제공한다. 반면, 포커스 그룹이 항상 저렴한 것은 아닌데, 왜냐하면 응답자 모집과 보상 비용은 표본의 특성에 따라서 매우 다양하기 때문이다. 예를 들어, 신경외과의사들로 구성된 집단보다는 포테이토칩을 먹는 사람들의 표본을 보상하는 것이 찾기도 쉽고 비용도 저렴하다. 또한 포커스 그룹이 다른 실행 가능한 연구 대안보다 덜 비싸다는 생각은 이동, 음식 그리고 포커스 그룹 장거리 이동과 연관된 다른 비용들을 흔히 고려하지 않는다. 〈표 3-1〉은 개인면담과 비교할 때 포커스 그룹의 장점을 나열한 것이다. 그렇지만 개인면담 대신 포커스 그룹을 사용하고자 결정할 때에는 개인적인 반응이 섞일 수 있다는 잠재적 가능성을 인식하여야 한다.


## 포커스 그룹의 설계 및 사용 단계

### 문제 정의

포커스 그룹을 사용하는 연구는 다른 종류의 사회과학 연구와 동일한 특성과 절차를 많이 공유한다. [그림 3-1]은 포커스 그룹의 설계와 사용에서의 단계적 순서를 나열한 것이다. 모든 연구와 마찬가지로, 포커스 그룹 연구는 문제를 가지고 시작해야 한다. 포커스 그룹은 정확하게 명칭(포커스)이 의미하는 바를 하도록 설계된다. 포커스 그룹은 집단 구성원들 사이에서 자유롭게 대화하는 것이 아니다. 그것은 초점과 분명하게 확인할 수 있는 어젠다를 가지고 있다. 문제 정의는 어떤 종류의 정보가 바람직하며 이 정보를 누구로부터 획득해야만 하는지에 관한 분명한 진술을 필요로 한다. 문제 또는 일반적 연구 질문에 대한 명확한 이해는 매우 중요한데, 그것이 조정자가 거론해야 할 특정 질문을 생산하고 관심 모집단을 규명하기 때문이다.

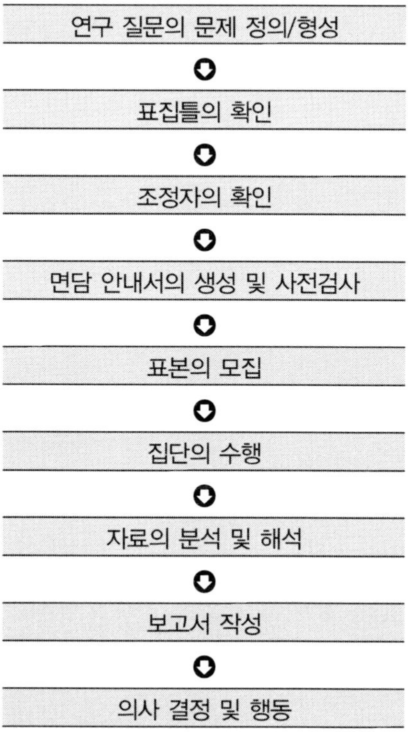

| 연구 질문의 문제 정의/형성 |
|:---:|
| ⬇ |
| 표집틀의 확인 |
| ⬇ |
| 조정자의 확인 |
| ⬇ |
| 면담 안내서의 생성 및 사전검사 |
| ⬇ |
| 표본의 모집 |
| ⬇ |
| 집단의 수행 |
| ⬇ |
| 자료의 분석 및 해석 |
| ⬇ |
| 보고서 작성 |
| ⬇ |
| 의사 결정 및 행동 |

[그림 3-1] 포커스 그룹의 계획 및 사용 단계

## 참여자의 확인

일단 문제에 대한 명확한 진술이 생성되면, 연구의 두 번째 단계로 이동할 수 있다. 모든 설문조사와 마찬가지로, 표집틀을 확인하는 것이 중요하다. 표집틀이란 연구자가 관심을 가진 더 큰 모집단의 대표한다고 믿을 만한 이유를 가진 사람들(가계, 조직)의 목록이다. 표집틀은 모집단에 대한 조작적 정의다. 그렇지만 표집틀의 확인은 포커스 그룹 연구보다는 대규모 설문조사 연구에서 훨씬 더 중요하다. 포커스 그룹의 구성원들을 훨씬 뛰어넘어서 일반화하는 것은 부적절하기 때문에, 표집틀은 관심 대상 모집단에 매우 근접한 것이어야 한다. 즉, 학교 아동의 중산층 부모들에 관한 연구라면, 지역 부모회의 구성원 명단이 적절한 표집틀이 될 것이다.

## 조정자와 면담 안내서

연구 질문의 정의와 표집틀의 확인은 포커스 그룹 설계 과정의 세 번째 단계(조정자의 확인 및 면담 안내서의 설계)를 위한 중요한 정보를 제공한다. 조정자 및 면담 안내서에 포함되는 질문들의 종류와 형식은 면담할 집단에 적합해야 한다. 아동 면담에 적합한 조정자가 복잡한 제품의 기술적 특성들을 토의할 설계 기사 집단의 조정자로서는 부적합할 수 있다. 컴퓨터 프로그래머 및 시스템 분석가들에게 사용되는 질문은 개인 컴퓨터의 비전문 사용자에게 사용되는 질문과는 달라야 할 것이다.

조정자의 확인과 포커스 그룹 참여자 모집을 위한 면담 안내서의 작성은 동시에 수행하는 것이 보통이다.

모집 과정에는 집단을 위한 시간과 장소의 확인이 필요하다. 면담을 수행하기 위해 필요할지도 모르는 특별한 설비 또는 장치로 인해 특수한 종류의 환경 구축이 불가결할 수 있고, 이러한 환경은 잠재적 참여자들에게 합리적인 거리 안에서 확보되어야 한다. 표집틀에 있는 사람들에게 접촉을 하고 특정한 시간과 장소에서 집단에 참여할 수 있는지를 물어본다. 면담의 일반적 주제에 대해 보통 그들에게 알려 주는데, 왜냐하면 이렇게 하는 것이 흔히 흥미를 자극하고 참여 가능성을 높이기 때문이다. 참여자들에게 그에 대한 보상을 제공하는 것 또한 일반적이다. 연구 예산과 모집된 참여자들의 종류에 따라, 모든 사람에게 작은 선물부터 수백 달러에 이르는 범위의 보상을 제공한다.

원하는 숫자보다 약간 더 많은 참여자를 모집하는 것이 일반적으로 가장 좋다. 참여자들이 종종 마지막에 갑자기 불참한다고 할 수도 있고, 교통 사정으로 오지 못할 수 있으며, 예기치 못한 긴급한 일이 생기거나, 약속한 시간과 장소에 도착하지 못할 수도 있다. 참여자들을 모집한 후에는 집단이 열리기로 계획된 날의 하루나 이틀 전에 전화나 메일로 모임에 대한 기억을 상기시켜 주는 것이 일반적으로 좋다.

## 면담

포커스 그룹 면담 그 자체가 과정상의 그다음 단계다. 조정자는 면담 안내서에 있는 질문을 가지고 집단을 이끌고 모든 집단 구성원들 사이의 토의를 촉진하기 위해 노력한다. 이러한 토의는 사후 분석을 위해서 녹음·녹화할 수 있다. 포커스 그룹 연구의 마지막 단계는 다른 종류의 연구에서 하는 것과 유사하다. 이러한 마지막 두 단계는 자료의 분석과 해석 및 보고서 작성이다.

## 분석과 해석

자료를 분석하고, 결과를 해석하고, 보고서를 완성하기 전까지는 어떤 연구 프로젝트도 완성된 것이 아니다. 포커스 그룹의 분석은 조정자와 관찰자의 소감으로 구성된 매우 간단한 요약에서부터 훨씬 더 세련된 분석적 접근법들에 이르기까지 다양할 수 있다.

지금까지 개관한 각각의 단계는 이어지는 장들에서 보다 자세히 논의할 것이다.

## 실제적인 고려사항

사회과학 연구는 교실, 미디어 또는 교재에서 나타나는 것처럼 결코 참신하고 흥미로운 것이 아니다. 필수적이지만 재미없어 보이는 많은 과제가 존재한다. 포커스 그룹 연구는 척도상 아마도 '재미 있는' 쪽에 해당하겠지만, 덜 재미있고 필수적인 과제도 거치지 않으면 안 된다. 이러한 과제 두 가지는 실천계획과 기관생명윤리위원회(IRB)를 통과하는 것이다.

## 🏰 포커스 그룹의 실천계획

포커스 그룹은 다른 활동을 하다가 의견을 표명하기 위해서 기꺼이 시간을 사용하려고 하는 사람들에 대한 것이다. 이것은 온라인 또는 쇼핑몰에서 하는 설문조사에서 기꺼이 의견을 제시하거나 다양한 의사소통에 참여하여 그들의 견해를 표현하는 많은 사람들과 크게 다르지 않다. 어떤 유형의 사람들은 찾아내는 것조차 힘들고, 그들의 참여를 이끌어 내는 것은 대개 훨씬 더 어렵다. 제4장에서 모집에 관하여 더 자세히 언급할 것이다.

접근하기 어려운 모집단을 찾고 협력을 얻는 것에 대한 보다 어려운 이슈는 별도로 하더라도, 참여자의 일상생활에서, 집단 토의를 경험할 공간을 제공하는 것에 대한 보다 일반적인 이슈들이 존재한다. 포커스 그룹 조직자는 '어떻게 그 장소에 갈 수 있는가? 주차는 어디에 하는가? 대중교통이 편리한가? 아기돌봄 서비스는 제공되는가? 좀 늦게 가도 되는가? 친구를 데려갈 수 있는가? 음식이 제공되는가?'와 같은 질문에 대한 답변을 준비하고 있어야 한다.

그리고 음식에 관해서 이야기할 때, 어떤 음식을 줄 것인가? 참여자 중 누군가가 먹지 못하는 음식이나 특별한 기호가 있는가? 무엇을, 언제 줄 것인가? 음식을 먹으면서 말하는 것은 쉽지 않고 이해하기도 어렵다. 어떤 음식들은 좀 지저분하게 될 수도 있다(주제가 음식에 관한 것이 아니라면 발생 가능한 문제다!).

장애인들이 포함되어 있거나 그들이 연구의 초점이 되는가? 어떤 편의가 필요하며, 제공될 수 있는가?

어떤 환경에서는, 사람들이 참여하기 위해 허락을 구해야 하는 경우도 존재할 수 있다. 참여자가 아동이라면 그때는 부모로부터의 허락이 필요할 것이다. 어떤 문화권에서는 부족의 연장자 또는 갱의 리더와 같은 현지 지도자로부터 허락을 얻는 것이 필요할 수도 있고, 적어도 그것이 더 현명한 일일 수 있다. 어떤 토의 진행이 더 적절한가에 대한 문화적 기준에 민감해야 하는 것도 중요한 일이다. 특히 남성과 여성이 모두 참여하는 집단에서는 그렇다.

포커스 그룹에 누가 참석하고, 어떤 상황이 발생할지에 대해 잠재적으로 영향을 미칠 수 있는 이슈의 목록은 끝이 없다. 자발성이 가장 재미있고 생산적이라는 점을 기억하기 바란다.

## 기관생명윤리위원회

전 세계에 있는 대부분의 대학과 많은 연구 기관에는, 연구에 참여하는 인간 대상자를 보호하는 역할을 하는 기관생명윤리위원회 (Institutional Review Board: IRB)가 존재한다. 인간 대상자를 이용하는 사회과학 연구의 한 종류인 포커스 그룹 연구는 현지 IRB의 심의를 받아야 한다. 많은 경우, 포커스 그룹 연구는 연구의 '심의면

제' 영역에 해당할 것이고, 단지 IRB에 의해 최저 수준의 심의를 받게 된다. 심의면제 연구에는 위험이 매우 적거나 없으며, 대상자의 정상적인 생활 경험을 방해하거나 조작하지 않고, 어떤 형식이라도 침투적인 절차를 사용하지 않거나, 속임이 없는 것이 포함된다. 이러한 종류의 연구는 정규심의로부터 면제될 것이다. 대부분의 포커스 그룹 연구는 이러한 유형에 적합하지만, 그렇지 못하고 보다 집중적인 심의가 요구되는 경우도 있을 수 있다. 심의 수준에 관계없이, 연구자가 포커스 그룹에 참여하는 사람들을 보호하기 위해서 해야 하는 특별한 일들이 존재한다.

포커스 그룹 연구에 참여하도록 초대된 사람들은 누가 집단에 함께 참여하게 되는지 알아야 한다. 이것은 사람들의 이름을 확인할 수 있어야 한다는 것을 의미한다기보다, 예를 들면, 해외여행 경험이 있는 대학생들, 최근에 아기를 출산한 여성들, 최근에 실직한 남성들, 노숙자들 등과 같이 집단에 어떤 종류의 사람들이 참여하는지에 관한 정보를 제공해야 함을 뜻한다. 잠재적 참여자들에게 또한 집단에서 논의할 일반적 주제 또는 주제들에 대해서도 알려 주어야 한다. 포커스 그룹을 녹화나 녹음하려면, 또는 관찰자가 존재한다면, 포커스 그룹에 참여할 가능성이 있는 사람들에게 이러한 절차들을 알려 주고 동의를 구해야 한다.

끝으로, 토의의 비밀보장을 유지하기 위해 주의를 기울여야 한다. 이것은 일반적으로 토의하는 동안에 참여자들을 부를 때 성만 사용하고, 집단에서 나누었던 모든 정보를 외부인에게 말하지 않도록 집단 구성원들의 동의를 얻어야 함을 의미한다. 한편, 다른 집단 구성원들이 다른 사람들과 정보를 공유하는 일이 발생할 수 있어 비밀유지가 보장되기 어렵다는 것도 포커스 그룹에 참여할 가능성이 있는 사람들에게 알려 주어야 한다. 이러한 이슈들을 참여자를 모집할 때에 잠재적 참여자들에게 설명하고 동의서의 형식으로 명확히 구체화하여야 한다. 포커스 그룹에 참여하는 모든 사람은 동의서에 서명하여야 한다.

## 결론

포커스 그룹 연구는 유용한 연구도구이지만, 도구상자에는 많은 다른 도구들이 존재한다. 포커스 그룹 연구의 독특한 장점과 단점을 인식하는 것이 중요하다. 포커스 그룹 연구는 한 번에 매우 풍부하고 진단적이며 제한적인 매우 특수한 형태의 자료를 생산한다. 포커스 그룹의 사용은 강력한 통찰을 산출할 수 있지만, 그러한 사용이 다른 연구기법들을 대체하지는 못한다.

## 복습 질문

1. 포커스 그룹의 주요 특징은 무엇인가?
2. 내부적 및 외관적 유목화의 차이는 무엇인가? 이러한 차이들이 포커스 그룹의 사용에 어떻게 관련되는가?

3. 포커스 그룹의 일차적 용도는 무엇인가? 일련의 개인면담 대신 포커스 그룹을 사용하는 것이 언제 적절할 것인가? 표준화된 설문조사를 대신할 수 있는가?

4. ① 설문조사와 비교하였을 때, ② 통제된 실험과 비교했을 때 포커스 그룹의 장점과 단점은 무엇인가?

5. 포커스 그룹을 시작하기 전에 연구 질문(들)을 명확히 정의하는 것이 왜 중요한가?

6. 좋은 포커스 그룹은 너무 비구조화되지도 않고 너무 구조화된 것도 아니라는 말은 무슨 의미인가? 포커스 그룹을 위한 어젠다의 구조는 누가 제공하는가?

7. 포커스 그룹의 결과는 단지 조정자만큼 좋다는 말은 무슨 의미인가? 왜 그러한가?

8. 포커스 그룹의 결과를 어떻게 해석하는가? 간혹 해석하기가 어려운 이유는 무엇인가?

9. 포커스 그룹으로부터 획득한 결과에 기초하여 어떤 행동이나 의사결정을 하는 것이 적절하겠는가?

10. 같은 주제에 대해 몇 개의 포커스 그룹들을 실시하는 것이 흔히 유용한 이유는 무엇인가?

당신에게 친숙하지만 어느 정도 논쟁이 예상되는 어떤 주제(예를 들면, 낙태 또는 마약의 합법화)를 생각해 보자. 특정한 폐쇄형 반응을 가진 몇 개의 설문조사 유형의 질문을 설계하고, 소집단(단지 몇 명의 친구이어도 좋다)을 소집한다. 당신이 생성한 대안들을 제시하지 말고 질문을 한 후, 끝날 무렵 당신의 대안을 집단에 제시하고 그 대안이 집단 구성원들의 의견과 얼마나 비슷한지 묻는다. 집단 구성원들의 반응과 당신의 원래 설문조사 문항들을 비교해 보자. 집단면담의 사용에 관하여 당신은 무엇을 배웠는가? 폐쇄형 설문조사 질문들의 사용에 관하여 당신은 무엇을 학습했는가?

# 포커스 그룹 참여자의 구성과 면담 안내서의 설계

# 포커스 그룹 참여자의 구성과 면담 안내서의 설계

명확하게 확인된 일련의 개인들로부터 특정한 종류의 정보를 획득하기 위해 포커스 그룹을 구성한다. 이것은 포커스 그룹에 참여하기 위해 초대된 개인들은 능력 있고 원하는 정보를 제공할 의지가 있어야 하며 연구자가 관심을 가진 모집단을 대표하여야 한다는 것을 의미한다. 다시 말해, 하나의 포커스 그룹에 참여할 사람들의 선정과 구성은 매우 중요한 과제다. 면담 안내서의 설계 역시 중요한데, 왜냐하면 면담 안내서가 집단 토론을 위한 어젠다를 확립하고 참여자들이 상호작용하고 그들의 사고와 감정을 분명하게 표현하는 어떤 구조를 제공하기 때문이다. 포커스 그룹은 단순히 어쩌다가 시간이 남은 사람들 사이에서 아무렇게나 하는 토론이나 브레인스토밍 회기가 아니다. 그것은 어떤 다른 종류의 과학적 연구와 같은 정도의 보살핌과 주의를 필요로 하는 잘 계획된 연구 시도다.

성공적인 포커스 그룹 연구를 위한 두 가지 중요한 요소는 참여자의 구성과 면담 안내서의 설계다. 면담 안내서는 집단 토론을 위한 어젠다를 설정한다. 토론의 성격은 대체로 집단의 구성과 구성원 간에 뒤따르는 상호작용에 의해 결정된다. 다시 말해, 면담 안내서와 집단 구성원들의 선택을, 어떤 의미에서는 연구도구의 구성이라고 볼 수도 있다.

제2장에서 언급한 집단 역동성의 검토에서 집단의 구성에 특별히 주의해야 한다고 제안하고 있는데, 이는 토론의 질과 심지어는 그 방향조차 함께 온 사람들 사이의 상호작용에 의해 결정될 수 있기 때문이다. 예를 들어, 어떤 공학 전문가 집단이 복잡한 문제를 논의하기 위하여 함께 모인다면, 집단이 몇 명의 공학 전문가, 몇 명의 공학 전문가는 아니지만 지식이 있는 비전문가 및 몇 명의 초심자로 구성되어 있을 때 보다, 토론의 성격이 매우 달라질 가능성이 높다. 혼성 집단은 흔히 동성 집단에 비해 다른 결과와 집단 역동을 일으킨다.

다양한 특성에 있어서의 집단의 상대적 동질성도 집단의 역동에 영향을 미칠 수 있다. 어떠한 차이가 발생한다고 해서 실망할 필요는 없다. 이것은 단지 집단을 측정도구의 일부라고 보았을 때, 집단의 설계와 구성에 상당한 주의를 기울여야 한다는 점을 암시한다. 연구자는 프로젝트의 초기 설계 과정에서 집단 구성의 영향력을 고려해야 하고 모든 포커스 그룹의 구성원들이 연구의 목표와 일관되도록 하여야 한다. 이것은 연구 어젠다와 그 목표들이 매우 초기에 명확히 설정되어야 함을 의미한다. 포커스 그룹 참여자들이 단지 몇 가지의 인구 통계학적 또는 행동적 특성에 기초하여 구성되고 집단 구성의 좀 더 미묘하지만 마찬가지로 중요한 측면들에는 덜 민감한 경우가 너무 많다.

이 장에서 우리는 연구도구로서의 포커스 그룹 구성에 관하여 생각해 본다. 우리는 모집 과정과 면담 안내서의 작성에 대해서 알아본다. 이러한 두 가지 활동은 연구의 목적에 따라 이루어져야 한다. 그러므로 우리는 연구 어젠다에 관한 고려사항부터 논의를 시작한다.

## 연구 어젠다의 설정

포커스 그룹 연구는 문제 형성과 연구 목표의 구체화가 중요하다는 점에서 다른 형태의 연구와 다르지 않다. 포커스 그룹은 어떤 현상에 대해 거의 아는 바가 없을 때 빈번하게 사용되고 특히 도움이 되지만, 이러한 사실이 포커스 그룹이 문제 형성을 대체할 수 있다는 것을 의미하는 것은 아니다. 포커스 그룹은 한 집단의 사람들이 마음에 떠오르는 생각을 아무거나 토론할 수 있는 기회로서 계획하는 것이 아니다. 포커스 그룹은 마음속에 특정한 목적을 가지고 설계된다. 포커스 그룹을 어떤 주제에 대해 생각하기 위한 대체물로 사용하여, 집단으로부터 유용한 정보를 거의 획득하지 못하는 결과를 초래하는 경우가 매우 많다. 특정한 현상에 대하여 많이 알지 못하는 것과 당신이 배우고 싶은 것을 알지 못하는 것 사이에는 상당한 차이가 존재한다.

연구 어젠다를 설정하기 위한 첫 단계는 문제 형성이다. 문제 형성이란 단순히 어떤 문제를 제시할 것인지, 어떤 정보를 어떤 목적으로 추구할 것인지에 대해 구체화하는 것이다. 사실상, 문제가 명확히 정의되기 전까지는 포커스 그룹이 다루고 있는 질문에 관한 가장 적절한 연구 형태인지 분명하지 않을 것이다. 예를 들어, 특정 텔레비전 광고의 효과의 평가에 관련된 연구 질문은 포커스 그룹보다는 실험 설계에 의해 더 잘 응답될 것이다. 이러한 질문은 광고가 가진 효과가 표준 측정 단위로 '얼마인가'라는 질문에 대한 양적인 응답을 필요로 한다. 반면에, 도로공사의 지역 사무소에서 서비스를 받는 데 있어서 소비자가 겪는 구체적인 문제점들을 확인하기 위한 연구 질문은 포커스 그룹 연구와 잘 어울릴 것이다. 후자의 연구는, '어떤 종류'의 문제들인가라는 질문에 관련된 응답에 대한 발견을 요구한다.

"잘 정의된 문제는 이미 반은 해결된 것과 마찬가지다."라는 오래된 격언이 있다. 이것은 모든 다른 종류의 연구에서와 마찬가지로 포커스 그룹 연구에서도 사실이다. 연구 질문을 주의 깊게 정의해야만 필요한 집단의 유형을 확인할 수 있다. 연구 문제를 정의하는 것은 면담 안내서를 계획하는 데 있어서도 매우 중요하다. 온라인 게임에서 폭력성의 존재에 관한 소비자들의 견해들에 대한 일반적인 연구 질문을 생각해 보자. 이러한 질문은 충분히 초점화되어 있지 않은데, 왜냐하면 어떤 소비자들(부모, 10대 청소년, 사용자 또는 기타 다른 집단) 또는 어떤 견해(게임의 오락적 가치, 지각된 유해 효과 또는 기타 다른 효과)인지가 나타나 있지 않기 때문이다. 이러한 모든 주제에 대한 모든 소비자의 견해가 궁극적인 관심 대상일 수는 있겠지만, 어떤 하나의 포커스 그룹 또는 적은 수의 복수 집단은 단지 제한된 수의 응답들이나 제한된 수의 주제들만을 다룰 수 있을 것이다. 하나의 매우 일반적인 연구 질문은 너무 일반적이고 유용하지 않은 결과를 낳을 것이다.

문제 형성은 관심 현상에 대해 이미 알려져 있는 것과 추가적인 정보가 필요한 것을 사정하는 데부터 시작된다. 연구의 목적은 결정을 알리거나, 대안적 가설 또는 활동 과정을 규명하거나, 가설을 확인하거나, 정의된 행동 영역을 탐구하거나, 모든 수백 가지 형태의 다른 크고 작은 문제들에 대한 해결책을 제시하기 위함일 수 있다. 원하는 결과들에 관한 연구의 목적을 명확히 규명해야 하고 획득한 정보는 이러한 결과들과 구체적으로 관련되어 있어야 한다. 이것은 연구에 참여하는 연구자와 모든 관련자들이 참여해야 하는 사고 과정이다.

잘 정의된 연구 질문이란 연구 주제, 질문에 관련된 모집단, 그리고 특정한 관심 사항들을 명확히 확인시켜 주는 질문이다. 즉, 앞에서 언급한 온라인 게임의 사례에서, 연구 질문은 평소에 온라인 게임을 하는 젊은 남성들 중에서 폭력성의 오락적 가치에 관한 견해로서 진술될 수 있다. 물론, 또 하나의 다르지만 똑같이 타당한 연구 질문이 10대 소년의 부모 중 온라인 게임의 폭력성에 관한 낙인의 유용성에 관한 걱정에 관해서 진술될 수도 있다. 전자와 후자의 질문 모두 상당히 타당하고 잠재적 유용성이 있지만, 매우 다른 형태의 집단과 매우 다른 종류의 질문들을 이끌어 낸다. 연구 질문을 너무 폭넓게, 또는 지나치게 일반적인 수준에서 정의하면 불만족스러운 결과를 산출해 낼 가능성이 있다. 포커스 그룹 연구는 하나의 주제를 자세히 탐구하기 위한 도구다. 일단 연구 질문이 명확히 만들어지면, 대상자 모집과 면담 안내서 작성으로 나아가는 것이 가능하다.

## 참여자의 모집

포커스 그룹의 참여자는 다양한 방법으로 모집될 수 있다. 포커스 그룹 결과의 일반화 가능성이 제한적이라는 점은 적어도 편의 표집을 사용할 수 있다는 이점을 가진다. 실제로 편의 표집은 포커스 그룹에서 참여자를 선택하기 위한 가장 일상적인 방법이다. 이러한 종류의 표집은 시간과 돈을 절약해 준다. 하지만 집단의 특성을 고려할 필요성이 줄어드는 것은 아니다. 사실상 모든 포커스 그룹의 의도는 관심을 가지고 있는 모집단에 대한 어떠한 결론을 이끌어 내는 것으로, 따라서 그 집단은 더 큰 모집단을 대표하는 구성원들로 구성되어야 한다. 연구 질문이 특정한 종류의 개인들(예를 들면, 남성, 아동 그리고 의사)의 반응에 관련된다면, 그 집단의 구성은 이러한 종류의 개인을 반영해야 한다. 또한 어떤 경우에는 각각 사람들의 혼합(예를 들면, 성인과 아동, 남성과 여성 그리고 어떤 생산품 또는 서비스의 사용자와 비사용자)으로 구성된 집단을 구성하는 것이 바람직할 수 있다. 즉, 편의 표집을 한다고 하더라도 연구자는 연구의 목표에 따라 포커스 그룹에서 사용하는 표본을 구성하여야 한다.

더욱이 우리가 이 앞의 장들에서 본 것처럼, 집단의 구성은 토론의 성과에 대해 중요한 함의를 가지고 있다. 연구자가 특정한 어젠다를 가지고 있고 집단이 특정한 방법으로 상호작용하기를 원한다면, 원하는 결과의 발생 확률을 극대화하기 위해서 집단의 구성원을 구조화해야 한다. 이것은 집단 내에 확실한 수준의 동질성/이질성을 확보하거나 구성원의 성격이 다른 복수의 집단들을 만들어야 한다는 것을 의미할 수 있다.

많은 종류의 포커스 그룹들은 단지 매우 일반적으로 정의된 개인들의 집단을 필요로 한다. 예를 들면, 많은 마케팅 관련 연구에서는, 집단을 단순히 가정 내의 주요 식품 구매자 또는 특정 생산품의 사용자로 한정할 수 있다. 정부 정책 개발자는 새로운 프로그램 또는 법규에 의해 영향받을 가능성이 있는 사람들로 집단을 한정할 수도 있다. 공중보건 전문가들은 특정 질병으로 인해 고통받고 있거나 특정한 위험요인을 공유하는 사람들로 구성된 집단들을 찾을 수도 있다. 그러한 집단에 대한 일반적 정의가 사용된 때는, 비교적 모집이 쉽다.

많은 시민단체와 종교단체의 구성원들이 포커스 그룹 모집에 활용될 수도 있다. 어떤 특성을 가진 사람들 또는 어떤 종류의 활동에 종사하는 사람들의 목록 또한 쉽게 활용할 수 있다. 예를 들어, 많은 단체에서는 구성원, 종업원 또는 소비자들의 목록을 가지고 있다. 최근에 집 또는 자동차를 구입한 사람들도 법원이나 납세 기록을 검토하면 쉽게 확인할 수 있다. 그러한 목록을 확인할 수 있다면, 그 집단에 적합한 개인들을 확인하기 위해 필요한 접촉량을 줄여 주기 때문에 상당한 시간과 비용을 절약할 수 있다. 마케팅 조사 기관과 전문적  포커스 그룹 기관에서는 일반적으로 그들이 선택한 포커스 그룹 참여자들에 관한 대규모의 데이터베이스를 가지고 있다.

기존의 목록이 없다면, 유일한 대안은 전화, 편지 또는 이메일로 개인적으로 연락하거나 공공장소에서 대상을 붙잡는 것이다. 이런 경우에는 일반적으로 설문조사 연구에서 적용 대상이 된 참여자들을 확인하고 자격을 부여하기 위해 사용하는 것과 같은 종류의 절차를 사용한다. 예를 들어, 대표 가정을 선정하기 위하여, 무작위 전화 걸기 절차를 적용할 수 있다. 그리고 나서, 개인들이 특정한 포커스 그룹 참여를 위한 전제조건들에 부합하는지를 결정하기 위하여 몇 가지 간단한 선별 질문을 사용할 수 있다. 대표적인 표본의 모집에 관련된 추가적인 정보는 Fowler(2008)를 참고할 수 있다.

모집을 도와줄 수 있는 기관들을 포함하여, 포커스 그룹 기관과 서비스 제공자들을 찾아내기 위한 특별히 도움이 되는 참고자료는 포커스 그룹 회사 및 서비스 명부(the Directory of Focus Group Companies and Services)다. 이 명부에서는 전 세계의 회사 및 서비스에 대한 정보를 제공한다. www.greenbook.org에서도 온라인으로 사용할 수 있다. 비슷한 자원을 http://www.quirks.com/directory/focusgroup에서도 찾을 수 있다.

# 접촉하기

포커스 그룹을 모집하는 첫 단계는 적격자 선별이다. 최초의 접촉은 편지, 전화 또는 직접 만남으로서 발생할 수 있다. 연구자의 목적상 그 집단이 특정한 방법으로 구성될 것이 요구될 때, 몇 가지의 자격을 부여하기 위한 질문을 사용할 수 있다. 이러한 질문들에는 인구 통계학적 특성, 성격 요인 또는 연구의 목적에 관련된 다른 변인들이 포함될 수 있다. 포커스 그룹이 여러 개여서, 서로 다른 집단들이 서로 다른 방식으로 구성된다면, 개인들을 특정 집단에 연결시키기 위해 이러한 유형의 선별이 필요하다.

접촉한 사람이 참여에 적합하다고 결정된 후에는, 그 사람에게 집단 토론에 참여하게 될 것이라는 사실을 포함하여 연구의 특성에 관한 일반적 설명을 제공한다. 연구의 일반적 주제를 확인시켜주고 그 사람이 참여하여 의견을 제시하는 것이 중요하다는 점을 강조하여야 한다. 어떤 인센티브를 제공할 예정이라면, 어떻게 언제 지급할 것인지를 알려 주어야 한다. 다과 또는 식사를 제공한다거나 아기돌봄 서비스를 제공한다면, 이것 또한 고지되어야 한다. 그리고 나서 예비 참여자들에게 모임 시간과 장소는 물론, 모임의 시작 및 종료 시간도 알려 주어야 한다.

교통 정체, 날씨 상태, 기타 여러 가지의 소소한 긴급 상황에 대비하기 위하여, 면담 이전 15분에서 30분 정도 일찍 도착하도록 요청하는 것이 좋다. 같은 주제에 관하여 몇 개의 포커스 그룹을 계획하는 것이 좋은 한 가지 이점은 그 참여자가 몇 가지의 시간, 날짜 그리고 가끔은 장소도 선택할 수 있다는 점이다. 그러한 대안의 선택은 한 사람이 자유롭게 참여할 수 있는 가능성을 증가시킨다.

일단 사람들이 포커스 그룹에 참여하는 것에 동의하였다면, 그들에게 즉시 문서 또는 전화로 재확인해 주어야 한다. 시간이 허용한다면 문서로 확인해 주는 것이 더 좋은데, 왜냐하면 토론 장소에 대한 지도 및 안내를 전달하는 수단이 될 수 있기 때문이다. 문서 확인은 보다 공식적인 분위기를 전달하고 그 사람의 참여 의지를 증가시키는 어떤 의무감을 내포하게 된다.

어떤 종류의 확인을 사용하든, 포커스 그룹이 있기 전 24시간 내에 참여자에게 전화로 다시 연락해 주어야 한다. 이렇게 함으로써 참여자가 이전에 동의했던 것을 다시 떠올리고 정확히 안내받았음을 확인하는 기회로 삼을 수 있다.

## 인센티브

포커스 그룹은 참여자에게 시간이 소비되는 활동이다. 낯선 사람들이 모인 집단에서 대화하기 위해서 생활 속에서 2시간 이상의 시간을 만든다는 것은 쉬운 일이 아니다. 특히 하루 종일 일하고 난 뒤의 일이라면 더욱 그렇다. 참여를 고무하기 위해 사용할 수 있는 다양한 인센티브들이 있는데, 대부분의 포커스 그룹 참여자들은 금전 그리고 다른 인센티브들(예를 들면, 제품의 샘플 또는 상을 받을 수 있는 기회)을 받는다. 또한 대부분의 사람들에게, 포커스 그룹 자체가 즐거운 경험이기 때문에 하나의 인센티브가 된다. 참여자를 모집할 때, 참여의 이러한 측면을 강조해야 한다. 그렇지만 대부분의 사람들이 포커스 그룹에서 시간을 소비하도록 할 만큼 토론이 충분히 고무적인 것은 아니다. 상업적인 연구 기관에서는 포커스 그룹 참여자들에게 집단의 성격과 모집이 얼마나 어려운지에 따라 다양한 인센티브를 제공한다. 참여에 대한 보상은 50달러에서부터 수백 달러에까지 이를 수 있다.

모임이 식사 시간 주변에서 이루어진다면, 다과 또는 가벼운 식사를 제공하는 것도 좋다. 음식은 참여자들의 긴장을 풀어 줄 수 있고, 식사에 대한 걱정을 없애 줌으로써 참여를 고무한다. 음식이 항상 적절하지는 않으며 일부 국제적인 장소에서는 어울리지 않을 수도 있다. 아이돌봄 서비스 또한 참여를 진작시키는 데 도움이 된다.

사용되어 온 또 다른 유형의 인센티브에는 무료 제품 제공, 교통편 제공 그리고 심야 호텔 편의 제공 등이 포함된다. 참여자에게 보편적으로 가치가 있는 인센티브를 선택해야 한다. 어떤 사람에게는 가치가 있는 것이 또 다른 사람에게는 거의 가치가 없을 수도 있다. 이 때문에 금전을 가장 상식적인 인센티브로 활용하는 것이다.

구성원의 명단을 제공하는 것은 많은 시민 및 종교 단체의 일상적인 기금 마련 활동 중 하나다. 이런 단체들은, 적어도 원칙적으로, 연구 대상자가 되어 보겠다고 동의한 사람들의 명단을 제공한다. 그렇지만 그러한 집단 사용의 단점은 많은 사람들이 서로 잘 알고 있으며 심지어 가까운 친구관계라는 점이다. 그런 사람들은 한 집단 안에서 작은 파벌을 형성하여 서로의 의견을 강화할지도 모른다. 이것은 다른 집단 구성원들의 반응성을 줄이거나 그렇지 않을 때보다 빠른 속도로 집단이 합의에 도달하도록 만들 수 있다. 친구관계에 있는 사람들은 사적인 대화를 하여 집단 내에서 토론의 흐름을 방해하거나 집단 내에 있는 다른 사람들이 분개하도록 만들지도 모른다. 제2장에서 살펴보았듯이, 집단 역동성은 참여자들의 친분과 동질성 수준에 따라 근본적으로 변화한다. 낯선 사람들이 모인 집단 안에 서로 잘 아는 사람들이 몇몇 존재하는 것은 일반적으로 바람직하지 않다. 나아가, 상당히 동질적인 친구들로 구성된 집단은 낯선 사람들로 이루어진 집단에 비해서 덜 다양한 의견이 나오게 되기 쉽다.

또한 시간이 지나면 몇몇 사람들은 전문적인 포커스 그룹 참여자가 될지도 모른다. 그런 '전문가'들은 모집단을 대표하기 어렵다. 이러한 이유로 인해서, 얼마나 자주 포커스 그룹 활동에 참여하는지 물어보는 것이 좋다. 그들이 최근에 다른 포커스 그룹에 참여한 적이 없고 다른 참여자들과 서로 잘 모르는 관계임을 확인하여 예비 참여자들을 선별할 수도 있다.

## 장소

제2장에서는 포커스 그룹이 매우 다양한 상황에서 개최될 수 있다는 점을 언급하고 집단의 상호작용과 토론의 역동에 영향을 미칠 수 있는 장소에 관련된 많은 요인을 검토하였다. 이러한 검토 결과, 장소는 집단을 계획할 때 고려해야 할 중요한 요인임을 제안하였다. 장소는 참여자들이 얼마나 쉽게 모집될 수 있는가에도 영

향을 미칠 것이다. 일반적으로 그 장소가 참여자들의 집 또는 직장에서 가까울수록 참여하기가 더 쉬워진다. 일반적으로 편의성을 결정할 때 거리보다는 이동 시간이 더 중요하다. 그리고 면담 장소가 집과 직장 사이에 있을 때, 자신의 이동 경로를 벗어난다는 느낌이 덜하다. 주차의 가능 여부 또는 대중 교통수단과의 근접성 또한 사람들의 참여의지에 영향을 미칠 수 있다.

장소는 또한 심리적인 영향력도 있다. 많은 예비 참여자들은 도시의 지저분한 곳이나 사람들이 잘 다니지 않는 장소로 가는 것을 좋아하지 않을 수 있다. 친숙하고, 이동이 편리한 곳에서 열리는 포커스 그룹이 보다 매력적으로 지각되기 쉽다. 이것이 많은 연구자들이 쇼핑몰 지역을 선호하는 한 가지 이유다. 쇼핑몰은 포커스 그룹 참여자들이 편안함을 느끼는 친숙하고, 공적이며, 매력적인 장소다. 그러한 장소는 또한 포커스 그룹이 흥미로운 경험이 될 것이라는 분위기를 만들어 주고 참여자들이 전문성, 편안함 그리고 의도성을 느낄 수 있는 일련의 단서들을 제공한다.

## 참여자의 수

대부분의 포커스 그룹은 8명에서 12명으로 구성된다. 참여자가 8명 미만이면 다소 재미없는 토론이 되고 12명을 초과하면 사회자가 통제하기가 어렵다. 또한 참여자가 12명을 넘으면 모든 사람들이 능동적으로 참여할 수 있는 충분한 기회를 보장하기 어렵다. 그렇지만 일반적으로 필요한 수보다 많은 사람들을 모집하는 것이 추천된다. 경험적으로 보았을 때, 적어도 참여자 2명은 면담에 나타나지 않으리라고 가정하는 것이 좋다. 이러한 수는 참여자의 특성과 사용한 모집 방법에 따라 많이 다를 수 있다. 예를 들어, 고위 공무원이나 의사들처럼 시간적 여유가 거의 없는 참여자들은 자주 마지막 순간에 스케줄 변화를 해야 하는 일이 생겨서 포커스 그룹 모임에 불참하게 될 수도 있다. 심한 교통체증 속에서 장거리를 이동해야 하는 사람들은 모임에 사전에 참석하기로 했을지라도 지체될 수 있다. 한편, 집에서 멀지 않은 장소에서 열리는 집단에 참석하는, 지역 시민단체를 통하여 모집된 참여자들은 모임에 참석하기가 훨씬 더 쉬울 것이다.

너무 적은 사람이 참석한다고 해서 모임을 취소하기보다는 약간 초과 모집하는 것이 일반적으로 더 낫다. 만약 모집된 참여자들이 우연히 모두 출석한다면, 한두 사람은 돌아가도록 하는 것이 좋다. 대체로 이렇게 하는 가장 좋은 방법은 마지막으로 도착한 사람에게 돌아가도록 하는 것이다. 참여자가 돌아가도록 했을 때에도 인센티브는 항상 제공되어야 한다.

몇 명이라는 질문은 각각의 집단에 있는 사람의 수뿐만 아니라 포커스 그룹들의 수에도 관련된다. 집단의 수가 얼마가 가장 적절한가에 대한 일반적인 규칙은 없다. 연구가 매우 복잡하거나 수많은 서로 다른 종류의 사람들에게 관심이 있을 때, 보다 많은 포커스 그룹이 필요할 것이다. 관심 모집단이 상대적으로 동질적이고 연구 질문이 비교적 단순할 때에는, 한두 집단으로 충분할 수도 있다. 그렇지만 2000년에 「뉴스위크」는 에어버스가 신형 A3XX 점보

제트기의 설계를 돕기 위해서 120개 이상의 포커스 그룹을 조사했다고 보고하였다(Emerson et al., 2000). 대부분의 포커스 그룹은 한 집단 이상을 관련하여 적용하지만, 셋 또는 넷 이상의 집단은 보기 어렵다. 집단의 수를 얼마로 할 것인가의 질문은 결국 연구의 목표에 기초하여 결정되어야만 하는 것이다. 개별적인 집단의 역동은 연구의 목적에 따라 관련될 것이기 때문에, 제3장에서 검토한 바 있는 요인들에 의해 해결되어야 할 질문이기도 하다.

## 접근이 어려운 사람들을 모집하기

만나기 어려운 사람들과 포커스 그룹 토론을 수행해야 하는 특별한 연구 질문이 존재하는 경우가 있다. 그 사람들에는 의사, 고위 경영진, 정부 관리 그리고 일련의 다른 전문가들이나 매우 바쁜 사람들이 포함된다. 그런 사람들을 포커스 그룹에 참여시키는 것이 불가능하지는 않겠지만, 헌신적인 노력을 필요로 할 수는 있다. 많은 경우에, 개별적인 면담을 하는 것이 더 쉽고 더 적은 비용으로 일정을 잡을 수도 있다. 그렇지만 그런 사람들과 포커스 그룹을 수행하는 게 필요할 수 있다.

모집하기 어려운 사람들에게 접근할 수 있는 다른 한 가지 방법은 그들이 자주 모이는 장소로 가는 것이다. 전시회, 전문 컨벤션 및 콘퍼런스 그리고 비즈니스 회의는 흔히 포커스 그룹을 구성하고 수행할 수 있는 좋은 장소가 된다. 이벤트 전에 또는 현장 앞에서 집단을 모집할 수도 있다. 일반적으로 그런 집단들은 칵테일파티나 참여자들을 위한 다른 이벤트를 실시할 것이다. 일부 조직에서는 종종 매력적인 장소에서, 그들의 콘퍼런스를 후원해 주기도 하는 경우가 있으며, 이러한 경우에는 그런 사람들에 대한 접근을 획득할 수 있다. 그러한 환경에 있는 경우에는 일반적으로 참여를 위한 인센티브가 필요하지 않다. 고위 경영진의 포커스 그룹은 다른 장소보다 공항에서 계획하는 것이 종종 더 쉽다. 공항은 몇몇 사람들이 단순히 기다리면서 상당량의 시간을 소비하는 장소이고 면담 또는 포커스 그룹이 일부 시간을 채우는 하나의 방법이 될 수가 있다. 의사들은 종종 면담 장소가 그들이 근무하는 병원이라면 보다 쉽게 모집되는 경우가 있을 수 있다. 어떤 경우에는, 그들에 대한 접근권을 획득하기 위해서 시급을 제공할 필요가 있을 수 있다.

특별히 창의적인 어떤 전자통신 회사는 대기업들의 CEO들과 이야기를 할 필요가 있다고 결정했다. 그 사람들은 극도로 바쁘기 때문에 같은 장소에서 만난다는 것은 사실상 불가능하였다. 그 전자통신 회사는 거부하지 못할 정도로 좋은 제안을 하였다. 이 회사는 크루즈 선박을 전세로 빌렸고 CEO들과 그 배우자들을 2박 3일짜리 주말 크루즈 여행에 초대하며 모든 경비를 지불한다고 하였다. 이 회사에서는 200명 이상의 CEO들을 크루즈 여행에 끌어들이는 데 성공하였다. 이 크루즈 여행은 상당한 비용을 필요로 하였지만, CEO들을 3일 동안 꼼짝없이 조사 대상으로 삼는 것은 비용을 치를 만한 가치가 있었다.

최근 들어 어린아이를 가진 일하는 엄마가 점차 면담하기 어려운 집단이 되고 있다. 아기돌봄 서비스를 제공하는 것이 이들의 참여를 획득하기 위한 하나의 전제조건이 된다. 쇼핑몰 장소에서 포커스 그룹을 열고 포커스 그룹을 전후로 하여 1시간 동안 아기돌봄 서비스를 제공하는 것이 참여를 위한 추가적인 동기부여가 된다.

어떤 집단을 모집하기 위한 열쇠는 잠재적인 집단 구성원들이 어디에서 어떻게 시간을 보내는지, 참여를 어렵게 만드는 어떤 장애물이 존재하는지, 그 집단이 어떤 보상을 가치 있게 생각하는지를 이해하는 것이다. 이러한 이해가 포커스 그룹에 참여하기 가장 적절한 장소를 제공하고, 장애물을 제거하고 보상을 제공하기 위한 방법이 포함된 모집 계획을 개발하기 위한 기초를 제공한다.

포커스 그룹을 수행하는 데 있어서의 가장 큰 장애물은 8명에서 12명의 사람들을 같은 장소와 시간에 동시에 오도록 해야 한다는 점이다. 시간은 현대사회에서 유한한 자원이다. 평균적인 사람들의 시간 예산은 재정적인 예산보다 더 한정되어 있을 수 있다. 집단에 왔다갔다 하는 시간과 더불어 포커스 그룹 토론에서 1시간 반 내지 2시간을 사용할 것을 사람들에게 요구하는 것은 개인적으로 상당한 희생을 요구하는 것이다. 스케줄을 재정돈하거나, 저녁식사를 포기하거나, 아이돌보미를 찾거나, 낯선 장소로 이동하는 것은 많은 잠재적 포커스 그룹 구성원들에게 너무나 큰 희생이다. 사실상, '시간 빈곤' 증가로 인해서, 포커스 그룹에 참여하는 사람들의 일반적인 생활양식에 대한 약간의 우려가 발생한다.

연구자는 참여자들의 희생에 대하여 민감해야 하고, 그것을 가치 있게 생각해야 한다. 50달러의 사례비는 직장에서 가정으로 가는 길을 3시간 동안 우회한 것에 비해 많은 것이 아니다. 특히 아이들을 위한 돌보미에게 시간당 10달러를 지급해야 할 때는 더욱 그렇다. 연구자의 오만이 포커스 그룹이 실패하는 가장 중요한 단일 요인일 수도 있다. 그들에게 제공되는 보상과 기타 사례에 관계없이, 참여자들은 연구자와 그의 연구 후원자들을 도와주고 있는 것이다. 이러한 사실을 인지하고 참여자들의 잠재적인 희생에 대해 감사하는 마음을 갖는 것이 포커스 그룹을 계획하기 위한 좋은 출발점이 된다.

## 집단의 언어

점차 다양한 언어가 활용되는 세상에서, 포커스 그룹 참여자를 모집할 때 반드시 확인해야 할 것은 토론을 어떤 언어로 할 것인가다. 어떤 주제에 대해 논의하기 위해 모이는 모든 사람이 같은 언어를 사용할 것이라고 기대하는 것은 때때로 비합리적이다. 어떤 단체에서는 참여자들을 위한 동시통역을 제공하기 위해 헤드셋을 사용하기도 했지만, 복수의 언어로 포커스 그룹을 수행하는 것은 거의 불가능하다. 그러한 공학기기의 도움이 있을 때조차도, 언어의 세부적인 묘사는 흔히 통역에서 제외된다. 즉, 포커스 그룹 토의에서 사용할 언어를 결정하는 것이 중요하다. 토론을 프랑스어로 하려면 프랑스어를 할 수 있는 참여자들을 모집해야 한다. 서로 다른 언어들을 말하는 사람들과 집단 토의를 할 필요성이 있다면, 서로 다른 언어를 사용하는 복수의 집단들을 계획할 필요가 있다.

집단의 언어가 명확할 때라도, 참여를 위해 모집된 참가자들이 그 언어를 유창하게 구사하는지를 여전히 확인해야 한다. 단순히 유창한 것이 아니라, 빠른 속도로 상호작용하는 토론에 참여할 수 있을 만큼 유창해야 한다. 언어가 관심사항이 될 때는, 모집 과정에 유창성을 사정하기 위한 수단이 되는 요소들과 사람들을 포함해야 한다. 그렇지만 언어가 항상 가장 심각한 이슈가 되는 것은 아니다. 문화적 차이 또한 중요하다.

## 서로 문화가 다른 참여자들을 모집하기

서로 문화가 다른 사람들 또는 당신의 문화와 다른 문화권에 있는 사람들을 모집하는 데는 흔히 지역 문화를 고려하는 서로 다른 접근법들이 필요하다. 몇몇의 경우에, 특히 개발도상국의 지방 지역에서의 참여자들인 경우에는 연구자 및 조정자가 잠재적인 참여자들에게 접촉하기 이전에 먼저 지역사회 구성원들과의 신뢰를 형성해야 한다(Eide & Allen, 2005). 그러한 신뢰 구축은 지역사회 지도자들 및 유지들과의 관계를 구축함으로써 정상적으로 성취될 수 있다. 잠재적인 참여자들에게 접근할 수 있는 또 다른 방법은 '문화적 중개인'을 고용하는 것이다. Eide와 Allen(2005)는 문화적 중개인을 "문화적으로 서로 다른 개인이나 집단들을 연결시키는"(p. 6) 사람들이라고 정의하였다. 어떤 경우든 모집 전략은 지역사회 지도자들 또는 문화적 중개인들과 확립한 관계로부터 자라나는 눈덩이 효과에 의존한다.

지역사회 지도자 또는 문화적 중개인을 고용하면 그 자체로 문제가 발생할 수도 있다는 점을 유념해야 한다. 예를 들어, 어떤 지도자들/중개인들은 지역사회 구성원들에 대한 접근을 통제하거나(Liamputtong, 2008), 잠재적 참여자들이 포커스 그룹에 참여하도록 강제하거나(Colucci, 2008), 또는 단순히 누가 포커스 그룹에 참여하고 참여하지 않을지를 통제하는 문지기 역할을 선택할 수도 있다. 즉, 조정자가 포커스 그룹 회기를 시작하는 단계에서부터 연구의 자발적 특성을 참여자들에게 상기시키는 것이 중요하다. 집단 구성원들이 관심 모집단 지역사회를 얼마나 대표할 수 있는지를 사정하는 것 또한 중요하다.

일부 문화권에서의 또 하나의 잠재적으로 민감한 이슈는 남성과 여성 사이의 상호작용에 관련된 성 역할과 규준에 관련된 것이다. 일부 문화권에서는, 특히 이러한 문화권의 지방 지역에서, 남성이 지역사회 지도자들과의 접촉을 개시하는 것이 필수적인 경우가 많다(Vissandjée, Abdool, & Dupéré, 2002). 그렇지만 이런 지역에 있는 여성들에게 이야기하려면, 여성이 모집 과정 자체에 개입하는 것이 나을 것이다. 언제 혼성 집단이 수용 가능한지를 알아야 하고, 수용 가능한 때라고 해도, 혼성 집단에서 어떤 주제가 토의하기에 적절한지 아는 것도 중요하다. 또한 연령에 따라 기대 수준에 차이가 있을 수도 있다. 예를 들어, 일부 문화권에서는 젊은 사람들은 연장자를 따라야 한다는 일반적인 기대가 있다. 그런 문화권에서는 폭넓은 연령 범위의 참여자로 구성된 포커스 그룹에서는 젊은 참여자들의 견해를 이끌어 내기가 쉽지 않을 것이다.

이상적으로는, 친숙하지 않은 문화권에서 포커스 그룹 연구를 수행할 때, 그 문화권에 대한 지식을 가진 동료 연구자들의 목록을 나열해 보는 것이 매우 유용할 것이다. 이러한 방법은 단일 국가 안에서도 유용한데, 그 나라가 서로 다른 많은 문화적 집단들로 구성되어 있을 때에 그렇다. 사실상 이것은 갱들, 일부 종교집단, 재소자들, 이민 노동자들, 그리고 독특한 상호작용의 규준과 패턴을 가진 기타 집단들처럼 주류 문화권 외부에 존재하는 하위문화권을 다룰 때에 좋은 충고가 된다.

면담 안내서의 개발을 시작하기 전에 포커스 그룹에 누가 참여할 것인지를 확인하는 것이 중요하다. 왜냐하면 질문의 종류, 토의의 초점, 그리고 질문할 때 사용할 단어들조차 그 집단에 적합해야 하기 때문이다. 일련의 고도로 공학적인 질문들은 학위를 가진 기술자들이나 의사들에게 이야기할 때 매우 생산적인 토의를 위한 기초를 제공할 수 있지만, 비공학적인 집단에게는 완전히 의미가 없는 것이다. 고도의 교육을 받은 사람들이라고 해도, 청중에 따라 적합한 질문을 필요로 한다. 의료적 장치에 대한 질문들도 그것을 사용하는 의사들에게 질문할 때와 그것을 고안한 공학자들에게 질문할 때는 서로 달라야 한다. 면담 안내서의 개발이 이 장의 후반부에서 다룰 초점이 된다.

# 面담 안내서의 개발

면담 안내서는 포커스 그룹 토의의 주요 안건을 설정한다. 그것은 연구의 추동력이 되는 연구 질문으로부터 직접적으로 나와야 한다. 참여자들의 선정 및 모집과 마찬가지로, 연구 어젠다와 그것에 관련된 모든 질문이 명확하게 나타나서 연구에 관심을 가진 모든 당사자들에 의해 합의되기 전에는 면담 안내서 구성이 진행되어서는 안 된다.

면담 안내서의 개발은 포커스 그룹 조정자의 단독 책임이 아니다. 사실, 연구 어젠다가 확립되고 예비적인 면담 안내서의 초안이 나올 때까지 조정자가 선정되지 않을 수도 있다. 면담 안내서는 연구에 관심을 가진 모든 당사자들이 협력하여 개발해야 한다. 여기에는 연구를 맡아서 실시하기로 한 연구자들뿐만 아니라 그 정보를 사용할 정책 개발자와 의사결정자도 포함된다. 때가 되면 조정자는 계획 절차를 마련하여 자신이 그 도구에 친숙해지고 질문의 의도를 이해하고 있음을 확인해야 한다. 또한 능숙한 조정자는 어떤 유형의 질문들이 '작동'하는지와 어디에 문제가 있는지에 관한 날카로운 감각도 가지고 있다. 조정자는 면담 안내를 실시해야 하는 사람이므로, 조정자의 전문성과 기술 및 경험을 존중하는 것이 현명하다.

면담 안내서를 계획할 때, 그 목적이 집단 토의를 위한 안내서를 제공하는 데 있다는 것을 기억해야 한다. 단순히 '예'/'아니요'라는 답을 끄집어내기 위한 것이 아니다. 포커스 그룹 면담 토의 안내서는 조사 질문지의 구어판이 아니다. 조사 질문지는 목적이 다르기 때문에 포커스 그룹 면담 안내서보다 상당히 다른 구조를 제공한다. 또한 흔히 조사 질문지는 질문과 잠재적 답안들을 모두 제공하여, 조사 참여자가 답안을 선택하도록 한다.

## 질문의 형성

집단의 구성과 더불어, 성공적인 포커스 그룹 계획에서의 핵심 요소는 질문의 형성이다. 질문은 집단 토의를 위한 어젠다의 역할을 하고, 좋은 질문은 집단 구성원들 사이의 근본적인 상호작용을 이끌어낸다. 좋은 질문을 개발하는 방법에 관한 많은 문헌들이 있다. 아마도 질문 개발의 주제에 관해 저술된 역대 최고의 책은『The Art of Asking Questions』(Payne, 1951)일 것이다. 다른 유용한 자원에는 Bradburn, Sudman, 그리고 Wansink(2004), Schaeffer와 Presser(2003), 그리고 이 책에서 참조하고 있는 포커스 그룹 연구에 대한 몇 가지 실용적인 안내서들이 포함된다.

면담 안내서를 개발할 때, 다음의 두 가지 일반적 원리를 살펴야 한다. 첫 번째, 질문들을 일반적인 것에서 구체적인 것의 순으로 나열해야 한다. 이것은 가장 일반적이고 비구조화된 질문이 앞에 오고, 일반적인 질문들에 대한 구체적인 반응들을 알아보는 실제적인 질문들이 안내서의 뒷부분에 배치되어야 함을 의미한다. 두 번째, 질문들을 연구 어젠다에 대한 상대적 중요성에 따라 나열해야 한다. 즉, 가장 중요한 질문이 안내서의 앞이나, 윗부분에 배치되고 반면에 덜 중요한 질문들을 끝 쪽에 배치해야 한다.

이러한 두 가지 원리는 서로 상충되는 것으로 보일 수 있고, 실제로 자주 상충되지만, 한 가지 특정한 주제에 대한 일반적 질문들로 시작하여 이 주제에 대한 구체적인 질문들로 나아가고, 그러고 나서 다시 또 다른 일반적 질문으로 돌아가는 어젠다를 설정하는 것이 흔히 가능하다. 명백하게 토의 주제가 매우 밀접하게 관련되어 있거나 한 가지 주제에 관한 특정 질문들에 대한 답변들이 나중에 거론될 일반적인 질문들에 대한 반응에 영향을 미칠 수 있을 때에는 이러한 접근 방법이 별로 효과적이지 않다.

궁극적으로, 연구자는 일반적─구체적 규칙과 최대 중요─최소 중요 규칙 사이에서 트레이드오프하는 판단의 연습이 필요할 것이다. 일부의 경우에, 매우 중요한 질문들이 많을 때 유일한 해결책은 각각 다른 면담 안내서를 가지고 서로 다른 많은 포커스 그룹을 사용하는 것일 수도 있다. 또한 집단들이 그들 자신의 고유한 삶을 가지고 있다는 것을 인정하면서, 그 어젠다가 토의의 자연적인 흐름에 따라 지배되도록 하는 것도 중요하다. 즉, 면담 안내서는 단지 안내서일 뿐이므로, 조정자와 집단은 안내서 수정이 필요하고 유용하다면 수정을 허용하여야 한다. 이러한 수정은 두 모임이 계획되어 있고 일련의 질문이 첫 번째 모임에게 '유용하지' 않아서, 두 번째 모임을 위해서 이러한 질문들을 바꾸거나 삭제해야 할 때에 발생할 수 있다.

면담 안내서의 계획에서 고려해야 할 또 다른 요인은 특정한 주제를 토의하기 위해서 필요한 노력의 양이다. 모든 사람을 지치게 하지 않고 2시간을 초과하는 모임시간 연장은 실제적으로 불가능하다. 일부 주제는 다른 주제에 비해 빠르게 인지적 피로감을 만들어 낸다. 매우 공학적인 주제나 정서적으로 부담이 있는 주제는 참여자들을 보다 쉽게 지치게 할 것이고, 면담 안내서는 이러한 사실을 반영해야 한다. 주제가 참여자의 편에서 상당한 에너지와 노력을 필요로 할 가능성이 있다면, 면담 안내서는 더 짧고 더 적은 질문을 담고 있어야 한다.

## 질문의 수?

정해진 시간 안에 다룰 수 있는 주제나 질문의 수를 판단하는 것은 쉽지 않다. 서로 다른 집단들은 같은 주제에 관해 근본적으로 다른 양의 시간을 사용할 것이다. 그리고 한 집단에서 길게 집중적으로 토의되었던 것이 또 다른 집단에서는 관심이 없는 것이 될 수도 있다. 제2장에서는 다양한 집단 구성에 의해 각각의 주제들을 다루기 위해 요구되는 시간의 양에 영향을 미칠 수도 있는 몇몇 요인들에 관해 알아보았다. 매우 동질적인 집단은 빠르게 많은 질문들을 해결해 갈 수 있다. 반면, 많은 차원에서 이질적인 사람들로 구성된 집단은 적은 수의 질문에 대해서도 큰 진통을 겪을 수 있다. 경험이 있는 조정자는 특정 주제에 관해 다룰 수 있는 자료의 양에 관하여 약간의 안내를 제공할 수 있다. 일반적으로 주제가 복잡할수록, 주제가 정서적으로 더 많이 관련될수록, 또는 집단 안에서 주제에 관한 견해의 이질성이 심할수록, 다룰 수 있는 주제와 특정 질문들의 수는 더 적다.

실제로, 면담이 진행됨에 따라 조정자가 참여자들의 반응을 정확히 알아보기 위해 상당한 범위의 새로운 질문을 추가하지만, 대부분의 면담 안내서는 12개 이하의 질문들로 구성된다. 포커스 그룹 면담은 역동적이고 독특한 훈련이지만, 새로운 질문을 할 수 있는 융통성이 면담의 성공에 매우 중요하다. 토의가 진행될 여러 방향을 예측해 보는 것이 면담 안내서를 계획하는 동안에 도움이 될 것이다. 그렇지만 포커스 그룹을 수행하는 한 가지 이유가 토의할 주제에 관한 정보의 부족이기 때문에, 이렇게 해 보는 것이 실용적인 경우는 많지 않다.

몇 개의 포커스 그룹들을 수행하는 연구자에게 유용한 한 가지 선택지는 단계적 면담 안내서(rolling interview guides)다. 전에 언급했듯이, 면담 안내서는 첫 번째 집단을 위해서 개발되는 것이다. 그다음에는, 첫 번째 집단 토의의 성과에 기초하여, 두 번째 집단에서 사용하기 위해 안내서를 개정한다. 두 번째 집단에서 획득한 정보를 사용하여 면담을 재수정할 것이고, 그런 식으로 전체 과정을 반복한다. 이러한 과정을 연구자에게 편안한 안내서가 개발될 때까지 또는 모든 집단의 면담이 완수될 때까지 계속할 수 있다. 그렇지만 이러한 접근법과 관련된 한 가지 심각한 불이익은 집단 사이의 비교가 더욱 어려워진다는 점이다. 단계적 면담 안내서를 사용한다면, 집단에서 정확하게 같은 질문들에 대해 답변할 필요가 없어진다. 이러한 불이익에도 불구하고, 단계적 면담 안내서는 활용 가능한 유일한 대안이 될 수 있고 대개 복수의 포커스 그룹들을 가장 잘 이용하도록 해 주는데, 왜냐하면 정보가 시간의 경과에 따라 펼쳐져서, 한 주제에 대해 더 많은 것이 발견되기 때문이다.

## 구조의 수?

면담 안내서에 있는 질문들이 조사지와 비슷해서는 안 된다고 언급하였다. 오히려 토론자들을 위해 잠재적 반응을 최대화할 수 있는 기회를 제공하도록 구조화되어야 한다. 그럼에도 조사지 같은 고도로 구조화된 질문들을 피했을 경우에도 질문들을 계획할 때 사용할 구조화의 정도에 관하여 상당한 선택이 가능하다. 질문의 구조화를 완전히 제거하는 것은 불가능하겠지만, 상대적으로 비구조화된 질문들을 계획하는 것이 가능하고 많은 경우 바람직하다. 그러한 상대적으로 개방적인 질문들은 응답자들이 질문에서 확인된 일반적인 자극의 모든 측면을 실제적으로 참조할 수 있도록 허용한다. 응답 자유의 정도가 높다. 예를 들어, 상대적으로 비구조화된 질문은 다음의 형식 중 하나를 취할 수 있다.

XYZ에 대하여 어떻게 생각합니까?

당신이 그 프로그램을 시청할 때 어떤 생각이 듭니까?

XYZ을 처음 보았을 때 무슨 생각을 했습니까?

(특정 행동을 언급하면서) 어떻게 하는 겁니까?

왜죠?(항상 유용한 후속질문이 된다)

이러한 질문들이 질문 안에서 참조되는 자극 대상의 모든 특정한 측면이나 차원에 주목하도록 하지는 않는다. 응답자들은 어떤 측면이나 차원을 선택할 수 있고, 그들이 선택한 것은 중요한 함의를 가질 수 있다. 보다 구체적으로, 응답자들이 처음으로 선택한 그러한 이슈들은 가장 기억할 만하거나, 중요하거나, 가장 핵심적인 것들이기 쉽다(Krueger & Casey, 2001). 이러한 일반적인 규칙에 대한 예외는 위협이 되거나 매우 민감하거나 잠재적으로 당혹스러울 수도 있는 주제들이다.

응답자가 주목해야 하는 자극 대상의 차원들 또는 측면들에 대한 정보를 제공함으로써 질문 속에 구조화를 도입할 수 있다. 즉, 질문에 있는 자극 대상의 개별 차원에 대하여 응답자들에게 질문하는 것이다.

당신은 부가가치세가 부유한 사람들 또는 가난한 사람들에게 도움이 될 거라고 생각합니까?

X 자동차의 안전성에 대하여 당신은 어떻게 느끼고 있습니까?

당신은 언제 위젯을 사용합니까?

대안적으로, 그 질문이 개별적인 자극 대상에 대해 주목하도록 만들 수도 있다.

향수 광고에 나오는 여성에 대하여 당신은 어떤 느낌이 들었습니까?

그 대변인이 믿을 만하다고 생각했습니까?

전에는 알지 못했던 광고를 보고 당신은 무엇을 배웠습니까?

일반적으로, 덜 구조화된 종류의 질문들이 많이 구조화된 질문들에 비해 선행될 것인데, 왜냐하면 보다 많이 구조화된 질문들은 보다 직접적이고 반응의 방향을 설정하는 경향이 있기 때문이다. 보다 많이 구조화된 질문들은 특정한 답변을 암시하지는 않지만, 토의를 특정한 방향으로 진행되게 하고 범위를 좁히는 경향이 있다.

포커스 그룹 면담에서는 구조화를 덜 하는 것이 더 나은 것으로 나타나고 있지만, 항상 그런 것은 아니다. 일부 사람들은 반응을 조율하는 데 도움을 필요로 한다. 핵심 어휘나 단서를 제공하는 것이 응답자가 답안을 만들어 내는 데 도움이 될 수 있다. 다른 경우에는, 가장 뚜렷하고 응답자들에게 쉽게 기억되는 자극 대상의 측면들이 연구자가 기본적으로 관심을 가진 측면들이 아닐 수도 있다. 이것은 흔히 연구자가 믿음과 감정의 충분한 소통에 관심을 가지는 의사소통 연구에서 발생하지만, 응답자는 단지 의사소통의 가장 명백한 측면들만을 회상할 수 있다. 의사소통의 덜 분명하거나 기억할 만한 부분들을 이끌어 내기 위해서는, 보다 구체적인 단서들―의사소통의 측면들―이 필요할 수 있다. 반면에, 면담자가 답을 하는 심정으로, 응답자들을 주도하지 않는 것이 중요하다.

질문을 바꾸어서 말해 주는 것은 도움이 될 수 있지만, 응답자가 말해야 할 것을 제안하는 것은 적절하지 않다. 능숙한 조정자는 다른 집단 구성원들이 그 질문을 해석하거나 다시 말하게 함으로써 이러한 문제를 다룰 수 있다. 그렇지만 또 하나의 집단 구성원이 단순히 답을 제안할 수 있기 때문에, 이렇게 하는 것이 항상 실행 가능하지는 않다. 그렇다 해도 또 다른 집단 구성원들이 연구 어젠다의 조정자보다는 잘 모르기 때문에 이렇게 하는 것이 보다 바람직하다. 구조의 양을 결정하는 데 있어서의 가장 중요한 이슈는 제3장에서 언급한 내부적 자료 수집 방식의 보존이다. 포커스 그룹들은 응답자들이 세상을 어떻게 구조화하는지를 결정하기 위해 계획되는 것이지, 세상이나 특정한 현상이 어떻게 구조화되는가에 대한 연구자의 견해에 응답자들이 어떻게 반응하는지를 결정하기 위한 것이 아니다.

보다 구조화된 질문은 응답자들이 특정 반응에 대하여 확신하지 못하거나 당황해할 때 유용할 수 있다. 자극 대상의 한 측면이나 대상에 대한 반응이 매우 뚜렷할 때조차도, 잘못되는 것에 대한 두려움이나 당황함으로 인해 그것이 상대적으로 비구조화된 질문에 대한 반응의 일부로서 제공되어서는 안 된다. 그러한 상황에서는 조정자의 능숙한 탐사가 필요하다. 또한 추가적인 구조를 제공하는 것은 그 주제에 대한 관심을 가질 것을 제안함으로써 또는 그러한 반응들이 수용 가능한 것이라는 점을 의사 전달함으로써 그러한 반응을 일으키는 데 기여할 수 있다.

포커스 그룹의 목표가 토의를 자극하는 것이기 때문에, 직접적으로 한두 단어의 반응을 요구하는 질문은 피해야 한다. 단순히 '예' 또는 '아니요'로 대답할 수 있는 질문들은 거의 정보를 제공하지 않으며 토론을 억누르게 된다. 동의-부동의 류의 폐쇄형 질문들—또는 특정한 반응군을 제안하는 질문들—은 조사 연구에서는 적절할 수 있지만, 포커스 그룹 연구에서는 거의 사용되지 않는다. 어떻게, 왜, 어떤 조건에서와 같은 단어들을 포함하는 질문들, 그리고 비슷한 탐사 질문들은 연구자가 복잡성에 관심이 있으며 토론을 촉진하기를 원한다는 것을 응답자들에게 암시해 준다. 한편, 가끔 있을 수 있는 집단 '투표'는 집단의 에너지를 증가시킬 수 있고 정교한 토의를 지속하기 위한 기초를 제공한다.

질문의 형식과 특징은 포커스 그룹 토의에서 구조화의 정도를 결정하는 유일한 요인이 아니다. 집단 자체의 구성뿐만 아니라, 조정자의 스타일과 성격 또한 구조화의 정도와 그것의 바람직성에 영향을 미친다. 즉, 우리는 제5장과 제6장에서 구조화의 이슈로 다시 돌아갈 것이다. 그때, 조정자의 영향력과 포커스 그룹이 수행될 수 있는 방식들을 검토할 것이다.

## 질문의 단어 선택

응답자들은 그들이 이해하는 질문에만 유의미한 반응을 할 수 있다. 이것은 단순히 응답자들이 이해하는 언어로 표현되어야만 함을 의미한다. 길고, 복잡하고, 여러 부분으로 구성된 질문은 이해하기 어려운 동시에 대답하기 곤란하며 그 집단을 성가시게 한다.

질문의 단어가 구성되는 방식 또한 응답자들을 당황하게 하거나 방어적으로 만들 수 있다. 이러한 상황은 피해야 하고, 대부분의 경우에 응답자를 위협하거나 당황하게 하는 상황을 피하여 질문할 수 있다. 예를 들어, "왜 당신의 아이가 의사의 정기검진을 받도록 하지 않습니까?"라는 질문은 응답자를 당황스럽게 할 수 있다. 같은 질문을 다음과 같이 다시 할 수도 있다. "무엇이 당신이 당신의 아이를 당신이 원하는 만큼 자주 검진을 받지 못하도록 방해합니까?" 조정자가 다른 집단 구성원들이 이러한 질문을 하게 하거나 자연적인 토론의 흐름 속에서 질문을 하는 방식으로 집단의 반응을 표현하도록 할 수도 있다. 이렇게 하는 것이 흔히 응답자의 불안 또는 당황을 감소시킨다. 그리고 능숙한 조정자는 직접적으로 질문하는 것보다 한 주제를 끄집어내기 위해 언제 이러한 기법을 사용해야 할지를 알 것이다. 이러한 상황에서는, 간접적인 투사적 기법들이 민감한 주제에 대한 자료를 끄집어내는 데에 흔히 유용하다. 약간의 사전 숙고와 민감성이 당황스럽고 위협적인 질문을 예방하는 데 많은 도움이 되며, 활력 있고 수다스러운 집단과 뚱하고 불편할 정도로 조용한 집단의 차이를 만들어 낸다.

## 사전검사

면담 안내서를 사용하기 전에 그것을 시험해 볼 수 있는 방법은 없다. 연구자와 조정자가 아무리 경험이 많고 아무리 철저하고 성실하게 계획했을지라도, 응답자들이 질문을 해석하고 반응하는 방법을 미리 예측하는 것은 불가능하다. 전문적인 연구자들은 일반적인 사람들이 아니며, 그들이 아무리 능숙하다고 해도, 일반적으로 그들이 만든 질문들이 연구 모집단을 대표하지는 않는다. 이것은 적어도 어느 정도의 사전검사를 하는 것이 적절하다는 것을 의미한다. 그러한 사전검사는 소규모의 모의 포커스 그룹에서부터 단순히 몇 사람들에게 질문을 해 보는 것에 이르기까지 다양한 형식을 취할 수 있다. 최소한 사전검사에 포함되는 사람들은 면담 안내서의 계획에 관련되어서는 안 되며 연구의 목적을 알지 못해야 한다. 가능하다면 실제 포커스 그룹에 참여할 사람들을 대표하는 응답자들에 대해 사전검사를 실시하는 것이 매우 바람직하다.

면담 안내서에 대한 사전검사 실시는 질문의 단어 구성이 적절한가 아닌가를 결정하고, 질문들이 토의를 이끌어 내는가 아닌가를 결정하고, 그리고 쉽게 이해되지 않는 질문들을 확인할 기회를 제공한다. 그렇지만 면담 안내서는 연구도구의 단지 한 부분임을 명심해야 한다. 집단 그 자체와 조정자 또한 연구도구의 부분들이다. 이것은 집단 상황 밖에서 전체 연구도구를 충분하게 사전검사하는 것은 불가능하다는 것을 의미한다.

## 🏰 미래를 위한 이슈와 경향

포커스 그룹 참여자들의 수 및 그 집단에서 제시할 질문의 종류와 수에 대한 결정은 별도의 고려사항이지만, 그것들은 불가피하게 서로 상호작용하며 집단 토의의 질과 효과성에 강력한 영향을 미친다. 매년 수천만 달러를 포커스 그룹에 소비하는 마케팅 연구 분야에서, 이러한 이슈들에 관련된 세 가지 경향이 이론적 기원 및 계획이 매우 다른 포커스 그룹들을 장려하는 효과를 나타내었다. 첫째, 관리자들과 참여자들의 시간빈곤으로 인해 회의를 빠르게 마무리 짓는 더 짧고, 본론만 이야기하는 포커스 그룹들로 서서히 옮겨 가는 결과를 초래하였다. 이러한 결과가 반드시 그 자체로서

해로운 것은 아니지만, 관리자들이 일반적인 포커스 그룹의 업무 부담을 유의하게 증가시키고 말았다. Naomi Henderson(2004)은 수십 년 전과 비교하여, 오늘날의 조정자들이 같은 시간 동안 2배 나 많은 질문을 다루어야 한다고 추산하였다. 이것은 포커스 그룹 의 전반적인 질을 낮추는 결과를 가져왔다.

둘째, 75분 동안 35개에서 40개의 질문들을 처리해야 하는 조정 자들은 서두르기 쉽고 응답자들의 반응들을 제대로 탐색하지 못한 다. 집단 구성원들은 비교적 간결한 응답을 해서 회의가 진행되도 록 하는 것이 좋다는 생각을 빠르게 하게 된다. 이러한 방식을 구 체화하는 포커스 그룹들은 실제로 포커스 그룹 심층 면담보다는 집단 내 설문조사에 더 가깝다. Rook(2003)은 질문의 수, 참여자 그 리고 배분된 시간을 선택하는 데 관련된 균형을 미리 더 잘 이해하 기 위한 근간을 제공한다.

마지막으로, 포커스 그룹 토론 안내서는 대체로 소비자들의 구 매 행동, 동기, 그리고 지각을 직접적으로 질문하는 데 의존하는 경향이 있다. 이는 중요한 이슈들이지만, 많은 상황에서 소비자들 은 원하는 정보를 제공할 수 없거나 하려고 하지 않을 수 있다. 많 은 질문들은 민감성, 당혹스러워할 가능성 또는 사회적 바람직성 요인에 의해 영향을 받는다. 그래서 포커스 그룹 응답자들은 답변 을 거부하거나 왜곡시킬 수도 있다. 또한, Gerald Zaltman(2003)이 그의 책 『How Customers Think』에서 증명했듯이, 사람들은 단순 히 마음속 깊이 자리 잡은 감정들과 비구어적인 이미지들을 구어 적으로 표현하지 못할 수도 있다. 최근에, (집단 및 개인면담에서) 투사적 연구 방법의 사용이 급증하는 것은 그러한 주제들에 대한 자료를 간접적으로 이끌어 내는 투사적 방법의 독특한 장점 때문이라고 할 수 있다.

## 결론

포커스 그룹을 위한 참여자의 선정과 모집은 계획 과정의 중요한 부분이다. 포커스 그룹이 미리 예측할 수 있는 통계적 결과를 산출하기 위해 계획된 것이 아니라는 사실이 응답자들을 모집할 때 조심할 필요가 없음을 말하는 것은 아니다. 모든 연구에서, 연구 질문에 적합하다고 확인된 모집단에서 응답자를 선정하여야 한다. 마찬가지로, 면담 안내서는 조심스럽게 그리고 연구 문제에 대한 분명한 이해를 가지고 계획해야 한다.

포커스 그룹은 되는 대로 우연히 함께 모인 사람들의 집단 속에서 실시되는 임의의 토의가 아니다. 오히려 그것들은 잘 구성되었지만 느슨하고 융통성 있는 면담 안내서를 따르는 능숙한 조정자에 의해 안내되는, 신중하게 선정된 사람들 사이에서 이루어지는 집단 토의다. 궁극적으로, 집단의 구성, 면담 안내서의 구조화 그리고 면담의 장소는 잘 정의된 연구 목표를 따라야 한다. 모든 다른 연구와 마찬가지로, 포커스 그룹 연구는 잘 성립된 목적을 가지고 시작되고 안내되어야 한다.

# ☗ 복습 질문

1. 연구 어젠다 또는 연구 문제의 설정이 왜 포커스 그룹 참여자 모집과 면담 안내서의 계획에서 첫 단계로 필요한가?

2. 포커스 그룹에서 응답자들을 선정할 때 사용하는 가장 일반적인 표집 유형이 왜 편의 표집인가? 참여자들을 모집하기 위한 이러한 접근법의 상대적 장점과 단점은 무엇인가?

3. 포커스 그룹의 구성에 왜 주의를 기울여야 하는가? 개별 집단의 구성을 결정할 때 어떤 요인을 고려해야 하는가?

4. 잠재적인 집단 구성원들의 참여를 보장하기 위해서 연구자는 어떤 단계들을 취해야 하는가?

5. 포커스 그룹의 참여를 위해서 어떤 종류의 사람들이 모집하기 어려운가? 왜 그런가? 확인된 각각의 집단에 대하여, 그들의 참여 가능성을 증가시키기 위한 방법들을 나열해 보라.

6. 포커스 그룹 면담 안내서의 목적은 무엇인가? 그러한 안내서는 조사 설문지와 어떻게 다른가? 이러한 차이가 나는 이유는 무엇인가?

7. 면담 안내서 계획을 지배하는 두 가지 주요 규칙은 무엇인가? 이러한 두 가지 원리 사이의 갈등을 어떻게 해결할 수 있는가?

8. '단계적' 면담 안내서는 무엇인가? 그것을 왜 사용하는가? 그것의 장점과 단점은 무엇인가?

9. 상대적으로 구조화된 질문은 무엇인가? 포커스 그룹 질문에 어떻게 구조화를 도입해야 하는가? 구조의 사용은 왜 필수적인가?

10. 포커스 그룹 면담 안내서에서 사용하는 질문들의 단어 선택에서 어떤 요인들을 고려해야 하는가? 이러한 요인들은 왜 중요한가?

11. 면담 안내서를 개발할 때 왜 사전검사가 필요한가? 연구자는 어떻게 면담 안내서를 사전검사해야 하는가?

## 연습

주제를 선정하고, 이 주제에 대한 포커스 그룹 토의에 포함시키고 싶은 사람들의 유형에 관해서 기술해 보자. 그러한 사람들을 어떻게 모집할 것인지 제시해야 한다. 이 주제에 대한 토의를 위한 면담 안내서를 개발해 본다.

# 포커스 그룹 조정자

# 포커스 그룹 조정자

제1장~제4장을 통하여 포커스 그룹으로부터 풍부하고 타당한 통찰을 얻기 위한 핵심 요소 중 하나가 효과적인 조정자라는 점을 시사하였다. 제5장에서는 조정자의 역할에 관하여 검토하고, 조정자의 선정과 훈련에 관련되는 이슈들에 관하여 살펴볼 것이다. 이를 위하여 면접자 효과와 면접에 관한 문헌들(Bloom & Korbmacher, 2013; Kreuter, 2008; Schaeffer, Dykema, & Maynard, 2010; Stewart & Cash, 2011)을 폭넓게 검토할 것이다. 가장 효과적인 포커스 그룹 조정자를 그렇지 않은 경우와 구별하기 위해서는 개인적 요소와 상황적 요소 두 가지 모두를 감안해야 한다. 여기에는 개인적 특성(예: 연령, 성별, 인성), 교육적 배경과 훈련, 조정자로서의 경험과 경력, 그리고 주제에 대한 민감성, 다루어지는 범위와 깊이, 물리적 환경의 적합성, 시간적 제약 등과 같은 상황적 특성들이 포함된다. 포커스

그룹 조정 기술을 숙달한다는 것은 조정자로 하여금 일인 다역을 하도록 요구하는 것이며, 설사 단일한 포커스 그룹을 이끌고 있는 경우일지라도 그것이 진행되고 있는 동안 다양한 역할들을 수행해야 한다는 것을 의미한다. 조정자는 한편으로는 민감성과 공감, 다른 한편으로는 객관성과 공평성 사이의 균형을 맞춰야 하는 골치 아픈 과제를 떠안고 있는 것이다.

중요한 첫 번째 질문은 해당 포커스 그룹의 목적, 구성, 위치 등과 관련하여 갖추어야 할 구체적인 요건에 기초하여 조정자가 선정되었는가 혹은 포커스 그룹 인터뷰 전부는 아니더라도 대부분을 이끌어 갈 수 있는 이상적인 다목적 조정자 역할을 수행할 사람이 존재하는가 하는 것이다. 이 질문에 대답하기 위해서는, 좋은 조정자 혹은 촉진자는 어떠해야 하는지를 조사할 필요가 있고, 그런 다음에는 이러한 요건이나 기준이 한 개인을 대표하는 특징인지, 아니면 조정자의 특정한 특성과 해당 그룹의 특성 간의 상호작용을 요구하는지를 살펴보아야 한다. 예컨대, Karger(1987)는 성공적인 조정자의 특성을 다음과 같이 제시하였다.

"최선의 촉진자는 비간섭적/소극적이면서 카멜레온 같은 특성을 지니고 있다. 포커스 그룹 구성원을 자연스럽게 과정 속으로 끌어들이고, 그들 간의 상호작용을 능숙하게 격려하여 최상의 시너지를 얻을 수 있게 하며, 최소한만 개입하여 그들 간의 상호작용이 자연스럽게 흘러가도록 하며, 개방적이고 심층적으로 경청하고, 침묵을 잘 활용하며, 소비자의 진술을 증류하듯 재생함으로써 보다 정제된 생각이나 설명을 이끌어 내고, 그러면서도 전혀 권위적이거나 비판적이지 않은 자세를 유지한다. 촉진자는 필요한 경우 제반 절차를 능숙하게 이행해 나가고, 생산적인 집단 과정에 해를 끼칠 수 있는 다양한 유형의 골칫거리 참여자들에 대처하기 위해 개입한다."(p. 54)

Stewart와 Cash(2011)는 조정자의 선정이 매우 중요하다고 강조하며 다음과 같이 말하였다.

"면접자는 상호작용과 개방형의, 탐색적 질문을 제기하기 위하여 통찰력 있게 듣는 데뿐만 아니라, 8～10명의 피면접자들이 주고받는 자유로운 상호작용에 막혀 자신의 의견을 표현하기를 주저하거나 방어적인 집단 구성원들을 북돋아 계속 반응을 이끌어 내는 데도 능숙해야 한다."(p. 7)

만약 조정자에 대한 기대가 이와 같이 광범위한 게 사실이라면, 그룹 조정 기술의 이론적 기초가 되는 요소들에 관하여 살펴볼 필요가 있다. 효과적인 조정에 관한 통찰은 연구와 실제에 관한 세 가지 갈래로부터 도출될 수 있다. ① 면접의 기법과 전술, ② 리더십 연구, 그리고 ③ 집단 역동성. 이 세 가지에 관한 지식은, 연구 문제에 관한 적절한 이해와 더불어, 네 가지 측면에서 조정의 효과성을 향상시키는 데 도움이 될 것이다. ① 조정자의 선정, ② 조정자의 준비, ③ 조정의 과정, 그리고 ④ 포커스 그룹 데이터의 분석 (조정자 행동에 따른 의도치 않은 결과에 대한 평가를 포함함).

이 장에서는 주로 조정자를 선정하고 준비시키기 위하여 면접의 원리와 리더십 유형에 관한 지식을 적용하는 데 초점을 맞춘다. 하나의 포커스 그룹을 조정할 때의 집단 역학과 포커스 그룹 데이터의 분석에서 조정자의 역할에 관하여는 제6장에서 상세하게 논의할 것이다. 우선 리더십 유형과 면접 전략에 관하여 간략히 살펴본 후, 다양한 조정 유형에 대한 이것들의 함의가 무엇인지 논의할 것이다. 그리고 이어서 조정자 훈련, 준비 및 선정에 관련된 이슈들에 관하여 논의할 것이다.

## 리더십과 집단 역동성

포커스 그룹 조정자는 자동적으로 그 집단의 명목상의 리더의 역할을 수행하는 위치에 서게 된다. 하지만 이 역할이 정확히 무엇을 수반하게 될지는 집단에 따라 달라질 수 있다. 리더십에 관한 해석(이론)은 매우 다양하여 동기 유발, 사회적 영향력의 발휘, 지시(명령), 그리고 집단 내 구성원에게 바람직한 선례를 제공하는 것과 관련되는 것으로 여겨지는 경우가 많았다. Pennington(2002)은 리더와 리더십을 엄밀히 구별하는 것이 중요하다고 하였다. "리더십은 사회적 영향력으로 간주될 수 있다. 반면에, 리더는 집단 내에서 강력한 위치를 차지한다."(p. 125) 다음의 두 가지 정의는 리더십의 과정적 속성을 설명해 준다.

"리더십은 목표 설정 및 목표 성취를 향한 특정 집단의 활동에 영향을 미치는 과정이다."(Stogdil, 1950, p. 3)

"리더십은 사람 간의 영향력이며, 의사소통 과정을 통하여 특정한 목적이나 목표를 달성하기 위하여, 상황에 따라 행사되고 지시되는 것이다."(Tannenbaum, Wechsler, & Massarik, 1961, p. 24)

리더십에 대한 많은 정의들에도 몇 가지 공통점이 있다. 여기에는 사람들, 영향력, 그리고 목표가 포함된다. 이러한 준거에 의하면, 포커스 그룹 조정자는 리더임에 분명하다. Carter(1954)는 리더에 관한 그의 고전적 연구에서, 리더십에 관련한 특질을 세 가지로 대별하여 제시한 바 있다.

**집단 목표 촉진(facilitation)**, 이것은 특정 집단이 목표를 달성하도록 돕는 데 필요한 능력들(예: 통찰력, 지능, 업무 처리에 대한 방법적 지식과 경험)을 포함한다.

**집단 사교성(sociability)**, 이것은 특정 집단이 지속적으로 원만하게 기능하도록 하는 데 필요한 요소들(예: 사교성, 협조성, 인기)을 포함한다.

**개인의 명성(prominence)**, 이것은 집단의 인정을 받으려는 개인(리더)의 욕망과 관련된 요소들(예: 주도권, 자신감, 지속성)을 포함한다 (pp. 477-484).

제2장에서 밝힌 바와 같이, 리더십의 출현은 성격과 지능 등과 같은 개인적 특성과 그 집단의 응집성, 공존 가능성, 동질성/이질성 등과 같은 개인 간 과정 요소의 영향을 받는다. 여기에 더하여, 의사소통 네트워크에서 점유하는 공간적 지위와 위치와 같은 상황적 변인들이 특정한 개인이 리더가 될 가능성에 영향을 미친다. 예를 들어, 공간적으로 가장 많은 눈맞춤을 할 수 있는 위치에 있는 사람이 리더로 역할을 하게 될 가능성이 더 많다.

　또한 의사소통 네트워크에서 중심의 위치에 있을 경우 리더십 선정과 출현 가능성이 높아진다. 따라서 포커스 그룹 조정자는 명목상의 집단의 리더일 뿐만 아니라, 집단 내에서 중심부 위치를 차지하는 것이 일반적이며, 이로 인해 리더십 역할이 더욱 강화되는 경향이 있다. 물론 이러한 요소들만이 조정자를 리더로 만들어 주는 것은 아니다. 개인적 특질과 행동 특성이 최초 지명된 역할을 수행하는 데 부합해야 하며, 그렇지 않을 경우 그 조정자는 집단 내에서 자신의 리더십 역할 지위를 다른 사람에게 잃게 될 것이다.

　리더십 연구에 대한 전통적인 접근 방식, 즉 특질론은 리더들이 리더가 아닌 다른 사람들과 구별되는, 특정한 특질 또는 특성을 지니고 있다는 가정에 기초한다. 이런 접근에 의하면, 포커스 그룹 조정자들이 그러한 리더 특질을 지니고 있을 거라고 기대할 것이다. Stogdill(1948, 1974)은, 1904년에서 1970년 사이에 이루어진 약 300편의 특질 연구를 리뷰한 결과, 개인적 특성이 성공적인 리더십에 기여하며, 어떤 특질들이 리더십 출현과 효과성에 더 중대한 영향을 미치는지는 특정한 상황적 요소들로 인해 결정될 수 있다고 결론지었다. 한 연구에서 성공적인 리더십과 관련된다고 밝혀진 리더 개인의 특질과 기술을 요약하면 〈표 5-1〉과 같다. 성공적인 리더십과 연관되는 특질들이 상황적 요소 존재 여부에 따라 나타나기 때문에, 연구자들은 다양한 조건하에서의 서로 다른 다양한 리더십 유형의 효과성에 대하여도 연구해 왔다(Durbrin, 2012; Forsyth, 2014; Northouse, 2012; Yukl, 2013 참고).

〈표 5-1〉 성공적인 리더와 관련된 특질

| 특질 |
| --- |
| • 확신/자기 주장 |
| • 진실성 |
| • 핵심 자기-평가 |
| • 열정, 낙관성, 따뜻함 |
| • 외향성 |
| • 겸손 |
| • 자신감 |
| • 유머 감각 |
| • 신뢰성/신용 |

출처: Dubrin (2012)에서 발췌.

포커스 그룹 면접은 리더십이 중요한 여타의 자연스런 사회적 상황과는 사뭇 다르게, 훨씬 구조화되고, 시간적 제약이 있는 상황하에서 이루어지기 때문에 특정한 상황에서의 리더십에 영향을 미치는 요소에 관한 연구를 통하여 성공적인 포커스 그룹 조정자의 특성을 규명해 낼 수 있다. 이와 같이 리더십을 리더가 가진 특질과 그것이 발휘되는 상황을 연계하여 개념화하는 접근을 경로-목표 이론(path-goal theory)이라 한다.

리더십에 관한 경로-목표 이론(Northouse, 2012)에 따르면, 리더는 보상을 받을 수 있는 경로(방법)를 분명히 제시하거나 보상 자체를 증가시킴으로써, 자신의 부하들의 동기를 증가시킬 수 있다. 이러한 일들이 발생하는 방식은 다양하다. 네 가지 종류의 리더십 행동 또는 스타일이 두 가지의 상황 요소, 즉 ① 집단 구성원의 특성과 ② 작업 환경 특성에 따라 달라지는 것으로 밝혀졌다. 집단 구성원들은 그들의 동기, 능력, 자신감, 그리고 함께 일하고자 하는 자발성 면에서 각기 다를 수 있다. 그러한 상황 자체는 구조화되었을 수도 있고, 구조화되지 않았을 수도 있다. 따라서 다음에 제시되는 리더십 스타일 중의 하나가 보다 적절할 수 있다(Pennington, 2002).

**지원적/지지적 리더십.** 부하의 복지와 개인적 요구에 관심을 기울이고, 친절하고 다가가기 쉬우며, 사려 깊고, 우호적인 분위기를 조성하고, 집단 구성원들을 동등하게 대한다.

**지시적 리더십.** 부하들에게 기대하는 바가 무엇인지를 분명히 말하고, 안내서과 방향을 제시하고, 수행 기준과 일정을 제시하며, 수행의 목표를 설정해 주고, 집단 구성원들에게 규칙과 규율을 따르도록 요구한다.

**참여적 리더십.** 집단 구성원들과 활동, 스케줄, 목표 등에 관하여 상의하고, 의견과 제안을 구하고, 의사결정 과정에 참여하도록 허용하며, 집단 구성원들의 관점을 반영한다.

**성취-중심 리더십.** 도전적인 목표를 설정하고, 수행에서의 향상을 추구하고, 수행에서의 수월성을 강조하고, 집단 구성원들이 높은 성취 기준을 달성할 능력을 가지고 있다는 기대와 자신감을 보여 준다 (p. 145).

따라서 리더의 기본적인 책무와 도전은 과제의 요구와 집단의 특성을 분석하고, 그 과제를 달성하는 데 가장 효과적이고 적절한 리더십 유형을 선택하는 것이다. 이런 점에서 포커스 그룹의 조정자는 다른 유형의 리더들과 다를 게 없다. 오히려 이들의 리더십 과제가 더 도전적이라고 할 수 있다. 그들은 대부분의 시간을 낯선 사람들을 다루는 데 사용하고, 참여자들에게 영향력을 미치는 것과 같은 전통적인 의미에서의 권력은 거의 없다. 비록 작업 관리자는 항상 생산성을 향상시키기 위해 보상 구조에 의존할 수 있지만, 포커스 그룹의 조정자는 그룹 참여자들을 참여시키고 주제에 대한 관심을 유지하도록 하기 위해 설득과 재치에 의존해야 한다. 따라서 어떤 집단에게는 다른 유형의 리더십 스타일이 요구되기도 하지만, 성공적인 포커스 그룹 조정자에게 가장 적합한 리더십 스타일은 대체적으로 지원적 특성을 가질 가능성이 높다. 한 개인의 리더십 유형이 쉽게 변해 가는지는 분명하지 않다. 그러므로 경우에 따라서는, 특정한 포커스 그룹을 담당할 조정자를 결정할 때 그의 리더십 스타일을 고려해야 할 수도 있다.

## 🏰 면접의 유형과 전략

면접의 원리와 실제, 의사소통 스타일, 그리고 질문 전략에 관해서는 상담과 심리치료, 인사관리, 커뮤니케이션, 그리고 마케팅 관련 연구 분야의 많은 문헌들에서 찾을 수 있다. 예컨대, Stewart와 Cash(2011)는, 면접에는 최소 일곱 가지 유형이 있다고 하였다. ① 정보 수집, ② 조사, ③ 인력 채용, ④ 고용, ⑤ 수행, ⑥ 설득, 그리고 ⑦ 상담. 이들 면접 유형들은 일정한 커뮤니케이션 원리와 전략에 따라 이루어져야 한다는 점에서는 유사하지만, 근본 목적 및 면접 자료의 활용의 측면에서는 서로 차이점이 있다.

제1장과 제3장에서 논의한 바와 같이, 포커스 그룹은 면접을 달리 활용하고, 그렇기 때문에 면접 스타일, 질문의 유형 그리고 참여자 간에 기대되는 상호작용의 양이 그러한 목적에 따라 달라질 수 있다. 또한 제2장에서 언급된 바와 같이, 집단의 구성 측면이나 해당 포커스 그룹이 추구하는 목표로 볼 때, 반드시 특정한 면접 스타일이 요구되는 경우도 있다. 예를 들어, 집단의 목적이 새로운 아이디어를 생성하거나 창의성을 자극하는 데 있다면, 포커스 그룹에 대하여 덜 구조화되고 자유분방한 접근법이 바람직할 것이다. 반면에, 연구 가설을 설정하거나, 새로운 프로그램, 산출물 또

는 서비스에서 예상되는 잠정적 문제점을 진단하는 데 면접의 목적이 있는 경우, 특히 연구 주제가 매우 민감하거나 당황스러운 상황으로 전개될 가능성이 큰 경우에는, 좀 더 구조화되어 있으면서 경우에 따라 심층 질문을 제기하는 접근법이 요구될 것이다. 면접에서 구조(화)의 문제에 관해서는 제6장에서 다시 살펴볼 것이다.

질문은 연구 문제에 대한 해답을 얻는 데는 물론이고 구성원 간 상호작용의 어조나 분위기를 설정하는 데 있어서도 매우 중요한 역할을 한다. 이미 앞 장에서 살펴본 바와 같이, 집단 면접에서 시작 질문은 참여자로 하여금 편안하게 느끼게도 할 수 있지만 방어적이 되도록 만들 수도 있다. Stewart와 Cash(2011), Iacobucci와 Churchill(2009)은 다양한 질문 유형과 활용법에 관하여 상세히 논의한 바 있다. 기본적으로, 질문은 두 가지 범주, 즉 개방형 질문과 폐쇄형 질문 중에 한 가지 범주에 속한다. 개방형 질문(open-ended questions)은 본질상 범위가 넓어지는 경향이 있고, 응답자 자신이 원하는 만큼 정보를 제공할 수 있는 무한의 자유가 허용된다. 다음은 개방형 질문들의 예다.

이 지역 공공 교통 체제에서 가장 큰 문제점은 무엇이라고 생각하나요?

당신이 거주하는 지역의 학교의 질을 향상시키기 위해서는 어떤 조치들을 취해야 할까요?

특정 업체 모델의 승용차를 구입할 때 가장 중요하게 고려하는 요인은 무엇인가요?

폐쇄형 질문(closed-ended questions)은 보다 제한적이고, 응답자가 응답할 수 있는 선택 옵션에 제한이 있는 경향이 있다. 폐쇄형 질문은 명시적이거나 혹은 묵시적으로 응답자가 선택해야 할 선택지를 제공한다. 예컨대, 명시적 폐쇄형 질문은 다음과 같은 형식을 취한다.

TV의 폭력성이 심각하다는 데 동의하나요, 동의하지 않나요?

어떤 (사설)건강보험에 가입할지 선택할 때 고용인의 부담률이 중요한가요, 아닌가요?

당신이 거래하는 은행의 실적에 대하여 10점 척도로 몇 점을 주겠습니까? 1은 부족하다, 10은 탁월하다입니다.

암시적 폐쇄형 질문은 특정한 응답을 제안하지는 않지만, 선택지가 제한되어 있어 응답자들이 결국은 그중에서 선택하게 될 것이라는 점이 강하게 시사되는 경우를 말한다. 암시적 폐쇄형 질문들에는 다음과 같은 것들이 포함된다.

이번 11월 대통령 선거에서 누구한테 투표할 계획인가요?

함께 살고 있는 아이들은 몇 명인가요?

포커스 그룹 면담에서는 개방형 질문과 폐쇄형 질문이 모두 적합할 수 있지만, 포커스 그룹에서 폐쇄형 질문은 주제와 관련한 토론을 마무리하기보다는 의견을 양극화시켜서 심층적인 토론을 이끌어내기 위한 토대로 활용되는 경우가 더 많다. 따라서 조정자는 그 집단이 동의하지 않는다는 것을 보여 주는 수단으로 어떤 주제에 관한 특정한 입장(의견)을 요구할 수 있다. 이와 같이 집단을 초기에 양극화하는 방법은 흥미를 유발하고 동의하지 않는 이유에 관한 보다 심층적인 토론의 토대를 제공하기 위하여 활용할 수 있다.

개방형 질문과 폐쇄형 질문을 활용하여 생성되는 정보의 양과 신뢰도는 상호 보완적 관계에 있다. 얻을 수 있는 데이터의 양은 질문의 개방성이 커질수록(즉, 개방형 질문일수록) 증가하는 경향이 있다. 반면에 데이터의 신뢰도와 반복 가능성은 개방형 질문일수록 감소한다. 물론 이런 경향성은 많은 포커스 그룹 연구에서 심각한 문젯거리가 되지 않을 수도 있다. 조사 연구에서는 신뢰도와 반복 가능성이 결정적으로 중요한 요소이기 때문에, 질문에 대한 구조화 정도는 증가시키고, 응답의 다양성은 제한할 필요가 있다. 하지만 포커스 그룹 면접에서 정보의 유용성은 여러 포커스 그룹에 걸쳐 발견된 사실이 반복되는 정도보다는 해당 주제에 관하여 타당한 결론을 도출할 수 있는 정도에 의해 결정되는 경우가 많다. 따라서 구조화를 덜 하는 것이 적합한 경우가 많다.

질문은 주요 질문과 후속질문으로도 나눌 수 있다. 주요 질문은 면접에서 주제나 그 주제 안의 새로운 영역(내용)을 도입하는 것으로 개방형 질문으로 제시되는 경향이 있다. 후속질문은 열리거나 폐쇄형 질문 어느 쪽으로도 가능하고, 최초 질문에 대한 보다 상세한 응답을 구하기 위하여 최초 질문에 이어서 덧붙여지는 것이다. 이 두 가지 질문 유형 모두 포커스 그룹에서 중요한 역할을 수행한다. 일반적으로, 포커스 그룹 토론은 주요 질문으로 시작하여 후속 질문으로 이어진다.

또 다른 중요한 질문 유형에 대한 구분은 유도 질문과 중립적 질문이다. 중립적 질문에 비하여 유도 질문은 응답자로 하여금 정해진 방향으로 응답하거나 저것보다 이것을 선택해야 할 것 같은 압력을 느끼게 한다(Stewart & Cash, 2011). 물론 응답자에게 특정한 이슈에 대하여 생각하도록 유도한다는 점에서, 모든 질문들이 어느 정도는 유도적이라는 점을 인식하는 것이 중요하다. 면접자나 조정자의 유도는 항상 의도적인 것은 아닐 수 있고, 명시적이거나 암시적일 수 있고, 언어적이거나 비언어적일 수도 있다. 유도 질문은 그 질문이 제기되는 맥락이나 방식을 평가하여 중립적 질문과 구별될 수 있다.

유도 질문은 알코올 남용과 같은 민감한 주제에 대하여 파고들기 위한 의도로 제기될 때 빛을 발할 수 있다. 즉, 응답자가 질문에 대하여 중립적인 자세를 취하는 경향이 있거나 응답자를 밀어붙여서라도 단순하거나 표면적인 반응 이상의 응답이 필요할 때 적합하다. 물론 이러한 유도 질문이 경우에 따라서는 꼭 필요하지만, 너무 자주 사용하게 되면 응답자가 지나치게 반응적인 상태가 되어, 자기 자신의 자유분방한 생각을 생성해 내기보다는, 면접자의 질문에 대해 그냥 쉽고 간단하게 응답해 버릴 수 있다. 이렇게 되면 결국 연구의 관점이 좀 더 내부적(emic) 관점에서 외부적(etic) 관점으로 옮아가 버리는 경향이 있다.

앞 장에서 밝힌 바와 같이, 질문의 구조는 내부적(emic) 관점과 외부적(etic) 관점 중 어느 쪽이 채택되는가에 크게 영향을 받는다. 포커스 그룹은 일반적으로 내부적(emic) 관점을 채택하는데, 이로 인해 응답자의 의견과 감정을 불러일으키는 개성기술적(idiographic) 과정에 대한 심층적인 이해를 도모할 수 있지만, 신뢰도와 통계적 예측력은 저하되는 경우가 많다. 포커스 그룹에서는 응답자가 겉으로 표현하는 의견이나 태도와 관련하여 그 이면의 개인마다의 다양한 상황과 조건들이 토론을 통해 드러나는 경우가 많지만, 단순히 동의 여부만을 묻는 조사연구에서는 파악되기 어렵다. 반면에 그러한 단서들의 뉘앙스(미묘한 차이)는 태도에 관한 확고한 결론을 도출해 내는 것을 어렵게 만든다. 이처럼, 특정한 면접 유형 또는 질문 방식을 선택할 때는 상호 보완적 현상이 불가피하다. 결국 선택된 면접 유형은 연구의 목적에 부합해야 할 것이다.

면접의 또 다른 측면은 질문을 제기하는 순서다. 다소 일반적인 질문으로 시작하여 점차 구체적인 질문으로 넘어가는 것이 일반적이기는 하지만, 이것이 항상 적절한 것은 아니다. 면접자나 조정자는 여러 가지 순서로 질문을 제기할 수 있다는 점을 알아야 한다(Stewart & Cash, 2011 참고). 특정한 순서로 질문을 제기하는 것이 다른 순서로 질문을 제기하는 것보다 나을 때가 있는데, 어떤 순서가 적절한지에 대한 선택은 면접 주제가 무엇이고, 쓸 수 있는 시간은 얼마나 되는가에 따라 달라진다. 뿐만 아니라 하나의 면접 안에서 서로 다른 하위 주제를 다루기 위하여, 또는 기대했던 것과 다르거나 밝혀진 집단 내의 역동을 반영하기 위하여 한 가지 이상의 면접 순서를 채택할 필요가 생길 수도 있다.

깔때기 질문은 그 명칭에서부터 짐작할 수 있듯 포괄적인 질문으로 시작하여 점차 질문을 좁혀 가는 것을 말한다. 이 방식은 일반적으로 상당히 민감하다고 여겨지는 주제이고 피면접자가 면접 주제에 대하여 잘 알고 있지만, 면접 초반에 마음껏 자신을 표현할 시간과 자유가 보장되고 나서야 효과적으로 심층적인 조사를 할 수 있을 때 가장 적합하다. 역깔때기 면접에서는 폐쇄형 질문을 먼저 제기하고 나서 점차 개방형 질문을 제기한다. 이 방식의 목표는 점진적으로 응답자의 동기를 유발하여 주제에 관하여 보다 자유롭게 말하도록 유도하는 데 있다. 시작 질문을 통해 피면접자가 뭔가를 회상하거나 보다 쉽게 응답할 수 있도록 도와주려는 것이다.

양적 고안 접근(quantamensional design approach)(Gallup, 1947)은 응답자의 의견이나 태도의 강도를 결정하기 위하여 개발되었고 오늘날에도 널리 활용되고 있다. 이 접근은 5단계로 진행되는데, 다음 요소들을 측정하기 위한 질문을 포함한다.

1. 인식 수준
2. (면접자의 영향을 받지 않은) 공평한(편견 없는) 태도
3. 특정한(구체적인) 태도
4. 이러한 태도를 취하는 이유
5. 이러한 태도의 강도

예를 들어, 유해 화학물질 처리에 관한 면접이 진행되고 있다고 할 때, 다음과 같은 질문들을 제기하는 것이다.

1. 현재의 유해 화학물질 처리방식에 대하여 알고 있는 것은 무엇인가?
2. 만약 있다면, 유해 화학물질 비축량이 증가하는 데 기여하는 요소는 무엇인가?
3. 이러한 유해 화학물질 처리방식에 대해 찬성하는가, 반대하는가?
4. 왜 그렇게 느끼는가?
5. 얼마나 강하게 그렇게 느끼는가?—강하게, 매우 강하게, 무엇인가 당신의 생각을 앞으로도 바꾸지 않을 이유가 있는가?

깔때기식과 역깔때기식 접근도 그렇지만, 이와 같은 순서로 질문을 제기함으로써 방대한 심층 자료를 얻을 수 있다. 이 접근에서는 해당 주제에 관하여 응답자가 알고 있는 것에 대한 매우 일반적인 토론으로부터 시작하여, 그 주제에 관한 전반적인 의견과 감정으로, 그리고 해당 주제의 특정한 차원에 관한 응답자의 태도와 느낌으로 옮겨 가는 경향이 있다.

반면에 터널식 접근은 피면접자의 태도나 의견을 수량적 자료의 형태로 얻어내기 위한 것이다. 여기에는 유사한 일련의 질문(즉, 질문지)이 포함되는데, 이 질문들은 사람, 대상 또는 장소에 대하여 평정하게 하는 것이다. 터널식 접근하에서는, 연속되는 평정에 영향을 줄 수 있기 때문에 심층 질문을 통한 조사가 거의 불가능하다. 이러한 면접 접근은 전통적인 포커스 그룹 면접에서보다는 전통적인 조사 면접 전략에서 보다 일반적으로 취하는 방식이다. 그럼에도 이러한 면접 전략이 특정 상황에서는 보다 적합할 수도 있다.

집단 의사소통 네트워크에서 조정자의 행동은 서로 다른 면접 유형들의 효과성에 크게 영향을 줄 수 있다. 포커스 그룹의 목표가 아이디어를 표현하도록 격려하는 데 있다고 할 때, 일대일 상호작용은 창의성을 억압하는 경향이 있다. 보다 생산적인 접근은 모든 참여자들이 서로에 대하여 잘 알고 있고, 조정자는 토론 참가자 중의 한 명으로서 그 역할을 '낮추어' 수행하며, 가끔 명료화 질문 또는 지시적 질문을 제기하는 것이다. 반면에, 연구 문제에 매우 구체적인 질문들이 포함되어 있을 때 조정자는 보다 지시적인 접근을 취할 필요가 있다.

집단 내에서 조정자의 위치는 집단 참여자들에게 가해지는 리더십의 유형에도 영향을 미친다. 지시적이거나 관심의 초점이 되고자 할수록, 네트워크의 주변부보다는 커뮤니케이션 네트워크의 중심 위치에서 조정자 영향력의 행사를 촉진하게 할 가능성이 많다.

요약하자면, 효과적인 조정을 이끌어 내는 데 있어 리더십 유형과 면접 전략은 밀접히 관련되어 있다. 면접 전략의 효과성이 리더십 유형의 적합성에 의해 좌우되는 경우가 많다. 주제가 다르면 조정의 유형도 달라야 한다. 이처럼, 연구 주제의 필요(범위와 깊이)에 따라 조정의 유형과 능력을 달리하는 것이 중요하다.

# 🏰 조정자의 선정

조정자를 선정하기 위하여 먼저 해야 할 일은 그의 개인적 특성 (예: 연령, 성별, 성격), 교육적 배경과 훈련 경험, 그리고 조정 경험의 양 등을 살펴보는 것이다. 일반적으로, 조정자가 특정한 교육적 배경(마케팅, 심리학 또는 다른 사회과학 또는 심리치료 분야에서의 훈련 경험)을 갖추는 것은 중요한 준비 요소다. 하지만 이러한 조건들은 효과적인 조정을 위해 반드시 필요한 자격기준도 아니고 충분조건은 더욱더 아니다. 유사한 훈련 및 배경을 가진 사람들도 조정 유형이 다른 경우가 많고, 이는 개인마다의 성격 요소에 의해 형성되는 측면도 많다. Langer(1978)는 "조정이란 특별한 '재능'을 가진 사람들에 의해 행사되어야 하는, 본질적으로 창의적인 예술이며, 이러한 재능은 수년간의 훈련만이 아니라, 그 이상의 심층적인 것과 관련되어 있다."라고 주장하였다(p. 10). Langer는 훌륭한 질적 연구자의 아홉 가지 특성을 강조하였는데, 이것은 성격과 훈련 모두의 상호작용에 의한 것이다. 구체적인 것은 〈표 5-2〉에 요약적으로 제시되어 있다. 종합적으로 볼 때, 이러한 개인적 자질들은 많은 개인들이 좋은 조정자가 되기 어려움을 의미하고, 또한 어떻게 그렇게 많은 조정자들이 여성인지를 설명해 준다(Ivy & Backlund, 1994; Stewart & Cash, 2011).

## 〈표 5-2〉 우수한 질적 연구자/조정자의 인성 특성

| | |
|---|---|
| 진정으로 다른 사람의 생각과 느낌을 경청하는 데 흥미가 있다. | **훌륭**한 조정자는 '실생활' 자체가 실제로 다른 사람에게 제기할 질문을 찾는 데 흥미가 있고, 그에 대한 응답을 듣고 싶어하는 사람이다. 이것은 누군가 조정자의 자리에 앉았다고 그 순간부터 생겨나는 것은 아니다. |
| 자신의 감정을 잘 표현한다 | 이들은 어떤 사건에 대하여 구체적이고, 객관적으로 이야기할 뿐만 아니라, 자신의 개인적 반응도 표현한다. |
| 활기차고 자발적(즉흥적)이다. | 따분한 성격의 사람들은 포커스 그룹을 잘 통제할 수 없을 것이다. 자발성(즉흥성, 저절로 일어나는 자연스러움)은 회가가 진행되는 동안 조정자가 수많은 자극들을 이용하는 데 있어 필수적인 요소다. |
| 유머 감각을 가지고 있다. | 이들은 녹음한 듯이 틀에 박힌 농담을 말하기보다는 일상적인 상황에서 자연스럽게 유머를 구사하는 능력을 가지고 있다. 이러한 자질은 그렇게 보이는 것보다 훨씬 중요하고, 모든 질적 연구자들에게 필요한 상상력, 창의성, 자발성(즉흥성)과 강한 관련성이 있다. |
| 공감적이다. | 다른 사람이 어떻게 느끼는지를 이해하고, 삶을 그들의 관점에서 바라볼 수 있는 능력은 필수적이다. |
| 자기 자신의 오류(편견) 가능성을 인정한다. | 완벽한 객관성은 불가능하고, 그 대신 우리는 상대하고 있는 피험자를 향한 우리 자신의 감정을 인식하는 것을 목표로 삼을 수 있다. 질적 연구자가 어떤 프로젝트와 관련한 자기 자신의 경험이나 감정에 관하여 말할 때, 참여자들이 반드시 그들의 객관성에 대하여 의심스럽게 생각하는 것은 아니다. 핵심 포인트는 우리가 이러한 오류(편견)를 이해할 |

| 사람에 관한 통찰력이 있다. | 만큼 충분히 정직하고 자기 성찰적인가 하는 것이고, 이러한 오류(편견)로부터 우리 자신을 얼마나 전문가답게 잘 분리해 내는가 하는 것이다. |
| --- | --- |
| | 진정한 연구자는 항상 탐구하고, 왜 그런지를 질문한다. 심리적인 탐색에만 초점을 맞추고 다른 것에는 관심을 끄지 않는다. 훌륭한 질적 연구자는 진정으로 사람을 이해하는 데 강한 흥미를 가지고 있다. 이러한 분석적인 성향은 개인적이거나 전문적인 관찰에서나, 그들의 대화를 통해 드러나기 마련이다. |
| 생각을 명료하게 표현한다. | 훌륭한 조정자는 질문을 재빨리 구조화한다. 만약 그것을 단순하게 진술하기 어렵다면 그 회기는 성공적이지 못할 것이다. |
| 유연하다. | 그들은 재빠르게 반응해야 하고, 회기가 진행되기 전 또는 진행 중에 새로운 방향을 잡아갈 수 있다. 종종 최후의 순간에 변화를 직면하기도 하고, 어떤 기법으로는 탐색하는 데 충분히 생산적이지 못하거나 어떤 개념에 대하여 재검토할 필요가 있다고 여겨질 때 과감하게 변화를 제안하고 적응할 수 있어야 한다. |

출처: 미국마케팅협회의 허가를 받아 Langer (1978)에서 인용함.

훌륭한 조정자를 선정하려고 할 때 중요한 점은 조정자의 질과 자격 면에서 현재 제공할 것으로 보이는 서비스와 실제가 사뭇 다르다는 것이다. 우수한 연구자가 되기 위해서 널리 받아들여지는 전문가 자격이라는 것은 딱히 없다. 특별한 교육이나 훈련이 요구되지 않는다. 질 관리 문제를 악화시키는 또 다른 요소는 연구자들에게 조정 기술을 향상시키거나 훈련시키기 위한 특별 과정이나 프로그램이 거의 없다는 것이다. 조정자 '훈련'의 많은 것들은 내부에서(일부 대규모 연구 기관에서처럼) 이루어지거나 연구자의 개인적 경험과 능력에 의존한다. 이런 사유들 때문에 무자격의 조정자를 걸러내기 어렵고 포커스 그룹에서 얻은 정보들의 신뢰도와 타당도를 저해할 수 있다는 점에서, 적절한 조정자를 선정하는 일은 더욱 어려워진다. 그러나 〈표 5-2〉의 예시와 같이 몇 가지의 인성 특성과 관련한 교육적 배경을 인식하고 있다면 조정자 선정 과정을 시작할 때 유용할 수 있다. 한 개인을 성공적인 연구자나 학자로 만들어 주는 것과 한 개인을 성공적인 조정자로 만들어 주는 것이 반드시 같은 것은 아니라는 점에 주목할 필요가 있다. 포커스 그룹을 활용할까를 고민하는 연구자들에게는 그 그룹이 스스로 조정하기보다는 외부의 전문적인 조정 서비스를 받도록 조언하는 것이 일반적이다.

조정자의 효과성은 또한 문제의 민감성, 포커스 그룹의 재능을 얼마나 발휘하도록 유도하는지, 시간적 제한, 요구되는 탐색의 양과 범위, 그리고 조정자와 포커스 그룹 참여자 사이의 인구 통계학적(예: 연령, 성별, 인종) 상호작용과 같은 상황적 변인들에 의해 결정될 수 있다. 성인 조정자가 10대 그룹을 어떻게 다루었는지, 남성 조정자가 여성적 주제를 얼마나 각별하게 다루었는지, 문화적으로 양립할 수 없는 조정자가 문화인류학적으로 민감한 주제를 어떻게 다루었는지 혹은 초보자가 매우 전문적인 주제를 어떻게 조정하였는지 등에 의해 그 효과성이 결정될 수 있다.

제2장에서 살펴본 바와 같이, 집단 동질성의 영향력과 집단 역동성의 양립 가능성에 관한 연구에 따르면, 조정자를 포함하여 집단 구성원들의 다양한 생각이 공존할 수 있을수록, 상호작용은 증가하고 커뮤니케이션은 더 개방적이게 된다. 그러나 상당히 코스모폴리탄적인, 즉 인종적으로 통합된 문화에서 조정자와 포커스 그룹 참여자 사이의 인구 통계학적인 차이가 연구 결과에 편견을 일으킨다는 결정적인 증거는 없다.

포커스 그룹 참여자의 특성 및 포커스 그룹 편의시설의 적절성이 이와 같이 다양할 뿐만 아니라, 조정자는 포커스 그룹 면접을 수행하는 데 있어서 여러 가지 제한 사항이나 시간적 제약에 직면하게 된다. 연구를 진행할 때 가용한 연구비가 얼마나 되는가에 따라 의미 있게 수행할 수 있는 포커스 그룹 면접의 대상자 수와 기간 등이 결정되기도 한다. 필요한 탐색의 깊이와 실제로 실행된 탐색의 깊이는, 문제의 범위, 질문의 수, 연구 주제의 민감성, 참여자의 편안함 수준 등에 의해 결정되는 경우가 많다. 따라서 자원의 제약을 감안하는 것이 포커스 그룹 참여자와 편안한 포커스 그룹 환경을 조성하는 것만큼 중요하다.

훈련과 경험을 통해, 조정자는 이러한 상황적 요소들의 유형, 포커스 그룹 데이터로서 유용성과 타당성에 미치는 영향력에 대해 더 잘 인식할 수 있다. 이러한 인식 수준이 높아지면, 경우에 따라서는, 참여자의 민감성 때문에 발생할 수 있는 비협조적이거나 방해 행동들을 극복하기 위한 전략을 개발하기 위해, 조정자가 먼저 나서서 사전계획을 수립하도록 격려하거나 촉진할 수 있다. 수집된 자료의 충실성에 편견을 유발할 수 있는 조정자 행동으로 인해 수집된 자료의 충실성에 오류가 발생하는 등, 의도치 않은 결과가 야기될 가능성 또한 적절한 준비와 계획을 통해 완화할 수 있다.

## 조정자의 준비

조정자 준비는 연구 문제의 본질에 대한 이해와 집단 역동성의 잠재적 특성이라는 두 가지 모두를 포함한다. 여기서 집단 역동성은 집단의 구성, 논의할 주제 그리고 집단의 물리적 환경 등의 결과로 형성되는 것이다. 조정자가 집단 역동성과 리더십의 발현에 대하여 잘 이해하고 있다면, 발생할지도 모를 문제를 예상하고, 포커스 그룹 참여자들 사이에서 등장하는 리더의 방해 행동을 조정하기 위한 전략을 수립할 수도 있다. 그러나 이러한 방해 행동은 대부분 피할 수 없는 경우가 많기 때문에, 토론을 자극하고 집단 구성원 사이에 열의를 불러일으키는 리더가 출현하도록 돕는 것이 보다 생산적인 접근 방법이 될 것이다. 현재 다루어지고 있는 주제와 관련하여 특정한 구성원이 경험과 전문성을 갖추고 있고, 이 구성원에 대하여 집단 구성원들이 각별한 존경심을 가지고 있는 상황에서 이러한 접근은 더욱 성공 가능성이 높다. 이러한 문제들을 다루는 보다 구체적인 전략은 제6장에서 상세히 논의할 것이다.

집단 구성 전 조정자를 준비하는 것은, 사회적 상호작용 면에서나 연구의 수단으로서나, 포커스 그룹의 성공에 결정적인 요소다.

불행히도 많은 상업적 포커스 그룹 상황에서는, 포커스 그룹을 시작하기 한 시간도 남지 않은 시점에 조정자에게 논의 안내서를 제시하는 등의 방식으로 조정자 준비가 제대로 이루어지지 않는 경우가 많다. 조정자에게 적절한 준비 시간과 배경 정보를 제공한다면, 그 포커스 그룹으로부터 획득되는 정보 면에서 많은 결실을 얻게 될 것이다.

조정자 준비에서 중요한 요소 중 하나는 크기가 다른 포커스 그룹을 어떻게 다룰 것인가 하는 점이다. 포커스 그룹의 크기가 조정자의 성공에 영향을 미칠 수 있기 때문이다. Fern(1982)은 생성된 아이디어의 수를 효과성의 측정치로 사용하여 연구한 결과, 구성원이 8명인 집단이 4명인 집단보다 유의미하게 많은 아이디어를 생성하였다고 보고하였다. 하지만 포커스 그룹의 적정 크기에 관한 명확한 규칙은 없다. 제3장에서 언급한 바와 같이, 이상적인 범위는 8~12명인 것으로 보인다. 응답자가 8명보다 적으면 논의가 다소 협소하고 집단 내의 일부 구성원에 유리한 방향으로 편향될 수 있다. 반면에, 집단의 구성과 논의될 주제의 본질에 따라서 10~12명이 너무 많은 인원일 수 있다. Levy(1979)는 집단의 크기를 키우는 것과 관련한 문제점을 다음과 같이 간단명료하게 지적하였다.

"집단의 크기가 커질수록, 그것을 직접 고심하고 다룰 기회는 감소하고, 사람들은 자기 차례가 돌아오기를 더 많이 기다려야 하며, 그들이 반응할 기회가 조금밖에 없다는 것을 알게 되면서 좌절하게 된다. 또한 구성원들이 방이나 테이블 주변에 더 넓게 흩어져 위치하게 된다. 집단이 파편화될 가능성은 커지고, 결과적으로 대화에 대한 통제와 관련한 문제가 증폭된다. 대화에 집중하지 못하게 방해받는 일이 많고, 소곤거리는 경우가 잦아지고, 조정자가 언급한 내용이 몇몇 사람 사이의 잡담에 묻혀버리기도 하고, 표출되지는 않지만 적대감이 존재할 수도 있다. (이런 상황에서) 조정자는 집단 구성원에게 조용히 하도록 주의 주기, 거수에 의한 의사 표시 요구, 개개 구성원들에게 차례대로 질문하여 모두가 확실하게 투표에 참여시키기 등과 같은 행동, 즉 교실에서 교사가 학생을 대하듯이 엄격한 규율가로서의 역할을 수행해야 한다는 압력을 느끼게 된다. 이러다 보면, 꼭 정보의 양이 늘어나거나 출현하는 주제의 범위가 넓어지는 것이 아님에도 문제는 점점 커진다."(p. 34)

지금까지는 조정자 효과성에 영향을 주는 인구 통계학적 및 행동적 요소에 초점을 맞춰 살펴보았다. 하지만 조정자의 준비에는 연구 문제의 본질과 범위에 대한 이해, 그 연구 안의 여러 가지 세부목표 간의 우선순위 결정, 적절한 조사의 깊이 결정, 논의 주제나 대상에 대한 최신 근황 파악 및 친숙성, 논의를 촉진할 수 있는 질문 제기의 전략과 순서 결정, 그리고 최종적인 자료의 분석과 해석도 중요한 요소로 포함되어야 한다. 조정자는 또한 ① 구성원들의 흥미와 열의를 불러일으킴으로써 일찌감치 찾아온 참여 부진/침체 문제를 타개하고, ② 면접 안내서를 수정함으로써 새롭거나 예상치 않은 정보를 해결할 수 있도록 준비되어야 한다. 조정자 준비에는 면접에서 흥미도가 떨어지거나 논의가 매우 집중적으로 이루어져야 하는 시점을 포착하는 것도 포함하여야 한다. 이런 준비가 되어 있다면, 그때까지와는 다른 수준(세부사항, 추상성)으로 새로운 주제나 동일 주제에 대한 새로운 논의를 하도록 구성원들을 이끌 수 있다.

조정자 준비에서 한 가지 중요한 차원은 좋은 질문 전략을 수립하는 것이다. 앞 절에서 간략히 살펴보고 강조한 바와 같이 질문에는 여러 가지 유형이 있고, 질문 제기 순서도 달리할 수 있다. 어떤 질문 전략이든 일차적인 목적은 해당 포커스 그룹 면접이 계획될 때 다루고자 했던 문제나 이슈를 해결하는 데 있다. 포커스 그룹의 목표가 분명해야 조정자도 자신이 다루어야 할 주제나 문제에 적합한 다양한 질문 유형을 활용할 수 있다. Wheatley와 Flexner(1988)는 유용한 질문 유형과 적용 실례를 제시한 바 있다. 이 질문 유형은 〈표 5-3〉에 요약하여 제시되어 있고, 이 표에는 성공적인 조정자에게 요구되는 많은 질문 기술들에 대하여 상세히 설명되어 있다.

때로는 초점이 없는(unfocused) 접근이 보다 적합한 상황도 있을 수 있다(Franz, 2011). 이러한 접근은 응답자가 새로운 개념이 범주에 관하여 학습해야 할 때, 아이디어를 생성하거나 좋은 생각과 나쁜 생각을 구별해야 할 때 특히 적합하다. 이러한 환경에서는 연구자와 조정자 중 누구도 상세한 질문 목록에 대처할 만큼 그 주제에 대하여 충분히 알고 있지 못할 수 있기 때문이다. 때로는 '무초점 (unfocus)' 집단의 목적 자체를 제기할 질문의 유형을 알아내는 데 둘 수도 있고, 그것을 바탕으로 다른 포커스 그룹에 적용하거나 조사 질문지를 개발하는 데 참고할 수 있다. 이런 것이 바로 제4장에서 설명한 단계적 면담 안내(rolling interview guide)가 적합한 경우 중

하나일 것이다.

Schoenfeld(1988)는 집단 면접에 초점이 없는 접근을 적용하기 위한 안내서를 제시하였다.

- 개요(윤곽)를 버려라.
- 패널리스트(토론자)를 자극할 수 있는 광범위한 아이디어나 자극을 제공하라.
- 절대로 패널리스트(토론자)에게 반응을 직접적으로 요청하거나나 강요하지 말라.
- 토론 주제에 관해서가 아니라, 의견 차이가 있을 수 있음을 연습시킴으로써 패널리스트를 준비시켜라.

리더십 유형은 연구의 목적, 집단의 구성 그리고 과제 상황에 따라 변화될 필요가 있다는 점을 살펴본 것과 같이, 조정 유형 또한 같은 요소들에 맞춰 수정될 필요가 있다. 그러나 어떤 조정 유형은 포커스 그룹 연구 결과의 타당도에 영향을 미칠 만한 편견을 야기할 수 있다. 이제부터는 조정자로 인해 야기될 수 있는 편견의 원천과 속성 몇 가지를 살펴보자.

## 〈표 5-3〉 포커스 그룹 질문의 유형

| 질문 유형 | 목적/적용 상황 |
|---|---|
| 주요 연구 질문 | 해당 회기의 목적과 직접적으로 관련되는 이슈에 대하여 논의를 집중시키기 위하여 사용된다. 정확히 어떻게 이런 질문을 제기하려고 하는지에 대하여 사전에 심사숙고하여야 한다. |
| 선두 질문 (leading questions) | 논의를 보다 심층적인 의미를 파악하는 방향으로 이끌어 가려고 할 때 유용하고, 특히 집단이 그렇게 하기를 주저하는 것처럼 보일 때 유용하다. 질문을 만들 때 해당 집단이 사용하는 어휘와 아이디어를 활용하고, '왜?'라고 묻는다. |
| 시험 질문 (testing questions) | 특정한 개념의 범위(외연)를 알아내기 위해 사용된다. 질문을 만들 때 해당 집단이 사용하는 어휘와 아이디어를 활용하고, 이때 해당 개념을 참여자에게 좀 더 극단적인 방향으로 환류시키되, 잠정적인 형태로 하며, 마치 당신이 잘못 이해한 것처럼 질문한다. |
| 방향 조종 질문 (steering questions) | 집단 구성원들이 주요 연구 질문으로 돌아와 집중하도록 옆구리를 살짝 찌르듯 하는 질문이다. 이후에 서서히 다른 영역(주제)으로 질문을 이어간다. |
| 둔감 질문 (obtuse questions) | 가끔 집단 구성원들이 불편함을 느낄 영역으로 논의가 흘러가야 하는 경우가 있다. 그런 영역으로 주제를 더 이끌어 가기 위해서는, 추상성 수준을 한 단계 낮추어 질문하고, 다른 사람의 반응이나 의견에 대하여 구성원들이 토론할 수 있도록 허용할 필요가 있다. 반드시 집단 구성원이 그들 자신의 입으로 직접 이렇게 묻는 것은 아니지만, "그 사람이 그렇게 느낄 거라고 가정하는 이유는 무엇인가요?"와 같은 형태로 제기하는 질문이다. |

| | |
|---|---|
| 사실 질문 | 집단이나 논의가 정서적으로 격해져 있을 때 이를 중화시키기 위하여 사용된다. 이런 질문을 통하여 사실적 답변을 얻을 수 있고, 구성원들이 답변하면서 개인적인 심리적 부담을 느끼지 않게 할 수 있다. |
| '감정' 질문 | 개인적 느낌과 관련한 의견을 구하기 위해서 사용된다. 감정 질문은 참여자로 하여금 개인적인 감정을 드러내야 하는 (위험)부담을 감수하도록 한다. 가장 위험하지만 가장 결실이 많은 질문 유형이다. |
| 익명 질문 | 여기서 기억해야 할 규칙은 모든 사람이 자신의 감정에 충실할 권리가 있고, 비록 많은 사람들이 그러려고 하더라도, 어느 누구도 각자의 그런 감정에 동의하지 않거나 깎아내릴 수 없다는 것이다. 집단 구성원들이 말을 하도록 하고, 서로를 편안하게 느끼게 하고, 또는 핵심 질문에 다시 초점을 맞추도록 하는 데 사용된다. 일반적으로 "당신 앞에 놓인 색인 카드를 집어서 이 사안에 관하여 떠오르는 생각 하나를 적어 주세요."와 같은 질문 형태를 취한다. |
| 침묵 | 질문을 하지 않는 것이 최선의 질문인 경우도 종종 있다. 많은 집단 리더들은 빈틈이 없이 논의 시간을 꽉 채우려는 경향이 있다. 침묵은 그냥 기다려 줌으로써, 자신의 생각을 다소 늦게 말하거나 불분명한 구성원들도 반응할 수 있도록 하는 것이다. |

출처: Langer (1978). Copyright ⓒ 1978. 미국 마케팅 협회의 재인쇄 허가.

# 포커스 그룹 조정의 문화적 차원

제3장에서 논의한 바와 같이, 다문화적 포커스 그룹 연구는 집단 역동성 면에서 독특한 이슈를 안고 있다. 극적으로 다를 수 있는 문화 사이의 역동을 이해하고 관리하는 것은 도전적인 과제다. 이러한 도전을 하기 위해서는 조정자가 포커스 그룹 회기를 선택하고 준비할 때 세심한 주의가 필요하다.

## 다문화적 연구에서 조정자의 선정

다문화적 연구를 추진함에 있어서 연구자가 문화권 내부자인지 아닌지, 찬반 입장에 초점을 맞춘 연구들이 많이 이루어졌다. Liamputtong(2008)은, '문화권 내부자'인 연구자들은, 연구 대상자와 동일한 사회적·문화적·언어적 특성을 공유하는 사람을 의미하는데, "보다 민감하고 반응적인 방식으로(Bishop, 2005, p. 111)" 적절한 입장을 취하고 연구에 착수한다고 하였다. 문화권 '내부자'라는 것이 오히려 불리한 경우도 많고, 이것은 의심할 여지도 없는 사실이다. Bishop(2005)은 '내부자'인 연구자들은 해당 문화에 너무 친숙하기 때문에, 핵심 이슈를 인식하고 핵심 질문을 제기하지 못할 수 있다고 하였다.

조정자와 참여자 간의 접촉이 직접적이고 개인적인 포커스 그룹 연구 상황에서, 포커스 그룹 참여자의 문화에 대하여 조정자가 어떤 문화적 입장을 취하는가 하는 것은 특히 중요하다. 몇몇 연구

(Madriz, 1998; Nevid & Maria, 1999)에 따르면, 참여자와 인종/민족이 동일한 조정자는 일반적으로 참여자와의 관계를 촉진하고 응답의 자발성을 증가시킨다. 참여자들은 민족성이 동일한 조정자와 공감하고 신뢰하는 경향이 있기 때문이다. 반면에, Colucci(2008)가 인도(India) 학생들과 진행했던 포커스 그룹 연구에서 예시한 바와 같이 조정자가 문화권 외부자인 것이 장점으로 작용하는 경우도 일부 있다. 그녀에 따르면 외부자인 것이 학생들에게 비밀이 보장된다는 느낌을 주었고, 이로 인해 학생들은 민감한 주제들에 대하여 훨씬 더 자유롭게 말할 수 있었다고 강조하였다(그녀는 만약 그녀가 내부자이거나 지역 공동체 구성원이었다면 그 학생들이 자신의 비밀을 타협했을 것이기 때문에, 이런 일이 일어나지 않았을 것이라고 주장하였다).

언어적 차이도 조정자를 선정할 때 반드시 고려되어야 할 또 다른 요소인데, 조정자가 외부자인 경우에 특히 그러하다. 이중-문화(bicultural) 조정자가 이상적이기는 하지만(Liamputtong, 2008), 그렇지 않다면 참여자의 언어에 능숙한 공동 조정자를 두는 것도 도움이 될 수 있다(Colucci, 2008). 이 공동 조정자가 회기가 진행되는 동안 관찰하는 또 다른 눈이 될 수 있을 뿐만 아니라, "문화적 중재자"가 될 수 있기 때문이다. 하지만 포커스 그룹 회기가 진행되는 동안 통역자가 필요한 경우에는 논의의 자연스러운 흐름이 영향을 받을 수 있고 이로 인해 포커스 그룹이 토론이 아닌 집단 면접이 되어버릴 가능성도 있다는 점을 인식하는 것이 중요하다(Liamputtong & Ezzy, 2005).

조정자의 문화적 입장이 내부자와 외부자 중 어느 쪽이든, 이 장

앞부분에 설명한 조정자의 기본 요건(〈표 5-2〉 참고)들이 조정자의 효과성을 결정하는 데 동일하게 적용되며, 이러한 요건들에는 연구의 초점이 되는 현상에 관한 유연성, 민감성, 지식, 그리고 참여자와 공감/라포를 형성하는 능력이 포함된다.

## 다문화적 연구에서 조정자의 준비

이 장 앞 절에서 논의한 것들에 더하여, 다른 문화권에서 이루어지는 포커스 그룹 연구는 집단 구성원들의 경험과 기대를 조정자가 다룰 수 있도록 추가적으로 준비할 사항이 있다. 예를 들어, 전 세계에 걸쳐 포커스 그룹 연구 방법론에 관한 경험과 지식 정도가 매우 다양하다. 개발도상국에서는 흔히, 심지어 일부 선진국에서도 가끔, 포커스 그룹 연구 자체가 연구 참여자들에게 새로운 개념일 수 있다. 따라서 조정자는 회기가 시작되는 초기에 일부 시간을 할애하여 포커스 그룹 연구가 무엇인지, 연구에 참여하기 위한 규칙에 대하여 설명할 필요가 있을 수 있다(Colucci, 2008).

특히 동아시아권과 같은 전체주의적 문화권에서 온 참여자들은, 특히 집단 내 상황에서, 자신의 생각과 감정을 표현하는 것을 불안해하며 회피하는 경향이 있다. 이 경우 조정자는 전체주의적 문화권에서 온 참여자들 사이의 권력거리(power distance) 개념에 기초하여, 그 회기가 조정자-중심의 논의로 변모되지 않도록 유의하고, 참여자들이 말을 잘하도록 유도하는 비중 있는 역할을 수행할 필요가 있다. 이런 이슈에 관하여, Lee와 Lee(2009)는 조정자가 구성원 간의 상호작용을 촉진하기 위한 다음과 같은 몇 가지 제안을 하였다.

- **재미있는 소품이나 활동을 제공하여 민감성과 동기를 고양시키라:** 재미있는 자극을 활용하면 동아시아권에서 온 참여자들은 면접 상황에 대하여 편안함을 느끼고 동기를 부여받을 수 있다.
- **가상의 역할과 상황을 촉진함으로써 간접성을 제공하라:** 동아시아권에서 온 참여자들은 간접적인 커뮤니케이션을 지원하는 역할놀이와 가상적 상황에서 자신감을 갖게 된다.
- **동아시아인들에게는 특히 아이스 브레이킹(ice breaking, 실마리 풀기)가 중요하다.** 동아시아권 참여자들은 면접 상황 및 다른 구성원들과 친숙해지는 데 시간이 더 많이 걸린다. 포커스 그룹 면접이 진행되기 전에, 사전 과제나 비공식적 모임을 가짐으로써 대화를 열어가는 것이 좋다. 재미있는 소품이나 활동을 활용하는 것도 초기의 어색한 분위기를 해소하는 데 도움이 된다.
- **평가와 비평 과제를 포커스 그룹 면접의 후반부에 배치하라:** 동아시아권 참여자들은 포커스 그룹 면접의 초반에는 보수적인 경향이 있다. 하지만 이들은 일단 면접 상황과 참여자에게 친숙해지면 보다 적극적으로 참여하게 된다. 비평이 필요한 과제는 후반부에 배치해야 한다.
- **그들의 참여와 정보에 대하여 존경과 감사를 표하라:** 참여자의 의견에 대하여 인정하고 감사를 표함으로써 그들에게 확신감과 동기를 제공할 수 있다.

간접적인 커뮤니케이션 방식을 활용하는 것과 같은 맥락에서 Colucci(2007)는 전통적인 구두 질문에 대한 보완책으로 '활동-중심 질문'을 활용할 것을 제안한 바 있다. 이 기법의 실제적인 예시에는 자유 목록화(free listing)(참여자에게 특정한 질문에 대한 반응으로 일련의 목록을 산출하도록 질문하는 것)과 그림 분류(picture sorting)(참여자에게 한 세트의 그림을 제시하고 하나의 범주나 아이디어에 가장 부합하는 것을 분류하거나 선택하도록 요청하는 것)가 있다. Colucci는 이런 방법이 직접적인 질의와 답변보다 훨씬 더 효과적이고 흥미로워서, 참여자의 답변을 이끌어 내고 토론을 촉진하는 또 다른 방법 중의 한 가지가 될 수 있다고 주장하였다. 여기에 더하여, 활동-중심 질문 기법은 참여자가 자신의 생각을 표현하기 위하여 구어(말)에 그다지 많이 의존하지 않아도 되기 때문에 언어적 장벽을 줄일 수 있는 유용한 방법이다(Colucci, 2007).

## 포커스 그룹 인터뷰에서 조정자 편견

조정자 준비에서 중요한 요소는 ① 포커스 그룹 데이터의 타당도에 영향을 미칠 수 있는 편견의 원천과 본질적 속성을 이해하는 것과 ② 이러한 편견에 대처하기 위한 절차를 이해하는 것이다. 조정자 편견은 의도적으로도 비의도적으로도 끼어들 수 있다. Kennedy(1976)는 조정자의 객관성을 위협하는 편견의 세 가지 원천을 다음과 같이 강조하였다.

- **개인적 편견:** 자신의 생각과 일치하는 견해를 표현할 때 이를 반기고 강화하는, 너무나 인간적인 성향
- **참여자를 '기쁘게 하려는' 무의식적인 요구:** 우리가 대상으로 삼아 함께 연구하는 사람, 즉 참여자의 생각과 일치하는 견해를 환영하고 강화하는 성향
- **일관성에 대한 요구:** 내적으로 일관된 견해의 표현을 반기고 강화하는 성향(p. 19)

다음은 이러한 편견의 원천이 실제 상황에서 어떻게 나타나는지 보여 주는 예시다(Kennedy, 1976).

"편견이 일어날 수 있는 상황으로 가장 빈번한 경우는, 감사하는 고개 끄덕임, 웃음, 칭찬하는 말과 함께 호의적으로 인사하는 것, 무관심, 당혹해하는 시선 또는 불편해하는 몸 동작과 함께 비호의적으로 반응하는 것이다."

"누군가 호의적인 생각을 구체적으로 표현하기 어려워할 때 인내하고, 허용적이고, 격려함으로써, 반대로 비호의적인 입장을 표현하기 어려워하는 사람에게 아무런 도움을 제공하지 않음으로써 발생할 수 있다."

"호의적인 쪽으로 기울어진 응답자에게 한 차례의 질문을 먼저 시작함으로써, 결과적으로 호의적인 견해가 이후에 이어질 탐색 질문의 선례나 사전맥락이 되게 함으로써 발생할 수 있다."

"호의적인 언급이 표현되었을 때 그와 상반되는 감정을 탐색하는 데 실패함으로써, 비호의적인 언급이 구체적으로 이루어졌을 때 적극적으로 탐색함으로써 발생할 수 있다."

"가장 우호적인 견해를 가진 것으로 보이는 사람들에게 보다 적극적으로 질문을 제기함으로써, 가장 비우호적인 견해를 가진 것으로 보이는 사람들을 무시함으로써 발생할 수 있다."

"당신이 듣고 싶다고 무의식적으로 전달한 입장과 같은 편에 응답자들도 따르도록 '매력을 발산' 함으로써 발생할 수 있다."

"비우호적인 견해에 대하여는 "그것에 관해서는 나중에 이야기하자"며 문맥을 무시하면서, 우호적인 견해에 대해서는 '전후 맥락을 무시하고' 허용함으로써 일어날 수 있다."

"집단의 견해를 주기적으로 요약함으로써, '소수자' 견해는 축소하거나 빠뜨림으로써 발생할 수 있다."(p. 21)

적절한 훈련과 경험을 가졌다고 하여 편견에서 자유로운 포커스 그룹 회기를 보장해 주지는 않는다. 연구자와 연구 지원자는 해당 포커스 그룹의 성과에 편견이 개입되지 않도록 하기 위하여 면접 전 준비와 면접 후 단계 모두에서, 조정자에게 가해질 압력을 이해하고 그들과 긴밀하게 협조하는 능동적인 역할을 수행할 필요가 있다.

# 결론

이 장에서는 포커스 그룹 조정자의 훈련, 준비, 선정과 관련되는 다양한 이슈들에 관하여 살펴보았다. 리더십 유형의 중요성, 응답자에게 질문을 제기하는 방법 그리고 포커스 그룹의 결과에 편견을 야기할 수 있는 조정자의 특성과 행동에 대하여도 살펴보았다. 조정자 훈련과 준비에서 중요한 요소는 포커스 그룹의 진행에 방해가 되는 참여자, 초보 리더, 서로 다른 포커스 그룹의 크기, 연구기한, 그 밖의 제약 요소들과 같은 상황적 변인을 다루는 방법을 학습하는 것이다. 개인적 특성, 교육적 배경과 훈련, 그리고 조정경험의 양 등은 조정자 선정에서 중요하게 고려해야 할 요소다. 그러나 포커스 그룹을 이끌어 가는 최상의 리더 유형도 존재하지 않고, 단 하나의 최선의 조정자 '유형' 또한 존재하지 않는다는 것을 확인한 바 있다. 그보다는 조정자와 면접 진행 전략 이 두 가지 요소가 연구의 목적과 집단의 특성에 부합하여야 한다.

# 복습 질문

1. 조정자로서 이상적이거나 최선의 모습은 무엇인지 토론해 보자.
2. 리더십의 질과 행동에 관한 이해가 어떻게 좋은 조정자를 선정하는 능력을 향상시킬 수 있는가?
3. 효과적인 리더와 효과적인 조정자를 비교하고 대조해 보자.

4. 조정자의 개인적 특성(예: 연령, 성별, 성격)과 신체적 특징이 어떻게 그의 조정 능력의 효과성에 영향을 미칠 수 있는가?

5. 어떤 질문을 언제 제기할지를 아는 것은 좋은 조정자가 반드시 갖추어야 할 중요한 자질이다. 다양한 질문의 유형과 그것이 적합한 각각의 상황들에 관하여 토론해 보자.

6. 면접 유형의 중요한 요소는 그 질문이 제기되는 순서다. 민감한 주제(예: 인종적으로 민감한 주제)에 대하여는, 어떤 순서가 가장 적합한가? 질문을 제기하는 전략과 순서가 그다지 중요하지 않는 상황이 있는가?

7. 물리적 환경, 시간적 제약 또는 좌석 배치와 같은 상황 변인들이 어떻게 조정자의 효과성에 영향을 미칠 수 있는지 간략히 설명해 보자.

8. 조정자 준비에는 연구 문제의 특성 및 범위를 잘 이해하는 데서 그쳐서는 안 된다. 조정자가 실제로 포커스 그룹을 실행하기 전에 예측하고 준비할 필요가 있는 절차적 행동적 문제 몇 가지를 설명해 보자.

9. 조정자 편견이 개입될 경우 포커스 그룹 연구 결과의 타당도는 쉽게 저하될 수 있다. 편견은 의도적으로든, 비의도적으로든 개입될 수 있다. 조정자 편견의 원천에는 어떤 것들이 있는지 몇 가지 제시해 보자. 포커스 그룹 연구 결과에 대한 이것들의 함의를 논의해 보자.

다음과 같은 주제에 관한 포커스 그룹 논의에 가장 적합한 선두 질문은 어떤 유형인가? 왜 그런가?

a. 사회경제적 지위가 낮은 집단의 남성들이 콘돔을 사용하는 문제
b. 공립학교를 지원하는 데 부가가치세를 사용하는 것의 바람직성
c. 개인용 컴퓨터에 새로운 운영체계(OS)를 도입하는 것의 가치
d. '편리하게 빵을 구울 수 있는' 새로운 제품에 대한 관심
e. 한 무리의 좀도둑 혐의자들이 물건을 훔친 이유

제6장

# 포커스 그룹의
# 실행

# 제6장

# 포커스 그룹의 실행

앞 장에서 우리는 포커스 그룹을 실행하고자 할 때 조정자가 해야 하는 역할과 몇 가지 일반적 전략들에 관하여 살펴보았다. 이러한 전략들에는 주어진 연구 상황에 가장 적합한 리더십 유형, 구조화의 정도, 질문 제기의 순서 등이 포함된다. 포커스 그룹 연구 상황은 그 자체가 연구의 목적, 집단의 구성 그리고 포커스 그룹이 진행되는 물리적인 환경 등이 복잡하게 상호작용한다. 이 책의 앞부분에서, 우리는 이러한 각각의 요소들이 포커스 그룹 토론의 특성에 어떻게 영향을 미칠 수 있는지를 살펴보았다. 하지만 포커스 그룹의 실제적인 수행에 대하여는 아직 살펴보지 못했고, 면접 진행 중에 발생할 수 있는 구체적인 기회나 문제에 대처하기 위한 전략들을 제시하지는 못하였다. 이 장의 목적은 바로 이러한 포커스 그룹 면접의 실제적인 수행과 관련한 이슈들에 관하여 살펴보는 것이다.

포커스 그룹 회기는 일반적으로 참여자, 관찰자, 그리고 조정자들을 자극하여 재미있게 하는 것이다. 포커스 그룹 토론이 재미있으면 그 흐름이 원활해지고 집단 구성원 사이의 신뢰감도 형성된다는 점을 제4장에서 이미 확인한 바 있다. 하지만 포커스 그룹의 일차적인 목적은 재미를 추구하는 것이 아니라 정보를 수집하는 데 있다는 점을 인식해야만 한다. 앞 장에서, 집단 토론이 관심 주제에서 벗어나지 않도록 하는 것이 중요함을 강조한 바 있다. 조정자의 일차적인 책임은 해당 집단이 관련된 주제에 초점을 맞추도록 하고 해당 회기를 통해 유용한 정보를 산출하도록 하는 것이다. 이미 살펴본 바와 같이, 조정자 역할을 잘 수행하기 위해서는 훈련, 경험, 그리고 성격 특성들의 적절한 조합이 필요하다.

면접자가 처음으로 해야 할 일은 집단 구성원들이, 제시된 의견에 대해 다른 구성원들이 동의하는지 여부에 신경 쓰지 않고, 각자 자기 자신을 자유롭게 표현할 수 있는 비위협적이고 비평가적인 면접 환경을 조성하는 것이다. 일단 이러한 환경이 조성되면, 조정자가 그다음으로 할 일은 토론이 순조롭게 진행되도록 하고, 시간을 관리하며, 집단 내의 모든 구성원이 능동적으로 참여하도록 하는 것이다. 포커스 그룹 조정은 어렵고 조정자로 하여금 계속 경계할 것을 요구하는 일이다. 모든 그룹은 각각 독특한 정체성을 띠고, 심지어 같은 질문으로 동일한 주제에 대하여 토론할 때에라도 같은 방식으로 흘러가는 집단은 없다. 하지만 모든 포커스 그룹에 공통적으로 존재하는 이슈와 문제들이 있다.

# 🏰 집단의 물리적 배치

제3장에서 포커스 그룹은 다양한 환경에서 실행될 수 있다고 하였다. 포커스 그룹이 실행되는 질적 수준을 제4장에서 분류하여 살펴본 바와 같이, 그룹의 물리적 환경은 구성원 간 상호작용의 특성과 획득되는 정보의 유형 및 양에 영향을 줄 수 있다. 주어진 환경 안에서의 집단의 물리적 배치는 특히 토론의 성패를 결정하는 중요한 요소다. 포커스 그룹의 목표가 토론이기 때문에 구성원들은 조정자, 다른 구성원들과 서로서로 최대한 시선을 교환할 수 있는 형태로 좌석을 배열해야 한다. Krueger와 Casey(2008)는, 원형 배치가 불가능할 경우 가장 말수가 적은 사람을 조정자의 바로 맞은편에 배치하고, 가장 말수가 많은 응답자와 전문가를 면접자의 옆으로 배치할 것을 제안하였다. 이렇게 하면 가장 과묵한 사람의 발언 기회를 증가시키고, 수다스러운 참여자의 말대꾸 빈도를 줄여 주어 토론이 더 균형 잡히도록 하는 경향이 있다. 물론 서로 다른 참여자들 중에 누가 말수가 많을지를 미리 결정하기가 어려울 수도 있다.

대부분의 포커스 그룹 참여자들은 테이블에 둘러앉을 때 보다 편안함을 느낀다. 그 이유는 몇 가지가 있다. 테이블은 집단 내에서 불안해하거나 소극적인 구성원들에게 안전감을 제공하여 응답자들 사이에 서로를 보호해 주는 장벽과 같은 존재가 되어 준다. 또한 참여자들이 보다 편안함을 느낄 수 있는 세력권 및 개인적 공간이라는 느낌을 갖게 하는 데 도움이 된다. 남성과 여성으로 구성된 집단에서의 테이블은 다리를 가려 보호해 주는 등 주의를 산만하게 할 요소를 제거해 준다. 마지막으로, 테이블은 팔과 손을 올려놓고 쉴 수 있는 공간이 되어 주기도 하고, 음식물이 제공될 경우 접시와 컵을 허벅지 위에 올려놓고 사용하는 불편한 자세를 취하지 않아도 되도록 도와준다.

일부 조정자들은 집단의 각 구성원들이 이름표를 착용하는 것을 선호한다. 참여자들의 프라이버시를 일부 보호하기 위하여 성만 사용되어야 한다. 이름을 사용할 수 있다면 집단 구성원 간의 라포를 형성하기가 더 용이하다. 조정자는 최소한 참여자들의 좌석 배치도에 성만이라도 적어 넣은 명단을 가지고 있어야 한다. 이렇게 해야 면접자가 집단 구성원의 이름을 부르며 지목하고 시선을 맞추어 질문을 제기할 수 있다. 이렇게 하면 집단의 동질감과 응집력도 높일 수 있다.


## 面접 유형

제5장에서 설명한 바와 같이, 포커스 그룹 조정자는 다양한 면접 유형을 활용할 수 있다. 면접 유형은 조정자들의 성격 차이 때문에 달라질 수도 있고, 집단 유형이 다르거나 연구 질문이 달라지면 그에 따라 또 다른 면접 접근이 요구되기도 한다. 이미 살펴본 바와 같이 면접 유형이 달라질 수 있는 한 가지 중요한 차원은 면접자가 사용하는 통제나 지시성의 정도다. 면접 유형은 극도로 지시적인

경우부터 극도로 비지시적인 것까지 다양한 범위에서 달라질 수 있다. 가장 극단적으로 지시적인 유형은 **명목 집단**(nominal group)이다. 명목 집단에서는 오로지 조정자와 개별 구성원 간의 정보 교환만 있을 뿐이다. 구성원 간의 정보 교환은 제한적으로만 허용되거나 아예 허용되지 않고, 면접자가 토론 주제에 대한 철저한 통제권을 행사한다. 다른 극단적인 면접 유형에서는 조정자가 토론의 시작점에서만 참여하고, 토론이 관심 주제 안에서 진행되도록 꼭 필요한 경우에 한하여 개입한다. 이 두 가지 접근법 모두 장점과 단점이 있다. **지시적 접근**(directive approach)은 일반적으로 가용한 시간 내에 보다 많은 주제를 다루거나 특정 관심 주제에 관하여 상세히 다룰 수 있게 하지만, 그 대가로 집단의 시너지와 자발성은 잃게 된다. **비지시적인 접근**(nondirective approach)은 보다 많은 집단 상호작용과 발견의 기회를 제공하고, 연구자가 구조화하여 참여자들에게 강요하지 않은 개별 참가자들의 견해를 드러낼 기회를 증가시켜 준다. 비록 비지시적 접근이 핵심 연구 주제를 덜 다룰 위험이 있기는 하지만, 해당 연구 문제와 관련 요인에 대한 연구자의 이해가 타당한지를 확인할 수 있다는 장점이 있다.

대부분의 포커스 그룹 토론은 이 두 가지 극단 사이의 어디쯤인가 위치하는 면접 유형을 포함한다. 토론을 이끌고 가기 위해서, 토론을 지배하는 구성원을 통제하기 위해서, 말수가 적은 응답자의 반응을 이끌어 내기 위해서는, 어느 정도의 지시성과 구조화가 필요하다. 면접은 유형에 따라 지시성이 다양하므로, 조정자가 연구 질문과 집단 응답자에 대한 바람직한 지시성의 수준을 명확히 이해하는 것이 도움이 된다. 포커스 그룹 토론은 자발적으로 진행되는 경향이 있고, 개별 집단 내 참여자 간의 상호작용이 서로 다르기 마련이기 때문에, 이상적인 조정자는 비지시적인 성격에서 지시적인 성격에 이르는 다양한 면접 유형을 능숙하게 활용할 수 있어야 한다. 그러나 앞 장에서 살펴본 바와 같이 모든 조정자가 필요에 따라 지시적인 면접에서 비지시적인 면접을 자유자재로 넘나들며 진행할 수 있지는 않기 때문에, 특정한 면접 유형을 적용하는 조정자를 선택해야만 하는 경우도 있을 수 있다. 이런 경우에는 조정자가 가진 강점과 약점을 구체적으로 알아야 한다. 이것이 역량 있는 조정자를 직접 접해 본 경험이 있는지를 살펴보거나 그들의 이력을 면밀히 검토해야 하는 이유다. 조정자를 선정한다는 것은 단순히 역량의 문제가 아니라 특정한 과제 유형에 부합하는지 역량을 따져야 하는 문제다. 면접 유형과 관련하여 잠재적 조정자에게 묻고, 그들의 이력에 관하여 조사하는 일은 포커스 그룹 연구 설계에서 중요한 요소다.

## 토론 보조도구(aids)

면접 유형은 토론 보조도구(aids)의 활용과 관련해서도 다양하게 분류할 수 있다. 어떤 면접은 조정자가 단순히 질문을 제기하는 방식으로만 진행될 수 있다. 또 다른 경우에는 그 토론이 프레젠테이션이나 실례를 통하여 촉진되고 확장되기도 한다. 포커스 그룹을 마케팅 연구에 적용한 사례를 보면 응답자로 하여금 어떤 제품을 샘플로 시험해 보거나 그 제품이 실제로 사용되는 현장을 관찰하도록 하는 것이 토론을 자극하는 수단으로 유용한 경우가 많다. Merton이 초창기에 적용한 '초점' 면접에서는 응답자들로 하여금 어떤 라디오 프로그램의 다양한 시점에 그들이 기록한 긍정적/부정적 반응에 초점을 맞추도록 하였다. 광고나 훈련 프로그램을 평가하는 데 적용되는 포커스 그룹은 토론을 시작하기에 앞서 집단 구성원들을 해당 광고나 프로그램에 노출시키는 경우가 자주 있다.

면접자는 토론을 위하여 어떤 사물의 작동법을 실례로 보여 주거나 전시하는 방법뿐만 아니라, 그 밖의 다양한 토론 보조도구들을 활용할 수 있다. 투사적 기법도 토론 보조도구로 유용한 경우가 많은데, 집단 구성원들이 특정한 이슈에 관하여 말하기를 꺼리거나 그 이슈가 응답자들이 분명하게 표출하기 어려운 가치관이나 감정에 뿌리를 두고 있는 경우에 특히 그러하다. 단어 연상 기법과 문장 완성 과제도 토론을 자극하는 데 매우 유용하게 활용될 수 있고, 집단 구성원들이 흥미롭다고 느끼는 경우가 많다. Zaltman(2003)은 응답자를 격려하여 그들의 감정과 의견을 대변하는 잡지 속의 그림을 찾아내도록 하는 유발(elicitation) 기법을 개발하였다. 이러한 연상 완성 과제 및 그림 확인 과제에 대하여 응답하도록 한 다음, 추가적인 질문을 제기하여 그렇게 응답한 이유를 밝혀 낼 수 있다. Sayre(2001)와 Mariampolski(2001)는 개별 면접과 집단 면접에서 투사적 방법을 활용하는 것과 관련하여 집중적인 논의를 제공한 바 있다.

스토리텔링(storytelling)도 토론 보조도구로 유용한 또 다른 방법이다. 이 면접 방법은 응답자에게 연구의 목적과 관련된 특정한 사건에 관하여 이야기를 풀어내도록 요청하는 것이다. 스토리텔링을 촉진하는 한 가지 방법은 그림이나 만화를 이용하는 것이다. 응답자에게 특정한 상황, 산출물, 대상 또는 사람 그림을 보여 준 다음 이야기를 풀어내도록 요청하는 것이다. 광고와 마케팅 연구자들은, 경우에 따라 다양한 유형의 사람에 관한 한 세트의 그림을 활용하여 집단 구성원에게 그중 어떤 유형의 사람이 특정한 제품을 사용하는지 지목하게 하기도 한다. 그런 다음 추수질문을 통하여 그 사람을 선정한 이유가 무엇인지 밝혀 낸다.

다양한 **활동들**(activities)도 참여자의 흥미 수준을 증가시킬 수 있을 뿐만 아니라, 다른 단순한 대화 방식에서와는 다른 의견 표출을 이끌어 낼 수도 있다(Colucci, 2007). 콜라주(조각 그림), 그림 그리기, 스티커 붙이기 투표, 포스트잇 메모지에 아이디어를 적어 벽면(게시판)에 게시하여 공유하기, 그리고 역할놀이와 같은 모든 활동은 참여자들을 흥분시키고, 포커스 그룹에 재미 요소를 더해 줄 수 있다.


## 🏰 친밀감

면접 유형이 달라질 수 있는 세 번째 차원은 면접자 측의 친밀감 정도다. 어떤 경우에 면접자는 집단에 대하여 객관적이고, 거리감을 둔 자세를 취한다. 다른 경우에는 면접자가 개인적 일화와 예시를 제공하며 토론을 촉진할 수도 있다. 매우 민감한 주제에 관한 토론에서는, 보다 친밀감 있는 접근이 응답자를 편안하게 하고 토론을 자극하는 데 기여할 수 있다. 예를 들어, 조정자가 집단 구성원들이 난처함이나 과민함을 극복할 수 있도록 도와주기 위한 방편으로 현재 다루는 주제와 관련한 개인적 상황을 활용하거나 해당 주제와 관련되는 개인적 이야기를 할 수 있다. 조정자가 잠재적으로 난처할 수 있는 개인적 정보를 제공함으로써 그러한 정보를 정당화하고 다른 사람들에게 본보기를 제공할 수 있다. 하지만 더 친밀한 접근법일수록 위험한 이유는 조정자가 참여하는 구성원에 가까워지면, 그 집단은 그들이 생각하기에 면접자가 원하는 유형의 반응을 더 많이 제공하게 되기 때문이다. 친밀한 면접 유형을 활용하여 집단으로부터 편견 없는 반응을 얻어낸다는 것은 경험이 풍부한 조정자에게도 어려운 과제다.

## 관찰자와 기록

포커스 그룹에서 별도의 관찰자를 두어, 회기를 오디오나 비디오테이프에 기록하는 것은 매우 흔한 일이다. 포커스 그룹에서 구성원들이 관찰이나 녹음/녹화 여부에 따라 현저하게 반응을 달리한다고 믿을 이유는 거의 없다. 집단 상황이라는 자체가 이미 모든 코멘트를 공개적인 것으로 만들기 때문이다. 그럼에도 불구하고 지켜야 할 몇 가지 격식과 예방책은 있다.

해당 회기가 시작될 때 집단 구성원들에게 관찰자가 있을 것이고 녹화 또는 녹음이 이루어질 것이라고 고지하는 것이 관례다. 일반적으로, 집단 구성원들은 녹화에 대해 허락해 줄 것을 요청받고, 많은 IRB(임상시험심사위원회)는 문서화된 동의를 요구한다. 만약 관찰자가 일방경 뒤에서 관찰할 거라면, 해당 집단에게 관찰자가 있다고 간단히 말하는 것만으로도 충분하다. 관찰자가 집단과 같은 공간에 함께 있을 때에는 그들이 참여자가 아닌 관찰자임을 상기시킬 수 있도록, 집단으로부터 먼 곳에 좌석을 배치해야 한다. 이와 같은 상황에서는 관찰자의 이름 정도만 소개하는 것이 적절하고, 관찰자가 저기서 관찰할 거라는 설명을 덧붙이면 된다.

일반적으로 관찰자가 속한 기관이나 직책, 관찰의 목적을 밝히는 것은 좋은 의견이 아니다. 그러한 정보를 회기의 초반에 밝히게 되면, 해당 면접의 본질에 관하여 너무 빨리, 많은 것을 폭로해 버리는 셈이고, 참여자들의 반응에 편견을 야기할 수 있다. 그보다는 집단 토론의 후반부가 그 연구를 진행하는 이유와 누구를 위한 연구인지에 관하여 참여자들에게 알리기에 좋은 시점인 경우가 있다. 회기의 후반부에 참여자들에게 요약 보고(debriefing)하는 것은 격식의 문제인데, 보고하는 정보의 양은 주제와 비밀보장 조건에 따라 달라질 수 있다. 예를 들어, 새로운 제품을 생산할까 고민하고 있는 공장장은 그러한 계획이 드러나기보다는 새로운 제품 개발을 위한 실험에 참여해 보는 기회라고 말하고 싶을 것이다.

요약 보고가 심층 토론의 자극제가 되고 유용한 통찰을 제공해 주는 경우가 있다. 예를 들어, 작가들과 진행된 어떤 포커스 그룹에서, 해당 그룹의 스폰서의 정체를 밝히자, 그때까지는 표면화되지 않은 불만들이 봇물 터지듯 쏟아져 나왔다. 그 그룹의 목적은 불만족의 근원을 밝히는 것이었기 때문에, 요약 보고를 하는 것이 특별히 도움이 되는 정보를 제공한 것이다.

녹음·녹화 장비를 사용할 때에는 집단 구성원들에게 그 기록 내용에 대하여 비밀을 보장하고 여기저기 유통시키지 않으리라는 약속을 한 다음 장비를 설치하는 것이 관례다. 조정자는 메모를 작성하거나 보고서를 쓰는 대신 녹음·녹화 기록으로 대체하자고 제안할 수도 있다. 기록되는 데 불편하게 느끼는 집단 구성원들은 난처해하지 않고 해당 회기에서 빠질 수 있도록 허용되어야 한다.

관찰자를 배치하거나 기록 장비를 활용하는 방법이 적어도 초반에는 일부 구성원들로 하여금 지나치게 그것을 의식하게 만들 수는 있지만, 토론이 잘 유도되고 흥미진진해지면 일반적으로 반응자들은 그 존재를 잊게 된다. 그렇다고 해서 조정자가 기록 장비가 있다는 것을 구성원들에게 상기시키면서 녹음·녹화될 수 있도록 큰 소리로 말하도록 촉구하는 것도 일반적으로 바람직한 생각이 아니다. 참여자에게 그룹 안의 다른 사람들도 들을 수 있게, 또는 조정자가 들을 수 있도록 목소리를 크게 해 달라고 요청하는 것이 낫다.

관찰자 배치는 해당 포커스 그룹으로부터 획득된 정보의 영향력과 중요성을 증대시키는 도구로서 매우 유용하다. 관찰자가 응답자의 코멘트를 직접 청취하는 것은, 해당 포커스 그룹이 종료된 다음 조정자가 요약하여 제공하는 정보와 비교할 수 없을 만큼 강력하다 [직접 관찰의 효과에 대한 더 유용한 논의는 Barabba(1995) 참고]. 물론 특히 관찰자가 같은 방에 실제로 함께 있을 때, 관찰자가 주의를 분산시키는 장본인이 되지 않도록 자신의 역할을 분명히 인식하는 것이 무엇보다 중요하다. 관찰 창 뒤에서 터져 나오는 (관찰자들의) 웃음소리를 집단 구성원들이 듣게 되면, 그 집단은 곧바로 침묵하게 될 것이다. 관찰자가 자신의 역할을 명확히 인식하게 하는 방법은 각 관찰자들에게 구체적인 역할을 부여하는 것이다. 관찰자가 한 명뿐이라면, 그가 세세하게 노트 필기까지 해야 한다. 관찰자가 다수라면, 각각에게 한 명 이상의 참여자에 관한 노트 기록 수행을 역할로 부과하는데, 기록에는 참여자들이 말한 내용은 물론, 행동, 제스처 그 밖의 비언어적 반응 유형까지 포함하도록 한다.

## 면접의 개시

면접의 개시는 그 이후에 오게 될 모든 분위기와 의제를 결정한다. 조정자는 면접 초기부터 신뢰적이고 개방적인 분위기를 형성하기 위하여 노력해야 한다. 익명성을 보장하고, 아무리 다르거나 특이한 것이라도 모든 의견을 가치 있게 여기고, 응답자에게 공감하는 것이 매우 중요하다. 조정자는 토론 의제를 설정하고 해당 회기를 위한 기본 원칙을 제시해야 한다. 이러한 의제 설정은 그룹의 목적과 조정자의 스타일에 따라 다소 지시적일 수 있지만, 응답자들에게 자신을 소개할 기회를 조금이라도 제공하는 것이 일반적이다. 전형적인 면접의 개시는 다음과 같은 형태를 띠게 마련이다.

토론을 시작하기에 앞서, 서로 친숙해지는 게 도움이 됩니다. 우선 각
자에 대해 소개하면서 시작합시다. X씨가 먼저 시작할까요? 그다음에
는 테이블에 앉은 순서대로 돌아가면서, 자신의 성을 말하고, 남는 시간
에 어떻게 보내면 좋을지 조금씩 말해 봅시다.

오늘은 여러분 모두에게 영향을 미치는 이슈에 관하여 토론하려고 합
니다. 토론에 들어가기에 앞서, 여러분들께 몇 가지 요청을 드리고자 합
니다. 첫째, 회기가 진행을 녹화할 것이라는 점을 알아 주셨으면 합니다.
이것은 제가 보고서를 작성할 때 이번 토론을 다시 돌아보고 확인하기
위해서 필요합니다. 혹시라도 녹화하는 게 불편한 분이 계시면 말씀해
주시고, 이번 회기에서 빠져도 됩니다. 크게 말씀해 주시고, 가급적 한
번에 한 사람만 말하도록 합시다. 제가 교통경찰과 같은 역할을 하면서
모든 사람이 발언 기회를 갖도록 노력하겠습니다. 마지막으로, 여러분
이 생각하는 게 무엇인지를 정확하게 표현해 주세요. 여러분의 생각을
저나 다른 사람들이 어떻게 생각할지에 대해서는 걱정하지 마세요. 우
리는 서로의 의견을 나누기 위해서 여기 모인 것이고, 그러면서 재미도
있었으면 합니다. 그러면 각자 자기소개를 해 볼까요?

그룹 구성원의 자기소개는 라포와 소속감을 형성하는 좋은 방법
이다. 집단 구성원들이 스스로를 소개하고, 자신의 직업, 가족 또
는 그 밖에 다른 사람들이 잘 알지 못하는 개인적 사실 등 자신에
관하여 조금이라도 말하도록 하는 것은 항상 좋은 생각이다. 일부
집단에서는 조정자가 구성원들이 밝히는 개인적 정보의 유형에

일부 제한을 두고 싶어 할 수 있다. 예를 들면, 어떤 주제에 관하여 전문가와 초보자로 구성된 집단에서, 직업을 밝히는 것은 초보자에게 위협적인 요소로 작용하거나 전문가의 의견에 과중한 부담이 될 수 있다. 참여자들이 자신에 관하여 드러내도록 허용되는 정보의 양과 관련해서 엄밀한 규칙이 있는 것은 아니지만 그러한 정보가 집단에 편견을 야기할 것 같거나 그 집단의 상호작용 특성에 영향을 미칠 것으로 여겨질 만한 충분한 이유가 있다면 조정자가 그것에 대해서 언급하지 말도록 요청하는 것이 현명하다.

자기소개가 끝나면 조정자는 토론 주제에 대해서 소개해야 한다. 조정자는 흔히 가장 일반적인 형태로 토론 주제를 소개하고 보다 구체적인 질문과 이슈는 나중에 제기하려고 남겨둔다. 이렇게 하면 관심거리가 되는 모든 구체적인 이슈들을 드러내지 않으면서 테이블 위에 주제를 펼쳐 놓는 유용한 기능을 한다. 물론 이것은 제5장에서 살펴보았던, 깔때기 면접방식이다. 제5장에서 다른 여러 가지 면접방식에 관하여 살펴본 바 있는데, 다른 면접 형태가 적절하여 면접 주제에 맞춰 그런 면접 형태를 도입해야 할 상황도 있다. 그럼에도 깔때기식 면접이 가장 널리 활용되는 경향이 있는데, 그 이유는 참여자들이 스스로 제기할 만큼 충분히 중요한 이슈인지를 알아내는 데 유용한 경우가 많기 때문이다. 또한 주제에 관한 매우 구체적인 질문을 너무 일찍 제기하면, 토론이 너무 협소하게 초점이 맞춰져 본궤도에 올라가게 된다. 그보다는 일반적인 것에서 구체적인 것으로 점차 옮아 감으로써 깔때기처럼 토론을 좁혀 가는 것이 좋다. 참여자들의 흥미를 빨리 유발하는 한 가지 방법은 토론 주제를 제기하고 그 주제와 관련한 개인적 일화를 말하게 하는 것이다. 이야기를 나누는 것은 라포를 형성하고 어색함을 허물게 해 주는 경향이 있다.

## 참여 촉진

포커스 그룹의 구성원들이 자신의 존재와 의견이 가치 있게 인정받을 뿐만 아니라 집단의 성공에 필수적이라고 느끼도록 해야 한다. 이런 분위기는 특히 면접 초기에 형성하는 것이 중요하다. 이것은 과묵하고 약간 뒤로 물러서 있는 응답자들을 안심시키고, 필요한 경우 집단을 지배하는 구성원을 다룰 수 있는 기반을 제공해 준다. 회기가 진행되는 동안 집단 내 모든 구성원들이 발언하도록 독려해야 한다. 이것은 집단 구성원에게 직접적인 질문을 제기함으로써 달성할 수 있다. 참여를 보장하는 가장 간단한 방법은 집단 구성원 각자에게 차례대로 자신의 의견을 밝히도록 하는 것이다. 이런 절차는 집단 구성원 사이의 상호작용을 억압하는 경향이 있기 때문에, 각질문에 대하여 모두 활용될 수는 없다. 그러나 주저하는 응답자로부터 반응을 이끌어 내려는 집단 과정이 진행되는 동안 몇 차례 사용될 수 있다. 포커스 그룹 연구의 맥락에서, 이러한 '투표' 절차는 토론을 촉진하기 위한 방편으로서만 적절하다. 이 책의 다른 장에서 언급한 바와 같이 포커스 그룹은 응답자로부터 백분율이나 다른 통계치를 산출하기 위하여 '조사'하는 방법으로는 부적절하다.

조정자는 집단 구성원들이 사용하는 비언어적 단서에 특히 민감해야 한다. 얼굴 표정과 제스처는 어떤 사람이 막 말하려고 할 때 동의하지 않는다는 표현이거나, 방금 언급된 내용 때문에 혼란스럽다는 표현이거나, 표현한 의견이 받아들여졌는지 확인해달라는 요구의 표현인 경우가 많다. 앞 장에서 이미 언급한 바와 같이 조정자가 이러한 단서를 인식하고 반응하는 능력은 집단 내 참여의 균형을 극적으로 증가시킨다.

## 시간 관리

조정자가 갖추어야 할 가장 중요한 기술 중 하나는 시간 관리다. 조정자는 특정한 주제를 다루는 데 소모된 시간이 얼마나 되는지, 더 논의해도 새로운 정보를 얻을 게 거의 없는지를 재야만 한다. 각 질문들에 얼마나 시간을 투입해야 하는지, 만약 시간이 부족하다면 제시하지 말아야 할 질문은 무엇인지를 결정하기 위한 안내서를 일부 제시해 주기 때문에, 다양한 구체적 질문들이 연구 의제와 관련하여 상대적으로 얼마나 중요한지를 아는 것도 많은 도움이 된다. 참여자들은 일정한 시간만큼만 모집되었다는 점을 명심해야 한다. 조정자와 포커스 그룹 사이에는 스케줄에 맞춰 종료될 것이라는 암묵적 계약이 있다. 약속한 시간을 넘겨 집단을 붙들고 있으면 집단은 무례해지고 적대적으로 변하는 것으로 알려져 있다.

면접을 시작하는 것은 가장 관리하기 어려운 일들 중의 하나인 경우가 많다. 토론에서는 일반적으로 광범위한 아이디어들이 빠르게 전개된다. 조정자는 이러한 아이디어를 기억하거나 종이에 기록하여 최종적으로 적합한지 다시 살펴볼 수 있도록 해야 한다. 한 번에 한 가지 이슈만 토론하고, 조정자는 토론이 충분히 이루어질 때까지 집단 구성원들이 그 한 가지 주제에 집중하도록 해야 한다. 여기에는 "특별히 흥미롭기는 하지만 현재 다루어지는 이슈와 관련 없는 사항은 나중에 논의해 보자"고 집단 구성원들에게 말하는 것을 포함한다. 토론을 관리하는 또 다른 방법은 어떤 주제에 대하여 다룰 것인지를 집단 토론이 시작되는 초기에 플립 차트(flip chart)를 활용하여 게시하는 것이다. 이런 문서화된 기록은 집단을 이 주제에서 저 주제로 옮아 가도록 지시하는 데 활용될 수 있다.

## 🏰 탐색

포커스 그룹의 참여자들은 항상 그들이 바라는 것을 모두 말하거나 그들이 생각하는 것을 반드시 분명하게 표현하는 것은 아니다. 참여자들은 때때로 문장 중간에 머뭇거리거나, 한 문장을 말한 다음 조정자를 계속 쳐다본다거나 혹은 얼굴 표정 등과 같은 비언어적 단서를 통하여 그들이 할 말이 더 있다는 신호를 보내기도 한다. 조정자는 이러한 단서를 알아차리고 계속 말할 수 있도록 수용하고 격려함으로써 그 단서들을 추적할 필요가 있다. 응답자가 말한 내용이 무슨 의미인지 불분명한 경우도 있다. 이런 경우에도 추가 질문을 통하여 추적해야 한다.

집단 참여자의 첫 번째 반응이 불충분한 경우가 자주 있다. 최초의 응답은 말만 번지르르하고 그다지 의미가 없는 추상적인 용어를 포함하고 있는 경우가 종종 있다. 예를 들어, 어떤 응답자가 자신의 주치의가 불친절하다고 말하면 상당히 구체적인 무언가를 응답한 것처럼 보인다. 하지만 이 말은 주치의가 많이 웃지 않는다는 뜻일 수도 있고, 전화로 상담하기 어렵다는 뜻일 수도 있다. 이와 유사하게, 어떤 소비자가 어떤 제품이 싸다거나 품질이 낮다고 지적하면 해당 제품에 대하여 매우 구체적인 특성을 반응한 것처럼 보인다. 따라서 집단 참여자들이 의미하는 바를 구체적으로 확인하기 위해서 추가 질문을 통해 조사하는 것이 매우 중요하다.

추수질문, 즉 탐색은 응답자로부터 충분한 정보를 얻어내는 데 있어서 중요한 부분을 차지한다. 탐색은 다양한 형태를 띨 수 있다. 단순히 특정 참여자가 토론 참여를 포기하지 않는 데 대한 감사의 표시가 될 수도 있다. 참여자와의 지속적인 눈맞춤, 경청하고 있다는 간단한 "아…… 예……." 반응을 포함할 수도 있고, 다음 사람이 말하려고 할 때 X가 아직 자기 생각을 다 말하지 않은 것 같다고 발언하는 것을 포함할 수도 있다. 탐색의 또 다른 형태는 "제가 듣기로 당신이 발언한 것은……."과 같이 말하며 응답자의 생각을 되돌려 반영하는 것이다.

조정자는 또한 "더 자세히 말해 주세요." 또는 "제가 충분히 이해하지 못했어요. 무슨 뜻인지 설명해 주시겠어요?"라고 말하며 추가적인 정보를 요청할 수도 있다. 실례, 예시, 또는 이야기를 요청하는 것도 심층적인 정보를 얻어 내는 또 다른 방법이다. 그 밖의 탐색은 집단 전체를 향해 직접적으로 제시될 수도 있다. 그 집단에게 "그것에 대해 예를 들어 주실 분 있나요?" 또는 "다른 경험을 하신 분 또 없나요?"라고 요청하는 것이다. 일반적으로 금방 언급된 내용에 대하여 동의하거나 동의하지 않는 사람이 있는지를 직접 물어 탐색하는 것은 좋은 방식이 아니다. 이렇게 하면 응답자가 방어적이게 될 수 있고 의견 충돌이 일어날 수도 있다. 그보다는 조정자가 "비슷한 (다른) 의견을 가진 사람 있나요?"라고 묻는 것이 낫다.

어떤 경우에는 한 응답자의 설명을 전체 집단이 도와주도록 요청하고 싶어지기도 한다. 이는 조정자가 모르는 척하고 "그녀가 말한 것을 여러분들은 모두 이해하는 것 같군요. 하지만 저는 여전히 혼돈스러워요. 누가 저 좀 도와주시겠어요?"라고 요청하면 된다.

상세하게 파악하기가 쉽지 않은 경우도 있다. 이런 경우에 탐색은 "저한테 보여 줄 수 있어요?"와 같은 시범 설명이나 "무엇이랑 닮았는지 말해 주세요."와 같은 비유의 활용을 요청하는 형태를 띨 필요가 있다. 요컨대, 훌륭한 조정자는 다른 집단 구성원들이 가능하다면 어떤 응답자에 대하여 탐색할 수 있도록 만드는 사람이다. 만약 어떤 사람이 다른 집단 구성원으로 인하여 혼란스러워하는 것처럼 보이면, 조정자는 "당신은 혼란스러운 모양이군요. 왜? 어느 부분이 이해가 안 되나요?"라고 물을 수 있다.

탐색은 포커스 그룹에서 정보를 획득하는 데 있어서 결정적인 부분을 차지한다. 좋은 탐색은 특정한 대답을 암시하지 않고도, 응답자를 방어적으로 만들지 않으면서도, 더 많은 정보를 요청하는 것이다. 탐색을 언제 할 것인지와 심층 탐색이 도움이 되지 않는 것 같은 시점을 아는 것이 또한 정해진 시간 안에 토론 의제를 성공적으로 이끌어 가는 데 결정적으로 중요하다.

## 🏰 문제 상황 다루기

포커스 그룹 면접에서 문제는 다양한 형태를 띨 수 있다. 회기가 진행되는 동안 발생할 수 있는 모든 문제들을 구체화하거나 예측하는 것은 불가능하다. 참여자가 커피를 쏟을 수도 있고, 아플 수도 있고, 긴급 전화를 받을 수도 있다. 이제는 휴대전화가 널리 보급되었기 때문에 조정자는 회기가 시작될 때 참여자들에게 전원을 꺼달라고 요청해야 한다. 조정자는 발생할 수 있는 모든 상황에 대비해야 하고, 가능한 신속히 그 집단을 제자리로 돌아가게 해야 한다. 모든 문제 상황을 예측하기는 불가능하지만, 제법 자주 발생하는 몇 가지에 관해서는 좀 더 살펴볼 필요가 있다.

### 전문가

포커스 그룹에는 두 가지 유형의 전문가가 있다. ① 진짜 전문가, ② 자칭 전문가가 그들이다(Krueger & Casey, 2008). 전문가가 함께 구성된 포커스 그룹이 유용한 경우도 많기는 하지만, 일군의 초보자들 사이에 진짜 전문가가 존재하면 토론을 방해할 수도 있다. 이런 유형의 문제를 예방하기 위해 프로젝트를 위한 참여자 모집

단계에서 선별하는 것이 가장 효과적이지만, 엄정한 선별에도 불구하고 실수로 포함되는 경우가 발생할 수 있다. 집단 내에 그런 전문가가 존재할 때에는 그들의 전문성을 활용하는 방식으로 그들을 끌어들일 수 있을 것이다. 여기에는 그 전문가에게 자신의 의견을 피력하지 않도록 하는 동시에, 경우에 따라서는 그 전문가로 하여금 사실이 무엇인지를 정교화하거나 상세한 설명 정보를 제공해 달라고 요청하는 것도 포함된다. 이러한 접근이 효과적인 경우가 많은데, 그 이유는 조정자가 그 전문가에 비해 지식이 거의 없고, 그 전문가는 중요한 위치를 차지하고 있기는 하지만 집단 내에서 그가 담당할 역할이 명확하게 정해져 있기 때문이다. 이런 기법을 사용하기 위해서 조정자는 집단에 대한 통제권을 그 전문가에게 잃는 대신 그 전문가를 집단 토론을 촉진하기 위한 자원으로 활용해야 한다.

자칭 전문가는 포커스 그룹 조정자에게 보다 어려운 문제다. 이런 자칭 전문가는 진짜 전문성을 거의 갖고 있지 않지만 자신의 의견을 사실인 것처럼 제시하고 집단 내에서 가장 지배적으로 많이 발언하는 사람인 경우가 많다. 이들은 집단 내의 다른 구성원들을 위협하기도 하고, 진짜 전문가만큼 도움이 되는 역할을 수행하는 위치를 점할 수도 없다. 하지만 다양한 수단을 통하여 이런 사람들을 통제할 수도 있다. 조정자가 집단 구성원 모두의 견해에 관심이 있다고 분명히 밝히는 것만으로도 이런 자칭 전문가로 인해 야기되는 문제를 해결하는 데 충분한 경우가 많다. 하지만 이런 방식이 실패하면 조정자는 보다 강력한 방법을 동원할 수도 있는데, 중간에 그 사람의 발언을 자른다거나, 눈맞춤을 피하거나, 그 사람이 원하는 듯해도 그 사람을 인정하지 않는 방법을 사용할 수 있다. 조정자가 지루해하고 피곤해하는 표정을 짓거나, 손가락으로 테이블을 두드리거나, 머리가 아픈 척하거나, 천장이나 바닥을 뚫어져라 쳐다보거나, 그 밖에 그 '자칭 전문가'와는 상관없는 행동과 같은 비언어적 단서를 채택하는 것도 그런 사람들의 목소리를 약화시키는 수단이 될 수 있다. 관심이 없다는 듯 행동하고 그 '자칭 전문가'가 발언을 마친 후에 곧바로 주제를 변경하는 방법도 집단에 대한 통제권을 유지하는 데 유용할 수 있다.

## 친구

앞 장에서 우리는 그 집단이 특별히 설계하여 서로 아는 사람들끼리 모인 것이 아닌 한, 친구를 같은 집단 안에 포함하는 것은 일반적으로 현명하지 않다고 지적한 바 있다. 모집 단계 동안 주의 깊게 선별함으로써 이런 일이 벌어질 가능성을 줄일 수 있기는 하지만, 경우에 따라서는 친구가 집단 안에 포함되는 것을 피할 수 없는 경우도 있다. 이런 경우에는 정중하게 그중 한 사람에게 나가 달라고 부탁하는 편이 적절한 경우가 많다.

Templeton(1994)은 같은 집단 안에 친구가 있음으로써 발생할 수 있는 몇 가지 문제점을 구체적으로 제시하였다. 친구는 익명성을 저하시킬 수 있다, 집단에 참여하지 않음으로써 집단 형성을 저해할 수 있다, 전체 집단에 그들의 통찰을 부정하는 사적인 대화에

몰두하고 다른 사람의 의사 표현을 방해할 수 있다, 친구는 다른 친구의 견해를 공개적으로 지시하고, 집단 내의 의견 불균형을 조장할 수 있다. 집단 내에 친구(또는 부부, 다른 친척 또는 서로 아는 사람)를 두어야 연구의 객관성을 완벽하게 유지할 수 있는 경우도 있기는 하지만, 이런 경우는 연구 기획 단계에서부터 이미 결정되었어야 하는 것이다.

## 적대적인 집단 구성원

때로는 포커스 그룹 회기에 적대적인 입장을 분명히 하는 사람이 나타나기도 한다. 그 사람은 단순히 그 날 하루 나쁜 날일 수도 있고, 그날 다루어지는 토론 주제가 그가 생각하던 것이 아니기 때문일 수도 있다. 때로는 진짜 적대적인 성격을 가진 사람들이 일부러 포커스 그룹에 찾아들어오는 경우도 있다. 이런 사람들이 집단 내에 존재하면 모든 사람들이 불편하고 토론이 숨이 막혀 한다. 만약 이런 적대감이 집단이 시작되기 전에 발견된다면, 그 사람에게 집단에서 나가 달라고 정중하게 부탁하는 편이 현명하다. 만약 집단 토론이 진행되는 도중에 그런 적대감이 나타난다면 집단 전체에게 잠깐 휴식시간을 갖게 하고 그 사람에게는 떠나는 게 어떤지 요청하는 방법이 도움이 된다. 만약 그 사람이 떠나지 않겠다고 한다면 눈맞춤을 줄임으로써 직접적으로 적대감을 자극하지 않으면서 그 사람의 참여 의지를 꺾을 수 있다.

# 🏰 특별한 이슈

포커스 그룹 면접의 한 가지 장점은 거의 대부분의 연구 목적을 달성하는 데 채택될 수 있다는 것이다. 하지만 이런 다목적성은 구체적으로 특정한 목적에 적용된 포커스 그룹을 실행할 때 부닥치게 될 이슈와 문제점들도 그만큼 많다는 것을 의미한다. 특정한 목적으로 포커스 그룹을 활용하려고 구상하고 있는 연구자들은 그 절차와 예상되는 문제점들도 세세하게 검토해야 한다. 이 장의 남은 부분에서는 5가지의 특별한 이슈들에 대하여 다룰 것이다. ① 포커스 그룹에서 아동의 활용, ② 특별한 요구(예: 장애)가 있는 참여자와의 포커스 그룹, ③ 관찰 기법의 활용, ④ 잠재적으로 민감하거나 난처한 주제에 관한 토론, 그리고 ⑤ 다문화 및 다국적 상황에서의 포커스 그룹 활용이 그것이다.

## 포커스 그룹 참여자로서 아동

아동들도 포커스 그룹에서 놀라운 역할을 수행할 수 있지만, 그들은 특별한 문제들을 야기할 수 있다. 조정자는 특히 아동이 편안하고 긴장하지 않도록 보호하는 것이 중요하다. 아동들은 일반적으로 어른들이 언제 자신들에 대하여 불편해하는지를 알기 때문에, 이것이 반대로 그들을 불편하거나 적대적이게 만들 수 있다. 불편하고 적대적인 아동은 많이 말하지 않는다. 아무리 훌륭한 조정자일지라도, 모든 조정자들이 아동을 면접하는 과제를 잘 수행할 만큼 준비되어 있는 것은 아니다. 따라서 조정자가 아동에 대하여 편안함을 느낄 만큼 경험을 쌓는 것이 중요하다.

어린 아동들은 특히 여성 조정자를 더 편안하게 느끼는 경우가 많지만 이것도 다루어지는 주제가 무엇인지, 그 집단이 혼성인지 아니면 단일한 성별로 구성되어 있는지에 따라 특정 성별의 조정자가 적합할 수도 있다. 일반적으로 여성 집단은 여성 면접자에게서 더 편안함을 느낀다. 소년 집단이 여성 면접자를 편안해할 수도 있지만, 어떤 주제에 대해서는 남성 조정자와 터놓고 이야기하고 싶어 한다.

어린 아동들은 청소년이나 성인들에 비해 언어 능력이 부족하기 때문에 자극 자료를 더 많이 활용하는 것이 좋다. 아동들은 그림에 대하여 반응을 잘하곤 하고, 역할놀이 활동으로 연기하게 하면 잘 반응하는 편이다. 질문을 게임처럼 제시하면 재미도 증가시키고 주의집중도 유지할 수 있다. 어린 아동들은 특히 주의집중 시간이 짧기 때문에, 면접을 축약하거나 몇 번에 나누어 실시해야 할 수도 있다.

아동과 청소년들은 그들의 발달이 그러한 것처럼, 빠르게 변하고 더 나이 많은 아동이나 청소년들과 잘 섞이지 않는다. 특정한 집단의 참여자 연령을 제한하는 것이 그 집단의 응집력을 증가시키고 토론을 촉진하는 방법이 될 수 있다. 질문 또한 참여자의 연령에 적합한 어휘를 사용하여 이루어질 필요가 있으며, 연령에 적합한 주제가 다루어져야 한다. 마지막으로, 대부분의 경우 참여자 모집 단계에서부터 부모, 학교 관계자 또는 관련자의 허락을 얻어야만 한다. 아동 면접과 관련한 보다 심층적인 내용은 Morgan, Gibbs, 그리고 Britten(2002)과 Krueger와 Casey(2008)에서 찾을 수 있다.

## 특별한 요구가 있는 참여자와의 포커스 그룹

포커스 그룹은 광범위한 참여자들에게 적용될 수 있다. 포커스 그룹에 특별한 요구가 있는 참여자들이 포함되는 일은 흔히 있지만, 특별한 요구를 가진 사람들로만 배타적으로 집단을 구성하는 일이 흔치는 않다. 이들은 장애인, 노인, 기타 특별한 요구를 가지고 있는 사람일 수 있다. 이런 참여자들이 포커스 그룹에 참여할 수 있도록 편의를 제공하려면 세심한 준비가 필요하다. 그런 사람들이 교통수단을 이용하여 면접 장소까지 이동하고 그 집단 활동이 이루어질 장소까지 접근할 수 있도록 확실히 하는 것이 중요하다. 개인에 따라 다른 특별한 좌석을 제공하거나 적절한 메뉴의 음식을 제공해야 할 수도 있다. 또한 바로 토론에 들어가기 전에 제시될 질문에 관하여 배경이 되는 일부 맥락 정보를 제공하는 것도 권장할 만하다. 이런 정보는 초청장을 통해서 제공될 수도 있고, 조정자가 해당 포커스 그룹에 대하여 소개할 때 포함될 수도 있다.

토론이 전개되는 동안 조정자가 많이 개입할 필요가 있는데, 그 집단이 오로지 특별한 요구를 가진 사람들로만 구성된 경우 특히 그렇다. 포커스 그룹을 진행할 때 조정자는 참여자들의 요구와 능력 수준에 대하여 제대로 인식하고 있어야 한다. 여기에는 여느 다른 집단들과 다르다는 것만 분명히 하는 것으로 충분한 경우가 많다. 또 어떤 경우에는, 보다 천천히 분명하게 말해야 할 수도 있고 질문에 대하여 생각하고 응답할 시간을 더 주어야 할 수도 있다. 그 집단은 크기를 작게 유지하여 반영(reflection)과 응답에 시간을 더 할애할 수 있도록 하고, 10여 명의 사람들이 동시에 말하려고 하여 생길 수 있는 방해 요소를 줄여 주어야 한다.

회기의 지속 시간 또한 고려해야 할 중요한 요소다. 피로도를 낮추고 참여자의 요구에 맞는 편의를 제공하기 위하여 회기는 그 길이가 1.5시간 이상이 되지 않도록 하고, 회기 중간중간 휴식 시간을 두어야 한다. 특별한 요구를 가진 참여자들과의 면접에서 독특하게 존재하는 이슈들에 관한 보다 심층적인 논의는 Barrett과 Kirk(2000), Seymour, Bellamy, Gott, Ahmedzai 그리고 Clark(2002), Liamputtong(2007)에서 찾을 수 있다.

## 관찰 기법

포커스 그룹의 구성이 어떠한지와 관계없이, 언어적 반응뿐만 아니라 행동적 자료도 기록하는 것이 유용할 수 있다. 행동적 자료를 기록하는 것은 특별한 문제를 제기한다. 조정자가 그 집단을 운영하면서 행동적 자료를 기록하기에는 너무 바쁘기 때문에, 한 명 이상의 관찰자나 기록 장치가 필요하다.

기록 장치(비디오카메라나 디지털카메라)를 사용할 경우, 그것은 모든 행동 중에서도 일부 제한된 분량의 행동만을 기록하게 됨을 인식하는 것이 중요하다. 여러 대의 카메라를 사용하더라도, 그것은 비용이 너무 많이 들고, 그것의 앵글과 위치에 따라 무엇이 기록될지가 제한될 수 있다. 뿐만 아니라, 그것들은 전형적으로 다수의 반응자들의 행동을 포착하는 데 활용되기 때문에, 개별 응답자의 얼굴 표정을 근접 촬영하기 어려울 수 있다. 하지만 사진이나 동영상으로 행동을 포착하는 것은 행동적 자료를 활용하기 위한 첫 단계에 불과하다. 녹음·녹화한 자료는 궁극적으로 내용별로 코드화하여 분석되어야 한다. 관찰자가 활용될 경우 행동에 대한 코딩 시스템을 사전에 개발하여 기록자가 무엇을, 어떻게 기록할지 알 수 있게 해야 한다. 코딩 작업을 현장에서 바로 했든 동영상을 보고 했든 다수의 관찰자를 두어 관찰의 신뢰도를 확보하는 것이 좋다.

특정한 자극 대상에 대한 반응으로 포커스 그룹 행동을 조사하는 한 가지 기법은 조정자를 몇 분 동안 방 밖으로 불러내는 것이다. 이렇게 하면 반응자들은, 조정자로 인한 방해를 받지 않으면서, 자유롭게 말하고 대상과 상호작용할 수 있게 된다.

## 민감하고 난처한 주제를 다루는 법

다수의 포커스 그룹이 잠재적으로 민감하고 난처할 수 있는 주제들을 다룬다. 이런 주제들은 치질에서부터 여성용 위생용품과 콘돔의 사용에 이르기까지 광범위할 수 있다. 이와 같은 주제들을 다룰 때는, 조정자 자신도 그 주제가 민감하고 말하기 꺼려짐을 집단 구성원들에게 알려 주는 것이 유용하다. 그 주제 자체에 대하여 곧장 토론하기보다 이렇게 말하고 나서 참여자들이 그 주제에 대하여 더 편안해지도록 하고 그것을 바탕으로 왜 그러한지에 관한 토론으로 이끌어 갈 수 있다. 또한 조정자는 참여자들이 주어진 주제에 관한 통찰을 서로 공유하는 것이 왜 그렇게 중요한지를 설명하는 데 많은 시간을 할애해야 할 수도 있고, 기꺼이 토론에 참여해준 응답자들의 자발성에 대해 감사를 표시하는 데 더 많은 시간을 할애해야 할 수도 있다.

조정자가 적합하다고 판단할 경우 보다 친밀한 접근을 사용하면 참여자의 안락감 수준도 증가할 수 있다. 예를 들어, 그 조정자는 "제가 콘돔을 처음으로 보았을 때……."와 같은 개인적 일화를 이야기해 줄 수 있다. 참여자를 토론으로 끌어들이는 또 하나의 방법은 경험에 관하여 이야기하도록 하거나 그들이 아는 사람, 친구, 이웃들의 견해는 어떠한지 말하도록 하는 것이다. 이렇게 하면 잠재적인 개인적 난처함을 다소 해소할 수 있다. 친구와 아는 사람에게 초점을 맞춰 토론을 시작하는 것도 토론 후반부에 개인적 경험을 나누기 좋은 분위기를 조성하는 데 도움이 된다. 보다 일반적으로는 투사적 기법이 민감한 주제에 관한 정보를 끌어내는 데 유용한 경우가 종종 있는데, 이 방법은 집단에 유머를 투입하고, 이것이 더욱 더 참여자의 저항을 감소시켜 준다.

어떤 구성원이 주제를 우습게 여기고 다른 집단 구성원을 난처하게 만들려고 할 때, 조정자는 확고한 훈육을 가할 필요도 있다. 한편, 참여자들의 두려움을 해소하는 데 유머가 매우 유용한 도구라는 점을 인식하는 것이 중요하다. 악의 없는 반응이나 농담이 어색한 분위기를 깨는 데 도움이 되고, 설사 본인 자신이 망가지더라도, 그 주제를 약간은 재미있게 다루어도 괜찮다는 것을 모든 참여자들에게 알게 해 준다. 기술이 유능한 조정자는 유머의 장점을 최대한 활용하여 유머를 악용하려는 시도로부터 집단의 개별 구성원을 보호한다.

## 다국적 상황에서의 포커스 그룹

포커스 그룹은 전 세계 도처에서, 다양한 문화권에서 온 참여자들을 대상으로 활용된다. 문화가 인간 행동과 사회적 상호작용에 영향을 미치듯이, 포커스 그룹에서의 참여에도 영향을 미친다. 한 국가나 한 문화권에서는 효과적인 접근 방법들이 다른 나라에서는 효과적으로 적용되지 않을 수 있다. 음식을 제공하는 것이 적합한 경우가 많지만, 미국이나 일본과 같은 문화권에서는 촉진 효과가 다를 수 있다. 한쪽은 앉아서 오랫동안 식사하는 게 관습인데, 다른 한쪽은 '조금씩 자주 먹는 식사'가 일반적이기 때문이다. 마찬가지로, 일부 문화에서는 집단 구성원 사이의 지위 차이를 보다 잘 수용한다. 지위가 특히 중요한 문화권에서는 집단 구성원의 지위와 권력 측면에서 보다 동질적인 것이 바람직하다. 어떤 문화권에서는 응답자의 인종이 유사할 때 일부 주제에 대하여 집단이 잘 운영될 수도 있다. 논의의 초점으로 삼는 행동이나 이슈에 대하여 그 집단에 큰 차이가 있을 때, 이러한 현상은 두드러지게 나타난다.

사람들이 보다 수동적이고 일처리를 스스로 하는 경향이 있는 문화권에서는 포커스 그룹 회기를 2개로 나누는 편이 효과적이다. 첫 번째 회기는 참여자 사이의 라포와 친밀성을 형성하고 휴식 시간에 사적인 혼합이 일어나도록 일정을 잡기 위한 것이다. 이렇게 하면 참여자들이 보다 편안함을 느끼고 두 번째 회기에서 보다 은밀한 주제에 대해서도 쉽게 토론에 참여할 수 있을 것이다.

언어 차이도 다국적 또는 다문화적 상황에서 포커스 그룹을 수행해야 할 때 고려해야 할 또 다른 이슈다. 참여자의 지역 언어로 포커스 그룹을 수행하는 것이 최선의 방법이다. 어떤 경우에는 모든 참여자들이 구사하는 공통 언어가 있을 수 있지만, 이런 경우에는 불가피하게 일부 참여자들이 자신의 의견을 정교하게 표현하는 능력이 저하될 수 있다. 제5장에서 살펴본 바와 같이 조정자는 그 집단의 제1언어로 말해야 한다. 제2언어로 가장 유창하게 말하는 사람이라도 질문을 구조화하거나 응답을 뒤쫓아가는 데 약간의 어려움을 겪을 수 있다. 통역사도 심각한 문제를 일으킬 수 있으므로 가능하다면 피하는 게 좋다. 통역사의 인식과 의견으로 인해 통역이 변색되는 경우가 많기 때문이다. 다문화적 환경에서 온 참여자들로 구성된 포커스 그룹을 진행할 때 조정자가 언어적 장벽 문제에 대처하기 위하여 취할 수 있는 몇 가지 기법들을 제5장에서 제시한 바 있다.

그 밖에 고려해야 할 이슈에는 시간의 중요성에 대한 문화적 차이와 관련되는 것이다. 일부 문화에서는, 사전에 수립된 일정 계획에 맞춰 정확하게 시작하고 끝낼 것이라고 굳게 믿는다. 다른 문화권에서는 시간에 대하여 보다 유연하여, 당초 계획된 시작 시간을 고려하여 집단 토론 시작 시간을 잘 계획해야 한다. 역사적 및 현재의 정치적 환경을 고려하여, 참여자의 의견에 대한 비밀보장을 특별히 강조하여 안심시킬 필요도 있다. 녹음 · 녹화 기록과 관련한 일반적인 문화적 규범과 마찬가지로 참여자가 비밀이 보장되는지에 대하여 우려하게 되면, 집단 토론 과정을 기록하지 못하게 할 수 있다. 다국적 · 다문화적 상황에서 포커스 그룹을 진행할 때 발생할 수 있는 문제점들에 관하여는 Stewart와 Shamdasani(1992), Barbour(2007), Lee와 Lee(2009), Colucci(2008), Liamputtong(2008), Murphy와 Dillon(2011)에서 더 상세히 다루고 있다.

## 결론

포커스 그룹을 진행하는 것은 상당한 경험과 훈련이 필요한 기술이다. 포커스 그룹 토론에서 얻는 데이터의 질은 조정자가 그 면접을 얼마나 잘 이끌었는가에 따라 나타나는 직접적인 결과다. 우선 참여자가 면접 분위기를 비평가적이고 비위협적이라고 지각할 수 있도록 편안한 분위기를 형성해야 한다. 이런 환경 속에서, 조정자는 그 집단을 이끌고 이런저런 주제를 다루고 필요한 경우 탐색을 통해 응답자가 의미하는 바를 캐낸다. 이와 동시에 조정자는 그 집단에 대한 통제권을 유지해야 하는데, 이는 그 집단이 어떠한 구성원에 의해 지배되지 않도록 하고 모든 구성원들이 토론에 능동적으로 기여할 수 있도록 하는 것이다.

조정자는 회의가 시작될 때 토론에서 지켜야 할 기본 원칙을 수립해야 한다. 조정자는 또한 집단 내의 모든 구성원들이 토론에 기여할 수 있는 기회를 가질 수 있도록 해야 한다. 이를 위해서 집단 내의 일부 구성원들에게 일정한 역할을 수행하도록 선임하여 끌어들이거나 지나치게 확신에 차 있는 구성원의 행동을 통제하기 위하여 부정적인 제재를 가할 필요가 생길 수 있다.

조정자는 적정한 지시성, 구조, 친밀성, 그리고 토론 보조도구의 활용 수준을 결정해야 한다. 이것들의 수준은 연구의 목적과 일관성이 있어야 한다. 녹음기와 디지털카메라와 같은 기록 장치를 사용할 때에는 참여자들에게 설명해야 하고, 관찰자를 배치하게 될 때도 마찬가지다. 마지막으로, 조정자는 참여자들에게 집단 토론의 목적에 관하여 보고할 의무가 있다.

## 복습 질문

1. 포커스 그룹 토론에 가장 적합한 물리적 배치는 무엇인가? 왜 그런가? 다른 물리적 배치가 최적합한 경우는 언제인가?

2. 지시적 면접과 비지시적 면접 유형은 어떻게 다른가? 각각의 장점과 단점은 무엇인가?

3. 포커스 그룹에서 활용되는 토론 보조도구의 유형은 무엇인가? 이것들이 유용한 이유는 무엇인가?

4. 면접자의 친밀성 수준은 무슨 뜻인가? 포커스 그룹에서 얻어지는 데이터의 질과 친밀성은 어떻게 관련되는가?

5. 포커스 그룹 회기에서 관찰자를 활용하고 기록을 남길 때 고려해야 할 요인과 이슈는 무엇인가?

6. 포커스 그룹 면접의 시작이 왜 그렇게 중요한가? 좋은 시작의 구성요소는 무엇인가?

7. 포커스 그룹의 조정자는 어떻게 하면 모든 구성원을 집단에 참여시킬 수 있는가? 참여를 촉진하기 위하여 조정자가 취할 수 있는 조치는 무엇인가?

8. 탐색은 무엇인가? 어떻게 적용되는지 몇 가지 예를 들고 설명해 보자.

9. 조정자는 토론 주제와 관련한 진짜 전문가를 어떻게 다루는가? 자칭 전문가는 어떻게 다루는가?

10. 같은 포커스 그룹 안에 친구를 두는 것은 왜 좋은 생각이 아닌가?

11. 포커스 그룹 참여자로 아동이 포함되면 특별히 어떤 문제점이 있는가?

12. 포커스 그룹 회기에서 관찰 자료를 수집할 때 어떤 이슈들을 고려해야 하는가?

13. 민감하거나 난처한 주제에 관한 토론을 촉진하기 위하여 조정자가 활용할 수 있는 기법은 무엇인가?

14. 다국적 상황에서 포커스 그룹을 진행할 때 일어날 수 있는 어려움은 무엇인가? 이러한 어려움은 어떻게 극복할 수 있는가?

연습

아는 사람 4~5명으로 집단을 구성하고 토론할 주제를 선정하고, 조
정자로서 그 주제에 관하여 20분간 토론을 이끌어 보자.

# 포커스 그룹
# 자료 분석하기

# 포커스 그룹
# 자료 분석하기

포커스 그룹의 자료를 분석하고 해석하기 위해서는 다른 과학적 접근 방법과 마찬가지로 분석 방법이 양적 연구 절차이든 질적 연구 절차이든지와 관계없이 상당히 많은 판단과 주의가 요구된다. 포커스 그룹 연구의 가치에 대한 많은 의심과 회의적인 태도는 아마도 포커스 그룹의 자료가 주관적이고 해석이 쉽지 않고 어렵다는 인식에서 발생하고 있는 것 같다. 포커스 그룹 자료를 분석하고 해석하는 일은 양적 연구와 같은 다른 연구 방법에서 적용되는 것과 마찬가지로 상당히 엄격한 과정을 거쳐 이루어진다. 포커스 그룹은 포커스 그룹 면접의 목적이 양적 분석과 같은 형태의 분석을 필요로 하는 경우는 거의 없으나, 자료를 양적 자료화한 후, 정교한 수리적 분석을 거쳐 연구 결과로 제출할 수도 있다. 따라서 포커스 그룹 자료를 분석하는 데 있어 최고의, 그리고 정확한 접근은 없다고 할 수 있다. 다른 형태의 자료와 마찬가지로, 포커스 그룹 면접 자료 분석의 본질은 연구 문제와 연구 목적에 따라 수집된 자료에 의해 결정된다고 할 수 있다.

　포커스 그룹 면접의 가장 일반적인 목적은 잘 알려지지 않은 주제에 대한 심층적 탐구와 특정 이슈에 대한 확인(identification), 기회(opportunities), 그리고 문제점들을 제공해 주는 것이다. 이와 같은 탐색적 연구를 위해서는 간단하게 이야기를 서술하는 것이 가장 적절할 수도 있지만, 어떤 경우에는 연구에 필요한 전부가 되는 경우도 종종 있다. 만약, 상세한 분석을 통해 특별한 연구 주제를 찾아내지 못한다면, 이와 같은 상세한 분석은 효율적이지도 않고 생산적이지도 않을 수 있다. 그러나 어떤 연구 목적에 적합할 수도 있는 다른 다양한 분석 방법들이 있다. 이 장에서 우리들은 포커스 그룹 자료를 사용하여 아주 빈번하게 적용되는 자료 분석 방법을 알아볼 것이다. 이와 관련된 토론은 얼마만큼 분석을 해야 적절한지에 대한 질문과 주어진 연구 문제의 필요성에 대한 고려를 통해 이루어질 것이다.

## 어느 정도 분석을 해야 하는가

　다른 형태의 연구들과 마찬가지로 포커스 그룹 자료에 대한 필요한 분석량은 연구 목적, 연구 설계의 복잡성, 그리고 단순하게 분석해서 쉽게 연구 결론에 도달할 수 있는 정도에 따라 천차만별이다. 포커스 그룹 연구 결과에 대한 가장 일반적인 분석 방법은 토론에 대한 전사본(transcript)과 도출된 결론에 대한 요약(summary)이다. 그러나 전사본이 필요하지 않을 때도 종종 있다. 의사결정이 신속하게 이루어져야 하고(후속 연구에 의해 수행되어야 하는 많은 탐색적 연구에서 흔한) 연구 결과가 아주 간단한 경우에는 간단한 요약만으로도 충분할 수 있다. 어떤 연구에서는 시간과 예산 제약이 보다 정교한 분석을 방해할 수도 있다. 또 다른 연구에서는 관련 당사자들이나 의사결정자들 모두가 말을 할 수 있거나 포커스 그룹에 참여할 수도 있기 때문에, 보다 정교한 분석이나 보고서가 필요하지 않을 수도 있다. 그럼에도 불구하고, 어떤 형태의 보고서가 역사적으로 무엇이 이루어졌는지 그리고 회계 검사적인 목적을 위한 보고서라면, 이런 형태의 보고서는 매우 유용한 것이라 할 수 있다.

포커스 그룹 연구 결과가 너무 명확해서 문서화가 필요하지 않을 때는 보다 자세한 분석이 필요하지 않을 수도 있다. 이 책의 저자들 중 한 명은(D.W.S; David W. Stewart) 사람들로부터 많은 반대를 받아 수용이 어려워서 더 이상의 분석이 필요하지 않았던 새로운 정부 프로그램 관련 포커스 그룹 연구에 연속적으로 참여한 적이 있다. 이러한 경우 새로운 정부 프로그램에 대한 의사결정은 포커스 그룹 간의 토론을 통해 아주 명확하게 이루어질 수 있다. 사실, 이것은 포커스 그룹 연구가 평가 도구로서 얼마나 유용한지를 보여 주는 좋은 사례다. 정부 정책자, 상품 설계 기술자, 그리고 상품이나 서비스를 개발하는 타 전문가들은 자신들의 고객과 소비자들이 무엇을 필요로 하고 원하는지를 자신들이 잘 이해하고 있다고 믿는 경향이 있다. 포커스 그룹은 서비스, 프로그램 그리고 생산품에 대한 계획에 대한 가정(assumptions)에 대해 실제 상황은 어떠한지를 검사하는 도구가 될 수 있다. 반면, 만일 이러한 사례에서 연구진이 상품이나 프로그램에 대해서 손쉬운 결정을 내리거나 혹은 내리지 않거나 하는 것에 대한 그 이상으로, 프로그램이 수용이 안 되는 이유는 무엇이며 어떤 유형의 프로그램들이 더 수용 가능성이 높은지에 대한 이유를 더 탐색하기를 희망한다면, 더 정밀한 분석이 필요할 것이다. 따라서 포커스 그룹 연구의 분석량, 분석의 정밀성 수준, 그리고 엄격성은 궁극적으로 연구자가 수행하고자 하는 목적과 주어진 수준 내에서 연구를 수행하는 비용–편익에 달려 있다고 할 수 있다.

포커스 그룹 토론에 대한 간단한 요약(summary)이 요구되는 몇 가지 연구를 제외하고는 모든 포커스 그룹 자료를 위한 모든 분석 기술의 첫 단계로 포커스 그룹 면접에 대한 전사본(transcription)을 요구한다. 따라서 우리들은 전사본 기록 과정을 둘러싼 사안을 고려한 후, 포커스 그룹 자료에 대한 분석을 위한 보다 일반적인 방법들에 대해 살펴보기로 하자.


## 포커스 그룹 면접 내용 전사하기

포커스 그룹 자료 분석을 적용하는 여러 방법 중에서 가장 먼저 해야 할 첫 단계는 바로 오디오 혹은 영상 기록을 바탕으로 전체 면접 내용 전부를 전사(transcription)하는 것이다. 전사와 관련된 서비스는 연구가 진행되는 대부분의 장소(location)에서 쉽게 서비스를 받을 수 있으며 온라인을 통해서도 관련 서비스를 받을 수 있다. 이러한 서비스들을 통해 저렴한 가격으로 빠른 시간 내에 포커스 그룹 면접 내용을 전사할 수 있다. 전사는 포커스 그룹 면접 내용에 대한 분석을 더 용이하게 해 줄 뿐만 아니라 다른 당사자들과 공유할 수 있고 더 나아가 포커스 그룹 면접 내용을 영구적인 기록으로 남길 수 있다. 반면, 시간이 촉박하거나 매우 일상적인 사안(복사 검사 광고와 설문조사 설계 안내)이 개입되어 있는 연구에서는 전사가 필요하지 않을 수도 있다. 이런 경우 연구진은 포커스 그룹 관찰자들이 기록한 상세한 기록을 담은 노트를 사용하거나 오디오 혹은 포커스 그룹 면접 영상을 다시 볼 수도 있다.

분석자(Analyst)가 면접 내용을 전사하는 내용과 편집하게 되는 분량은 선호도에 따라 다르다. 전사가 항상 완벽할 수 없기 때문에 조정자(Moderator)는 빠진 내용이나 빠진 용어를 채우거나 철자나 인쇄상의 오류를 수정할 수 있다. 하지만 이렇게 하는 것이 위험할 수도 있다. 왜냐하면 조정자의 기억력이 틀릴 수도 있고 면접 과정 후반부에서 이야기한 내용이 면접 전반부에서 이야기한 내용을 바꿀 수도 있기 때문이다. 반면에, 조정자나 관찰자(Observer)는 참가자들에 대한 관찰이나 전사의 내용으로 파악하기 힘든 참여자들 간의 상호작용과 같은 더 많은 정보를 추가할 수 있다.

포커스 그룹 면접에 대해 전사를 하게 되면 불완전한 문장, 마무리가 덜 된 생각, 단어들의 일부분들, 이상한 문장, 그리고 포커스 그룹 토론에서 사용된 단어들에서 또 다른 특성이 무엇인지를 알 수 있게 해 준다. 이러한 단어들의 특성들은 토론의 흐름 차원에서는 실제적이라는 장점이 있지만, 독자들이 전사된 글을 읽기 힘들게 할 수도 있다. 응답자들이 부정확한 문법이나 혼동이 될 수 있는 내용을 자주 사용하고(실제로, 개념에 대한 혼동이 무엇인지를 확인하는 것이 포커스 그룹 연구의 중요한 연구 성과가 될 수도 있다), 편집을 통해 독자들의 가독성을 높일 수 있다 할지라도, 응답자(respondent)들이 언급(comments)한 특성들이 그대로 유지되도록 전사하는 것도 중요하다. 포커스 그룹 면접을 활용하는 것 중에 하나는 특별한 사안에 대해 응답자들이 어떤 생각과 대화를 나누는지를 알기 위한 것이기 때문에, 전사된 내용을 지나치게 편집(editing)하거나 깔끔하게 정리하는 것은 오히려 바람직하지 않을 뿐만 아니라 역효과(counterproductive)를 낳을 수도 있다.

일단 전사가 끝나게 되면, 전사된 내용은 다음 단계의 분석을 하는 데 사용될 수 있다. 그러나 전사된 내용이 모든 포커스 그룹 토론의 특성을 반영할 수 없다는 점은 기억해야 한다. 비언어적 의사소통, 제스처, 그리고 행동적 반응은 전사를 통해 나타낼 수는 없다. 게다가 포커스 그룹에 참여한 사람들이 사용하는 단어들과 그런 단어들을 사용할 때 나타나는 목소리 톤은 중요한 정보이며 참여자들이 진술한 내용에 대한 해석을 근본적으로 다르게 해석할 수 있게도 한다. 이 정보는 중요한 출처가 될 수 있으며 극단적으로 진술에 대한 해석 내용을 바꿀 수도 있다. 예를 들어, "그건 좀 나쁘네요."라는 진술은 몇 가지 다른 의미를 내포할 수도 있다. 왜냐하면 나쁘다(Bad)는 말은 가끔 뭔가가 아주 좋을 때 쓸 수도 있는 말이기 때문이다. 또한, 위와 같은 진술은 실제로 이 단어가 원래 가지고 있는 의미로 '아주 나쁘다' 라는 뜻이 될 수도 있기 때문이다.

이러한 이유로, 면접자(interviewer) 혹은 관찰자(observer)는 전사 (transcription) 내용 외에도 포커스 그룹 면접 과정에서 응답자들에 대한 관찰을 통해 알게 된 추가적인 자료(data)들이 더 보완되기를 원한다. 위와 같은 추가적인 자료에는 면접자나 관찰자들이, 면접 도중에 훈련된 관찰자에 의해 특정 사건이나 행동에 대한 체계적인 기록 (systematic recording)이나 포커스 그룹 인터뷰를 녹화한 비디오테이프에 대한 내용 분석(content analysis)을 통해 정리한 메모(note)들이 포함될 수 있다. 이와 같은 참여자들의 행동을 관찰하여 얻은 자료들은, 이러한 자료 수집이 사전에 계획되었을 때에만 유용하게 사용될 수 있다. 포커스 그룹 연구를 통해 얻어진 자료를 어떻게 분석할 것인지에 대한 사전 계획(preplanning)은 다른 유형의 연구들에서 사전 계획을 중시하는 것만큼 중요하다. 일단, 포커스 그룹 토론에 대한 내용이 전사가 되면, 내용 분석이 시작될 수 있다. 오늘날 연구자들은 포커스 그룹 자료를 분석하기 위해 다양한 선택권을 가지고 있는데, 이러한 선택권에는 크게 질적(qualitative) 분석과 양적(quantitative) 분석의 두 가지 범주(categories)가 있다. 포커스 그룹은 질적 연구들 중의 하나이기에, 다음 토론으로 질적 분석 접근에 대해 검토해 보기로 한다.

## 질적 분석 접근

통계 분야에서의 기술 발전은 설문조사, 소매 거래, 전수조사 자료, 그리고 수많은 다른 출처로부터 도출된 거대한 데이터베이스를 광범위하고도 정교하게 분석이 가능하도록 해 주고 있다. 이 장의 후반에서 설명이 이루어지겠지만, 개인 심층 면접, 포커스 그룹, 그리고 민족지학(ethnography)에서 얻은 질적 자료를 양적 분석에도 효과적으로 적용시킬 수 있다. 반면, 질적 연구 방법에 의존하는 연구들은 자료로부터 그 의미를 발견해 내는 질적 접근을 자주 사용하고 있다. 안타까운 점은, 대부분의 통계적 체계(paradigm)와 달리, 질적 자료를 어떻게 해석하고 분석해야 하는 방법에 대한 합의가 충분치 않다는 점이다. 상당한 정도로, 이것은 행동과학 학문 분야로 특징되는 현상학적 초점(phenomenological foci)들과 인식론적 성향(epistemological orientations)의 차이로 인한 결과다.

## 인식론적 성향

명시적이든 그렇지 않은 간에, 각각의 학문 분야들은 각자 자신들의 전공지식에 대한 출처와 본질에 관한 기본적 전제를 채택하고 있다. Smith, Flowers, 그리고 Larkin(2009)은 연구와 관련하여 전공지식에 관한 근본적이고 철학적인 토대와 연구를 위해 이와 같은 토대가 갖는 의미에 대해 토론을 제시한 바 있다. 이 토론에서는 세 가지 두드러진 관점이 특별히 포커스 그룹 자료에 대한 질적 분석과 관련이 있는 것으로 나타났다(Sayre, 2001). 먼저, 사회적 구성주의(social constructivism)는 매일의 삶을 구성하는 실제, 의미 그리고 범주는 본질적으로 사회적 창조라는 점을 사실로 받아들인다. 이러한 성향(orientation)은 사회심리학, 사회학, 그리고 문화인류학적 사고에서부터 그 기원을 찾아 볼 수 있다. 이러한 견해를 반영한 포커스 그룹 분석은 집단 구성원들이 어떻게 특정 사안에 관해 협력을 하는지, 어떻게 이들이 합의에 도달하는지(또 실패하는지), 그리고 어떻게 이들 집단 구성원들이 상업적 상품들, 의사소통, 혹은 사회적 문제에 대한 공유된 의미를 구성하는지를 강조하는 경향이 있다.

하지만 현상론적 접근에 의한 분석은 이와는 거의 반대에 가깝다. 이 분석에서는 일반적으로 임상심리학이나 현상론적 심리학에서 도출하기 때문에, 포커스 그룹 분석에서는 개별 응답자들의 특이한 성격에 따른 지각과 동기와 같은 주관적인 것을 강조한다. 이러한 관점은 왜 어떤 사람은 프리토스(Fritos)의 새로운 맛을 좋아하는 반면에 다른 사람들은 그 맛에 역겨워하는지를 자세하면서 심도 있게 알고 싶어 하는 상품 제조사 관리자들을 위한 마케팅 포커스 그룹 연구에서는 아주 유용하다. 왜냐하면 프리토스(Fritos)를 좋아하는 사람들이나 그렇지 않은 사람들 모두 자기가 중요하다는 부분을 표현하고 있기 때문에, 이들의 사고와 느낌을 완전히 파헤치는 것이 중요하기 때문이다. 마지막으로 주석주의(interpretivism)를 옹호하는 사람들은 이전의 관점을 받아들이지만, 포커스 그룹 응답자들이 한 말들을 액면 그대로 받아들이는 데 있어서는 회의적이다. 이 학파의 연구자들은 사람들의 말과 행동 특히, 몸 언어(body language)와 얼굴 표정에 대한 과학적 접근을 강조하는 민족지학(ethnographic) 연구에 영향을 많이 받았다.

## 학문적 초점

제1장에서 토론한 바와 같이, 초기 포커스 그룹은 설계, 실행 그리고 분석 방법에서 모(母) 학문, 특히 사회 및 임상심리학과 마케팅 연구로부터 지대한 영향을 받았다. 여러 학문 분야의 발전으로 몇몇 학문 분야들 간에 근원적 차이점이 흐려지고는 있지만, 이들 학문들은 오늘날에도 강한 영향력을 발휘하고 있다. 그리고 보다 새로운 지적 경향들도 연구자들이 포커스 그룹 자료를 어떻게 분석해야 하는지에 대해 영향을 미쳤다. 해석학(hermeneutics) 분야는 1980년대 유럽에서 넘어와 미국 소비자 연구자들도 이를 적용하기 시작하였다. 해석학은 소비자들의 사연과, 혹은 이야기를 소비자들의 동기, 의미, 그리고 의사결정을 이해하는 강력한 수단으로 생각한다. 연구 참여자들의 언어적 표현은 '텍스트(text)'로 개념화된 후, 텍스트 읽기, 분석, 그리고 텍스트 다시 읽기라는 반복적 과정을 통해서 그 의미를 해석한다. 해석학적 접근법에 대해서 좀 알고 싶다면, Thompson(1997)의 연구를 참조하기 바란다. 기호학(semiotics) 분야 역시 텍스트 자료를 해석하는 데 초점을 맞추지만, 언어적 표현 외에도 사진, 음성, 제품, 그리고 광고와 같은 보다 넓은 다양한 관련 자료를 해석한다는 점에서 해석학과 차이가 있다(Sayre, 2001, p. 210).

기호 분석(Semiotic analyses)은 보통 의도치 않거나 숨겨진 메시지를 찾아내기 위해 텍스트 자료를 해체하는데, 이는 광고, 커뮤니케이션, 그리고 정치 과학 연구와 같은 분야에서 유용하게 사용되고 있다(Chandler, 2007). 즉, 질적 자료에 대한 기호학 분석은 텍스트 자료 안에 숨겨져 있는 신호와 상징을 알아내는 데 도움을 준다. 마지막으로, 포커스 그룹 자료 분석을 위한 일부 접근들은 해석학, 기호학에 비해서 상대적으로 비이론적이다(Krippendorf, 2013; Schreier, 2012). 이것은 집단 토론을 통해 중요한 아이디어나 주제를 찾고자 하는 마케팅 연구에서 특히 더욱 그렇다. 또한, 이 접근은 소규모 표본 질적 연구를 통해 발견된 연구 결과를 양적 자료화, 통계적 분석 그리고 일반화하는 대한 질적 연구에서 나온 결과를 계속 수량화하고, 통계적으로 분석하고 일반화시켜야 하는 마케팅 담당자들의 빈번한 요구를 해결해 주는 데 도움이 된다.

## 작업대 이슈

포커스 그룹 연구자들의 학문적 성향에도 불구하고, 포커스 그룹 연구가 이루어지는 동안에 발생되는 그리고 더 많은 분석이 필요한 일반적이고 일상적인 사안들이 있다. 통계 연구와 달리, 포커스 그룹 분석은 포커스 그룹 면담이 시작되면서부터 시작된다고 할 수 있다. 왜냐하면 조정자가 어떤 주제에 대한 토론을 끝내거나 포커스 그룹 참여자들이 토론에 적극적 참여를 할 수 있도록 주제에 대한 토론을 확대하거나 새로운 질문을 소개할 수 있을 만큼 많은 재량권을 행사할 수 있는 기회를 가지고 있기 때문이다. 그럼에도 불구하고, 포커스 그룹의 토론에 대한 주요 분석 작업은 포커스 그룹 면담이 끝난 후에 이루어진다. 포커스 그룹 면담에 대한 질적 분석을 할 때에는 포커스 그룹 면담 내용에 대한 전사본(transcript)

과 같은 명확한 자료(data) 외에도 여타 다른 자료들도 동일하게 그리고 중요한 고려사항으로 포함해야 한다.

## 포커스 그룹 토론에서의 주제 순서

토론자들의 주제에 대한 이야기 순서를 분석하는 것은 포커스 그룹에 참여한 사람들이 토론 주제와 관련하여 무엇을 가장 중요한 사안으로 생각하는지를 알아내는 데 아주 흥미롭고 유용한 통찰력을 제공해 줄 수 있다. 포커스 그룹 토론은 대개 주제에 관한 참가자들의 전체적인 견해를 알기 위해 '죽 둘러보기(grand tour)'와 같은 제약 없는 질문으로 시작한다. 조정자(moderator)는 다음과 같은 질문을 할 수 있다, "요즘 식료품 잡화점에 가서 물건을 살 때 있었던 일에 대해서 말씀해 보세요." 혹은 "본인은 건강보험 계획에 대해서 어떻게 생각하시나요?" 토론에서 참가들이 어떤 측면을 처음으로 표현하는지를 그리고 어떤 것을 가장 먼저 떠올리는지를 관찰하고 분석하는 것은 흥미로운 일이다. 첫 번째로 제기된 사안이 과연 참가자들의 주요 생각과 관심을 나타내는지, 아니면 그저 일상적이고 사회적으로 무난한 주제인 것인지를 판단해야 한다. 예를 들어, 식료품 잡화점에 가서 물건을 사는 것에 대한 질문에 답변을 할 때, 높은 가격에 대해 불평을 하는 사람이 있을 수 있다. 하지만 이것이 중요한 사안은 아니지만, 이것은 참가자들의 공통된 관점과 참가자들이 토론에 쉽게 참여할 수 있는 방법이 무엇인지를 보여 준다. 포커스 그룹 토론에서 처음 제기된 주제가 중요한지를 결정하는 유용한 경험

법칙은 그 주제가 포커스 그룹 토론 참가자들 사이에서 어느 정도로 전반적인 토론을 촉발시키느냐를 보는 것이다. 주제가 중요한지에 대한 또 다른 단서는 토론이 진행되는 내내 포커스 그룹 참여자들이 자발적으로 그 주제에 대해 감정적인 표현을 계속하는지를 관찰하는 것이다. 반대로, 한 응답자가 제시한 주제가 토론에서 불이 붙을 기미가 안 보인다거나, 아예 다른 참여자에 의해 토론으로 이어지지 않는다면 그 주제는 진정으로 중요치 않는 주제라 할 수 있다.

## 무엇을 토론하고, 무엇을 토론하지 않아야 하나

포커스 그룹 자료에 대한 대부분의 분석은 토론 안내서에 따라 참가자들이 질문에 대해 언어적 혹은 서술적으로 응답한 내용의 본질적 의미가 무엇인지를 찾는 것이다. 이것은 아주 논리적이고 필수적인 일이지만, 무엇을 말하고 썼는지에 대해서만 배타적으로 강조하는 것은 상황의 단면만을 보여 주는 것이 될 수도 있다. 토론 과정에서 아예 언급되지 않거나 제기되지 않은 것들도 중요한 의미를 가질 수 있다. 참가자들이 제기하지 않은 어떤 사안은 당연한 사안일 수도 있다(예를 들어, 레스토랑의 깨끗한 화장실 그리고 대학 캠퍼스에 교수진의 존재 여부). 다른 것들은 개인이 오히려 회피하는 사회적으로 민감한 주제를 대변할 수 있다(예를 들어, 은퇴 후 저축과 전략; 다양한 신체 기능). 마지막으로, 어떤 사안은 토론에서 구체화되지 않을 수도 있는데 그 이유는 중요도가 떨어지기 때문이다. 언급이 안 된 것에 대한 중요성을 해석하는 것은 조정자와 분석자 모두에게 있어 고(高)난이

도의 기술을 요구하는 일이다. 적어도 중요하다고 의심이 들거나 그동안 언급 한 번 제대로 안 된 주제에 대해서는 조정자가 어느 시점에 가서는 토론 주제로 제기해야 한다. 타 집단에서 언급된 주제가 이 집단에서 언급되지 않았다면, 그 이유는 무엇인지에 대해 탐색하는 방식으로서 조정자의 의견을 제시하는 것이 유용할 수 있다.

## 사안에 대한 토론 소요 시간

포커스 그룹 토론 안내서를 준비는 과정에서, 일반적으로 연구자들은 포커스 그룹 토론에서 다루게 되는 주제들에 대한 시간 단위를 배분해야 한다. 이를 위해서는 특별한 주제에 대해 참가자들이 얼마나 많은 토론을 하게 될지 또는 이와 관련된 질문을 얼마나 하게 될 것인지를 예측할 수 있어야 한다. 토론이 계획대로 진행되지 않는 것은 그리 염려할 문제가 아니다. 전반적인 토론으로 이어질 것이라고 기대했던 몇몇 질문들이 기대와 달리 토론에서 호응이 전혀 없을 수도 있으며, 무관심한 참가자들로부터 이 사안에 대해 짧지만 함축적이고 효과적인 답변을 얻을 수도 있다. 반대로, 별거 아니거나 본격적인 질문을 하기 전에 제시된 질문들이 가끔씩은 활발하고 폭넓은 토론으로 이어지고 참가자들 간의 상호작용을 이끌어 낼 수도 있다. 이런 점 때문에 조정자(moderator)는 어려움을 겪을 수 있지만, 이는 참가자들이 특정 사안에 대해 얼마나 관심이 있는지에 대한 단서를 제공해 주므로 중요하다. 참가자들이 각각의 주제에 대해 소비한 시간의 양은 신경 쓰지 않으면서 다른 질문들에 대한 반응에만 초점을 두는 것은 오해 소지가 생길 수 있다. 두 가지의 아이디어가 언뜻 보기에는 똑같이 중요할 수 있지만, 포커스 그룹 면담이 이루어지는 동안 하나는 토론 주제로 채택되었다가 금방 토론이 중단되기도 하지만, 다른 주제는 생명력을 갖고 몇 분 동안 토론자들이 주목하는 주제가 될 수도 있다. 후자의 아이디어가 전자보다 훨씬 중요도가 높다고 볼 수 있는 것이다.

포커스 그룹 토론에 참가한 참가자들은 어떤 주제에 대해 찬성과 반대 의견을 각각 내놓기 때문에 그 주제나 사안을 두고 의견충돌이 발생해 토론 시간이 길어지는 사례도 있다. 심지어 사소한 주제를 두고 토론할 때도 의견충돌이 일어날 수 있다. 능력 있는 조정자는 언제 사소한 주제에 대한 의견충돌로 생산적이지 않은 토론이 되고 있는지를 결정한 후, 다른 주제로 넘어가야 하는지를 판단할 수 있어야 한다. 반면에, 중요한 주제에 대한 의견 충돌에 대해서는 서로 다른 견해가 충분히 전개될 수 있도록 시간을 허용하여야 한다.

## 포커스 그룹 토론에서의 표현의 강도 및 감정적 내용

시간 사안과 종종 관련이 되는 것은 다양한 주제가 논의될 때 나타날 수 있는 분위기(moods)와 감정들(emotions)이다. 포커스 그룹 토론에서는 지루하면서도 형식적인 위원회 회의에서부터터 유쾌한 분위기 그리고 조용한 대치 상태까지 감정이 급변하는 상황들이(roller coaster) 나타날 수 있다. 포커스 그룹 조정자는 이러한 상황들 속에서 토론을 계속 진행시키거나 참여자들을 진정시킬 수 있어야 한다. 그리고 포커스 그룹 조정자는 포커스 그룹 토론 내용을 분석하는 분석자들로 하여금 위와 같은 상황에서 나타는 참가자들의 감정적 반응 및 표현의 특성과 그 근원을 잘 해석할 수 있도록 요구해야 한다. 오늘날 마케팅 분야에서는 고객관계관리(customer relationship management)에 관한 이론과 실행에 중점을 두고 있다. 특히, 소비자들이 제품과 상표에 대해 어떤 감정을 갖고 있는지가 이들 관계에서 핵심으로 여겨지고 있다. 이런 경향으로 인해 포커스 그룹에서 투사법(projective methods)과 같은 감정적 유발 기법(emotional elicitation)이 널리 활용되고 있다.

## 이유 대 반응

포커스 그룹 분석가들은 다양한 질문 및 집단에 가해지는 자극에 포커스 그룹 참가자들이 어떻게 반응하는지 관찰하려 한다. 가끔씩, 너무 많은 질문을 하도록 한 토론 안내서 때문에, 조정자는 이 많은 질문을 물어보느라 바빠 참가자들의 반응 이유를 조사하는 데 시간이 부족할 수 있다. 마케팅 연구와 같은 다른 상황에서, 연구자들은 호응을 얻은 제품 및 광고 컨셉을 호응을 얻지 못한 것과 구별하는 데만 많은 관심을 할애한다. 이와 같은 포커스 그룹에서는 참가자를 대상으로 투표와 설문조사를 많이 실시하는 경향이 있지만, 참가자들이 제시한 다양하고 미묘한 근거에 대해서는 충분한 관심을 두지 않는다. 참가자 개인의 반응을 지나치게 중시하는 것은 참가자의 생각과 성향을 조사하는 것보다 그 정보를 캐내는 것이 더 이상적이라는 포커스 그룹 연구의 기본 전제와 맞지 않는 것이다.

## 무엇을 믿을 것인가

포커스 그룹 연구에 대한 비판에서 핵심적인 주장은 참가자들이 이렇게 얘기해놓고 행동은 그와 다르게 한다는 것이다. 이러한 문제는 포커스 그룹만의 문제가 아니며 설문 조사 연구에서도 발생하는 일이다. 포커스 그룹의 조정자와 분석가들은 참가자들의 표현이 사회의 바람직한 사고를 반영한 것인지, 집단적 사고에 순응하게 되는 압력으로 인한 것인지, 혹은 집단을 이끄는 참여자의 영향에 설득된 것인지에 대해 관심을 기울일 필요가 있다. 또한 분석가는 모순이 있는 개인의 응답을 찾아서 이를 해결하는 데 신경을 써야 한다. 예를 들어서, 어린아이들의 어머니로 구성된 포커스 그룹에서 어떤 사람은 이렇게 설명한다. "제 아이에게 사 먹이는 식품은 꼭 영양성분을 꼼꼼하게 확인합니다." 그리고 나중에는 같은 여성이 이렇게 말을 한다. "가끔, 아이가 좋아하면 그냥 장바구니에 담습니다. 저는 항상 서두르는 버릇이 있는 것 같아요." 이런 경우에 포커스 그룹 연구자들은 액면 그대로 참가자들의 말을 수용하는 데 있어 주의해야 한다.

참가자들 중에는 가끔씩 앞뒤가 안 맞는 사람들이 있다. 이는 그 사람들이 정직하지 않아서가 아니라 처음에는 생각하지 못했던 내용을 토론이 진행되면서 새롭게 생각할 수 있었기 때문이다. '모순'이 되는 내용에 대해 신중하게 분석을 하게 되면 대부분은 모순이 없다는 것이 밝혀진다. 오히려 질문이 달라서 혹은 맥락이 달라져서 대답이 달라질 수 있는 것이다. 이 상황에서 일어날 수도 있는 일이 다른 상황에서는 일어나지 않을 수도 있다. 과거에 있었던 일들이 현재나 미래의 일과는 다를 수 있다. 자신의 의견이나 행동에 대한 인식과 다른 참가자들의 의견과 행동에 대한 인식과는 다를 수 있다.

## 개인 대 집단

포커스 그룹 자료에 대한 분석에서는 **대부분, 몇몇의**, 혹은 **다수**와 같은 용어를 사용하여 포커스 그룹 집단에서 나온 연구 결과를 일반화하고자 한다. 굉장히 동질적인 집단(독립해 살아가는 75세에서 85세 사이의 상–중–하류층의 사람들)에서는, 이것이 의미가 있을 수 있다. 반면, 그것은 부적절한 양적 분석에서는 미묘한 간섭을 나타낼 수도 있다. 대부분의 포커스 그룹 연구에서는 큰 표본을 대표하는 데 한계가 있는 작은 표본을 사용한다. 이것은 통계적으로 표본에 대한 집단 수준에서의 일반화에 대한 질문을 야기할 수 있다. 이에 대한 대안은 포커스 그룹 집단에 속한 각 개인이 특정 인구학적 특성, 생활양식, 혹은 사고방식을 대변할 수 있을지를 검토해 보는 것이다. 그렇게 해서 집단적 분석이 아닌 개인 간 분석을 격려하도록 하는 것이다.

## 분석 방법

포커스 그룹 자료 분석을 위한 다양한 접근법들이 있다. 이러한 접근법에는 매우 복잡하면서도 깊이가 있는 것도 있다. 적절한 분석은 연구 질문에 대한 답을 하는 것이다. 만일, 연구 문제가 '소비자들이 건강한 식습관을 유지하기 어려운 이유를 알아내는 것'과 같이 단순하다면, 분석은 그 이유에 대해 목록을 만드는 것보다 더 복잡하지 않을 수도 있다. 반면에, 연구 문제가 다양한 상황과 다양한 소비자들의 동기, 정서, 맥락을 탐구하는 것이라면, 이에 대한 분석에는 다양한 유형의 사람들로부터 광범위한 이야기를 들어야 한다. 포커스 그룹 면담에 대한 분석에 공통적으로 적용되는 몇 가지 분석 방법은 다음과 같다.

## 자르고 정렬하기 기법

자르고 정렬하기 기법은 가끔은 자르고-붙이기 방법이라도 하는데, 이 방법은 포커스 그룹 토론에 대한 전사본을 분석하는 데 신속하면서도 비용 대비 효과가 높다. 이 기법의 첫 번째 단계는 먼저, 전사 내용을 읽어 보는 것이다. 그리고 그다음 단계는 연구 문제와 관련이 되는 부분을 확인하는 것이다. 이러한 분석을 바탕으로, 주요 주제와 사안에 대한 분류 시스템을 개발하고 연구 주제와 관련된 전사 내용을 확인한다. 색깔이 있는 코드 괄호 혹은 상징을 통해 전사본 내에서 서로 다른 주제들이 표시될 수 있도록 한다. 한 주제에 대해서 표시가 된 내용의 양은 그 주제의 중요도에 따라 다르며 토론의 변경 횟수에 따라 다르다. 표시된 내용은 문장, 절, 혹은 개별 응답자들 간의 긴 대화가 될 수 있다. 필요한 것은 확인된 특정 범주와 관련이 되어야 한다는 것이다. 이와 같은 코딩 훈련은 몇 가지 단계를 통해 전사본은 주제 범주별로 발전되면서 분석가들은 포커스 그룹 면담의 내용에서 보다 심도 있는 의미를 통찰을 통해 찾아낼 수 있게 된다.

일단, 코딩 과정이 끝나면, 면접에 대한 복사본에서 코딩이 된 부분을 각 범주별로 자른다. 코딩된 각 내용을 자르고 솎아내서 특정 주제에 적절한 내용을 배치한다. 이런 자르고 정렬하는 과정은 워드 프로세싱 프로그램이 있는 컴퓨터에서 처리할 수도 있다. 이 과정에서 가위나 개인적 컴퓨터를 사용하든 간에, 이 두 가지 방법은 연구 결과를 작성하는 데 기초가 되는 자료를 얻도록 해 준다. 각각의 주제들은 간단한 소개를 통해 차례로 다루어지게 된다. 전사본 내용이 다양한 주제별로 나누어지게 되면서 자료에 대한 지원과 자료를 해석하는 데 통합적으로 사용될 수 있게 된다.

자르고 정렬하기 기법은 포커스 그룹 면담 자료를 분석하는 데 매우 유용하고 효율적이지만, 이 방법은 단일 분석자의 판단에 지나치게 의존하는 경향이 있다. 이들 분석자들은 어떤 전사 내용이 중요한지를 판단한 후, 포커스 그룹 면담에서 토론한 내용에 대한 주제별 분류 체계를 개발하게 된다. 그리고 전사본에서 이들 주제와 관련하여 대표적인 진술 내용을 선택한 후, 그 의미가 무엇인지에 대한 해석하게 된다. 이와 같은 방법은 주관성은 물론 편향성이 있을 수 있다. 그래서 더 정교하면서 시간이 많이 드는 특성을 가지게 된다.

어떤 경우에는, 포커스 그룹 면담의 전사 내용을 분석하는 데 두 명, 혹은 그 이상의 분석가들을 두는 것이 바람직할 수도 있다. 다수의 분석가들이 전사 내용을 분석하게 되면, 범주화나 주요 주제 그리고 사안에 대한 신뢰도를 평가할 수 있게 된다. 다양한 기관 및 조직과 관련된 긍정적이거나 부정적인 정서의 정도와 같이 보다 정교한 범주로 나누는 것에 대한 신뢰도를 결정할 때, 보다 정교한 코딩 절차가 요구될 수 있다. 이 모든 것은 다음 부분에서 다루게 되는 내용 분석에 제시되어 있다.

## 내용 분석

포커스 그룹 토론의 의미는 혹은 토론에서 사용된 여러 단어들에 대한 중요성은 해석과 통찰에 의해 이루어지는 것이 아니다. 오히려 토론 내용에 대한 검증이 이루어져야 할 뿐만 아니라 연구 문제에 따른 그 의미와 특별한 함축성을 발견해야 한다. 포커스 그룹을 해석하기 위한 모든 노력들이 곧 내용 분석(content analysis)이다. 포커스 그룹 토론을 통해 제시된 내용을 분석하기 위해서는 엄격한 접근 방법, 즉, 관찰 신뢰도와 반복 가능성에 대해 강조하며 이후에 해석을 하도록 한다. 이러한 접근법에는 내용 분석으로 알려진 다양한 특정 방법과 기법이 포함된다(Krippendorf, 2013). 이러한 엄격한 접근 방법들은 포커스 그룹을 통해 얻어진 자료들을 분석할 때, 적합하게 적용될 수 있다. 또한, 이러한 접근법은 포커스 그룹 연구 분야에서 많은 양의 자료를 산출할 때도 필요할 수 있다.

내용 분석에 관한 연구들은 포커스 그룹 자료 분석에 대한 컴퓨터 지원 접근법의 근거를 제시해 주고 있다. 내용 분석을 위한 컴퓨터 지원 접근법은 시간과 비용을 절감함과 동시에 전형적인 내용 분석에서 적용되는 엄격한 접근법들이 그대로 유지할 수 있다는 장점으로 포커스 그룹 연구에 적용하는 사례가 계속적으로 늘어나고 있다. 컴퓨터 지원 프로그램들은 인간이 직접 관찰하기 거의 불가능한 방법을 통해 언어적 상호작용에 대한 내용을 검증하는 방법을 제공해 줄 수 있다. 우리들은 컴퓨터 지원 접근을 통해 내용을 분석하는 법을 제7장 후반부에서 알아볼 것이다. 그러기 전에 먼저, 내용 분석에 대해 정의한 후, 내용 분석과 관련된 일반적인 접근법들에 대해 검토를 하고자 한다.

Krippendorf(2013)는 내용 분석이란 "글(혹은 다른 의미 있는 것들)뿐만 아니라 토론자들의 토론 상황에 대해 검증 가능하고 타당한 방법으로 그 의미를 추론하는 연구 기법" 이라고 정의를 하였다(p. 24). 그리고 50년 전에 Janis(1965)도 내용 분석에 대해 다음과 같이 정의하였다.

> 내용 분석은 분석자나 포커스 그룹 집단 분석자들이 (c) 과학적 관찰자들에 의한 보고서를 토대로 어떤 범주에 대한 (b) 판단에(이론적으로는 지각적 변별에서 추측을 통한) 전적으로 의존한 (a) 신호 매체(sign vehicles) 분류를 위한 기법(p. 55).

신호 매체(sign-vehicle)은 포커스 그룹 면담의 상황에서 사용된 단어나 사용될 것 같이 의미를 가지고 있는 것이라 할 수 있다. 그러나 신호 매체(sign-vehicle)에는 제스처, 얼굴 표정, 목소리 톤, 그리고 다양한 의사소통 수단도 포함될 수 있다. 이러한 비언어적 신호는 많은 정보를 담고 있기 때문에 단순한 정보의 출처로 간과해서는 안 된다.

내용 분석은 사회과학 분야에서 풍부하면서도 오랜 역사를 가지고 있다[Krippendorf(2013)의 내용 분석 방법에 대한 간략한 역사를 참고하라]. 내용 분석은 선전, 문학, 신문, 심리치료 회기에 대한 전사, 그리고 TV 프로그램에 이르는 다양한 현상에 폭넓게 적용되어 왔다. 예를 들어, 문학 분야에서는 Krippendorf와 Bock(2008), Krippendorf(2013), Neuendorf(2001; http://academic.csuohio.edu/kneuendorf/content/), 그리고 Schreier(2012)와 같은 상당한 문헌에 내용 분석이 적용되고 있다.

내용 분석을 용이하도록 하기 위해서 메시지 측정 목록(Message Measurement Inventory; Smith, 1978)과 Gottschalk-Gleser 내용 분석 척도(Gottschalk, Winget, & Gleser, 1969)와 같은 몇 가지 특정 방법들이 개발되어 왔다. 메시지 측정 목록은 원래 TV 프로그래밍이나 신문 잡지와 같은 대중매체의 통신 분석을 위해 고안되었다. 반면, Gottschalk-Gleser 내용 분석 척도는 대인 간의 통신 분석을 위해 고안되었다. 두 척도는 오랫동안 사용되어 왔고 그 적용에 관한 문헌들이 다수 존재한다. 이들 척도들은 다른 목적으로도 사용되어 왔지만, 일반적으로는 현재 사용되고 있는 공식적 내용 분석 척도의 대표적인 유형이다.

Janis(1965)는 조사 목적에 따른 세 가지 유형의 내용 분석을 제시하였다.

1. 실증적 내용 분석(Pragmatical content analysis)은 개연성 있는 원인과 효과에 따라 신호를 분류하는 절차가 포함되어 있다. 이러한 유형의 분석에서는 왜 그것이 언급되었는지를 강조한다.

2. 의미적 내용 분석(Semantical content analysis). 의미에 따라서 신
   호를 분류한다. 이러한 유형의 분석에는 세 가지 유형이 있다.

   a. 지명 분석(Designation analysis)은 특정 대상(혹은 사람, 기관,
      혹은 개념)이 언급되는 빈도를 가지고 분석을 한다. 이러한 유
      형의 분석은 오히려 단순한 수 세기 분석으로 치우칠 수 있다.

   b. 귀인 분석(Attribution analysis)은 어떤 설명이나 기술된 내용의
      빈도를 조사한다. 이 분석 방법도 단순한 수세기가 될 수 있
      지만, 이 분석에서는 설명이나 기술된 말보다는 형용사, 부
      사, 서술구, 그리고 수식 어구를 강조한다.

   c. 주장 분석(Assertions analysis)은 어떤 대상(사람, 기관 등)이
      특정 방식으로 설명되는 빈도를 말해 준다. 주장 분석은 지
      명 분석과 귀인 분석을 포함한다. 이 분석에서는 대상에 대
      한 설명은 행에서 그리고 수식어는 열로 설명하는 행렬 형
      태를 사용한다.

3. 신호 매체 분석(Sign-vehicle analysis)은 신호(특정 단어에 대한 반
   복된 수나 특정 사용 단어의 유형)를 정신 물리적 특성에 따라서
   분류하는 방법이다. 예를 들어, 응답자들의 주제에 대한 정서
   적인 반응 정도를 감정이 실린 용어의 수를 조사하여 분석해
   내는 것이다(p. 57).

위에서 제시된 이들 분석 방법들은 사안별 연구 질문의 유형에 따라서 포커스 그룹 연구에 적절하게 적용될 수 있다. 예를 들어, 실증적 내용 분석은 상품의 하자에 대한 소비자 집단의 귀인이나 에이즈 전염과 관련된 청소년 집단(면역 결핍 증후군)의 신념을 이해하려고 할 때 적용될 수 있다. 의미적 내용 분석법은 민주당 혹은 공화당에 대한 긍정/부정적 묘사에 대한 수를 파악하는 방법으로 적용될 수 있다. 그중 한 사례가 바로 주장 분석이다. 마지막으로, 신호 매체 (Sign-Vehicle) 분석은 노동자 단체의 노동자들이 그들의 고용주에 대해 언급하는 감정 실린 단어를 분석하는 방법으로 적용될 수 있다.

다음은 내용 분석에서 사용된 오랜 역사를 가지고 있는 세 가지의 측정법에 대한 사례들이다. ① 상징 혹은 발상이 나타나는 빈도는 중요성, 관심, 그리고 강조에 대한 측정을 통해 그 의미를 해석하게 하는 경향이 있다; ② 상징과 발상과 관련된 호의적 혹은 비호의적인 것에 대한 상대적인 균형은 방향과 편향성의 척도로 해석되는 경향이 있다; 그리고 ③ 상징과 발상에 대한 단서나 연상은 믿음과 확신의 정도에 대한 측정을 통해 해석하는 경향이 있다. 이들 분석에서 사용될 수 있는 또 다른 측정 방법은 어떤 발상이나 개념이 표현이 되었는지 아니면 표현되지 않았는지에 대해 집중적으로 분석하는 것이다. 이와 같은 방법은 포커스 그룹에 참여한 참가자들이 두 가지 혹은 그 이상의 발상, 대상 그리고 사람들에 대해 가지고 있는 인식 혹은 지식 그리고 빈도에 대한 무언가를 제시하는 것으로 해석이 될 수 있다(Krippendorf, 2013, pp. 62-63).

내용 분석은 연구 방법 중 한 방법이지만, 다른 유형의 연구 방법과 많은 특징을 공유한다. 내용 분석에서 찾아볼 수 있는 연구 과정의 각 단계들은 다른 연구 프로젝트에서도 제시되어 있다. Schreier(2012, p. 6)는 이와 관련된 몇 가지 연구 단계들을 제시하였다.

- 연구 질문 정하기
- 연구자료 선별하기
- 코딩 프레임 설계하기
- 연구자료를 코딩 단위로 나누기
- 코딩 프레임 테스트하기
- 코딩 프레임 평가 그리고 수정하기
- 분석하기
- 연구 결과 해석하기 및 발표하기

포커스 그룹 토론의 내용 분석에서 사용된 자료에는 참가자들이 말한 내용, 행동에 대한 관찰, 그리고 다양한 형태의 비언어적 의사소통이 포함되어 있다. 참가자들이 말한 내용은 영상 카메라를 사용하면 적어도 행동이나 비언어적 의사소통을 영구적으로 기록/보관할 수 있다. 그러나 이들 자료들은 연구자들의 연구 목적의 관점에서는 구조화가 덜 되어 있다고 할 수 있다. 포커스 그룹 토론에 대한 내용이 시작되기 전에, 연구자는 토론 내용을 특정 정보의 단위로 전환하여야 한다. 특정 조직 구조는 연구의 특정 연구 목적에 따라 달라지지만, 모든 연구 질문에 적용되는 구조 과정에 공통되는 특정 단계들이 있다. 이것은 바로 단위화, 샘플링, 그리고 기록하는 단계다.

단위화(Unitizing)는 포커스 그룹 토론 내용에 대한 분석의 단위나 수준을 정의하는 것이다. 분석 단위로는 포커스 그룹 토론에서 사용된 각각의 단어들에 대해 고려하는 것이 가능하다. 이 외에도, 분석 단위로는 문장, 문장 배열, 혹은 특정 주제에 대한 완전한 대화 내용이 될 수도 있다. Krippendorf(2013, pp. 98-111)는 내용 분석에서 고려할 수 있는 세 가지 분석 단위를 제안하였다. ① 샘플링 단위, ② 기록 단위, 그리고 ③ 맥락 단위.

샘플링 단위(Sampling units)는 각 독립체로 간주될 수 있는 전체의 각 부분이다. 샘플링 단위는 물리적인 경계를 가지고 있는 경우가 많다. 예를 들어, 샘플링 단위는 개인적인 말들, 개인의 완전한 진술, 혹은 둘 혹은 그 이상의 사람들 간에 주고받은 대화 전체로 정의될 수도 있다.

기록 단위(Recording units)는 주로 기록 방법에 활용된 기술적 체계(system)에 의해 생기는 경향이 있다. 일반적으로 기록 단위는 샘플링 단위에 포함된다. 예를 들어, 정서적으로 함축된 의미를 가진 말들로 특정 부류의 용어를 설명하거나 아니면 사용한 모든 말들의 일부가 될 수 있다. 대체적으로, 몇몇 포커스 그룹 면담에 참여한 사람들의 개인적 진술은 특정 주제나 사안과 관련된 언어적 교류를 구성하는 샘플링 단위를 구성하는 기록 단위가 될 수도 있다. 후자의 경우, 기록 단위는 예를 들어, 적대감, 우호적 혹은 친화적인 교류를 설명하는 수단을 제공해 준다.

맥락 단위(Context units)는 기록 단위를 해석하는 바탕을 제공해 준다. 어떤 경우는 기록 단위와 거의 똑같다. 그리고 다른 경우에는 아주 독립적이다. 맥락 단위는 주로 기록 단위가 발생하는 구조에서 정의된다. 예를 들어, 마케팅 연구에서는 평가용 용어가 특정 상품이나 서비스를 설명하는 맥락에서 어느 정도 사용되는지 그 빈도를 알아볼 때 유용하다. 그러나 맥락 단위는 기록의 내용에 대한 기준점을 제공한다. 이러한 경계를 특정 연구에서 설명하려면, 몇 가지 포커스 그룹을 통해서 신상품을 조사하는 의료 장비 생산자를 생각해 볼 필요가 있다. 맥락 단위는 조기 진단을 가능케 하는 새로운 가정용 의료 장비다. 샘플링 단위는 참가자의 말 혹은 구이며 기록을 통해 의료 상품에 대한 긍정적/부정적 태도의 표현을 통합시켜 준다.

샘플링 단위는 포커스 그룹 토론 내에서 광범위한 정보 구조가 세분되는 방법을 나타내 준다. 그리고 관련된 정보를 조직하는 방법을 알려 준다. 이러한 샘플링 단위 내에서, 기록 단위는 구체적인 진술을 대변해 주고 맥락 단위는 진술이 발생하는 환경/맥락을 대변한다. 이러한 단위들이 정의되는 방식을 통해 특정 포커스 그룹 토론의 내용을 해석하는 방법도 영향을 받는다. 〈표 7-1〉은 이러한 단위에 대한 다섯 가지 접근법을 구분해 준다. 포커스 그룹 연구는 대부분 주로 참고, 전제적, 그리고 주제 단위와 관련이 있다. 그러나 물리적 혹은 구문론적 단위를 활용하는 것이 적합한 경우도 있다. 이러한 접근은 뭔가 추상적이고 어느 면에서 보면 겹치는 것 같으면서도 포커스 그룹 자료에 대한 체계적이고도 현저한 분석의 틀을 잡아준다. 또한, 분석의 적절한 단위를 정의하려면 연구의 목적과 코딩 시스템에서 신빙성을 지킬 수 있는 연구자의 능력이 동반되어야 한다. 이러한 코딩 시스템의 신빙성은 실증적으로 판단하고 대부분의 경우 채점자 간의 일치를 활용한다.

**〈표 7-1〉 내용 단위 정의를 위한 접근법들**

- **물리적 단위**(physical units)는 크기, 장소, 시간, 그리고 길이와 같은 물리적 특성을 통해서 매개체의 내용을 가른다. 예를 들어 책, 칠판, 그리고 잡지의 한 사안은 모두 물리적 단위의 한 사례들이다. 이러한 단위들의 경계는 시공간을 통해 정의된다.

- **구문론적 단위**(syntactical units)는 자연적 문법에 따라서 매개체의 내용을 가른다. 용어, 개인 TV 프로그램, 혹은 뉴스 속보의 소재, 그리고 책의 한 단원이 그 사례. 이러한 단위들은 의사소통의 출처에 따라서 정의가 된다.

- **범주적 단위**(categorical units)는 참고, 표현에 따라서 정의가 되는데, 이는 같은 사람, 대상, 혹은 사건을 서술하는 길이와는 아무런 상관이 없다.

- **전제적 단위**(propositional units)(핵심이라고도 한다)는 특정 구조를 가지고 있고 참고 대상 혹은 사람에 대한 특정한 사고를 하게 만드는 참고 단위. 그러므로 "그는 밝지만 부정직한 사람이다."라는 진술에는 두 개의 전제가 포함되어 있다. ① 사람은 밝으면서, ② 부정직하다.

- **주제 단위**(thematic units)에는 전 지구적 해석 혹은 탐구적 진술이 있다. 신념이나 설명에 대한 순환적 체계는 주제 단위를 대변한다. 그러므로 어느 누군가는 포커스 그룹에서 판매자들이 부정직하다는 순환적 주제가 있다고 판단할 수 있다. 대체적으로, 아침 뉴스의 분석을 통해서 엄청난 경제적 변혁과 정치적 갈등과 관련된 주제를 알 수도 있다.

출처: Krippendorf (2013), pp. 104-109.

포커스 그룹에서 일어나는 모든 토론을 단위화시키는 것은 거의 실증적이지도 필수적이지도 않다. 다수의 포커스 그룹들이 같은 일반적인 주제에 대해서 진행이 될 때, 완전하게 단위화시키는 작업은 훨씬 어려워진다. 이러한 이유 때문에 대부분의 포커스 그룹의 내용 분석은 분석을 위해 모든 단체 토론을 샘플링한다. 분석가는 중요한 주제나 주제 내의 샘플 진술을 찾아보거나 또는 특정 질문 혹은 대화 중 특정 지점에 나온 응답의 진술을 조사하는 것과 같이 다른 접근법을 활용할 수 있다. 샘플링의 다른 유형과 마찬가지로, 내용 분석에서 샘플링을 하는 의도는 큰 집단을 대표하는 소집단을 만들기 위함이다. 포커스 그룹 토론 내용의 샘플링의 대표성을 확보하는 데 주의를 기울이지 않으면, 부정확한 결론을 비교적 쉽게 도출할 수 있다. 맥락과는 상관없이 제기된 숫자상으로도 대표성이 없는 진술을 택한다면 대부분의 어떠한 주장이라도 뒷받침할 수 있다. 그러므로 분석가가 단체 토론의 총 내용을 샘플링하기 위한 계획을 세우는 것이 매우 중요하다. 이러한 과제는 그룹의 일부 참가자들만이 특정 질문에 응답을 할 때 더욱 복잡해질 수 있다.

자료제작의 마지막 단계는 신뢰성과 의미성을 보장하는 방식으로 자료를 기록하는 것이다. 내용 분석에서 구문에 대한 기록은 단순히 하나 혹은 그 이상의 응답자들의 진술을 재기록하는 것이 아니다. 오히려 정의된 분석 단위를 통해서 토론의 내용을 범주로 분류해 토론의 의미를 유지시키고 해석하는 것이다.

이 단계가 완료되고 나면 분석과 해석을 목적으로 한 자료를 실질적으로 확보했다고 주장할 수 있다. 내용 분석에서 구문 기록을 하려면 분명한 기록 설명 지시를 이행해야 한다. 이러한 지시는 범주화 단위(용어, 구문, 문장, 제스처 등)를 할당하는 규칙을 보여 준다. 이러한 설명으로 기록 절차의 적어도 네 가지 측면을 다룰 수 있다

(Krippendorf, 2013).

1. 기록된 미가공 자료(전사, 테이프 기록, 촬영물)의 특성
2. 주제 및 과학적 연구에 대한 친숙함 등 특별한 기술을 포함한 코더(녹음 기술자)의 특성이나 자격요건
3. 코더가 기록을 할 때 필요한 훈련
4. 단위를 범주로 나누는 특정 규칙

이러한 규칙은 녹음 활동 및 자료 제작 과정 전반의 신뢰성을 확립하는 데 있어 중대한 요소다. 더 나아가, 이러한 규칙들은 명백해야 하고 처음에 이 규칙을 개발한 사람들 보다 개인이 활용할 때 신뢰성 있는 결과를 내 놓을 수 있다는 것이 증명될 필요가 있다. 채점자 간의 신빙성 계수가 코딩 시스템을 개발하는 사람들의 동의만을 바탕으로 할 때 그 계수가 높다고 보고하는 일반적 행태는 신뢰성의 합리적인 척도를 제공하지 않는다(Lorr & McNair, 1966). 오히려, 코딩 시스템의 신뢰성을 확립하기 위한 최소한의 요구사항은 코딩 규칙을 사용할 때 판단이 실증적 동의를 드러낸다는 것을 증명해 주는 것이다.

기록 규칙이 확립되고 신뢰성 있는 결과를 창출한다는 것이 확증되면 기록 규칙을 대상 자료 전체의 내용에 적용해서 자료 제작 절차가 완결될 수 있다. 이상적인 상황이라면 기록은 한 사람 이상의 판단을 포함하여 특정 단위의 코딩에 대한 신뢰성을 검증 받고 의견 불일치의 근원을 찾고 정정할 수 있다. 일반적으로 신뢰성 있는 기록 규칙을 개발하는 일과 전사의 개인적 요소를 신뢰성 있게 코딩하였는지 보장하는 일 사이에는 차이가 있기 때문이다.

코딩 시스템의 신뢰성(reliability) 평가는 다양한 방법으로 진행될 수 있다. 위에서 언급한 대로 다수의 기록자가 일반적으로 동의하고 있다는 것과(채점자 간의 신뢰성이 높다는) 특정 단위가 신뢰성 있게 코딩되어 있다는 것 간의 차이는 존재한다. 연구자는 반드시 주어진 연구 질문에서 어떤 접근이 가장 유용한지를 결정해야 한다. 대부분의 포커스 그룹 프로젝트에서는 일반적인 채점자 신뢰성이 더 중요한데 왜냐하면 특정 단위보다 그룹 토론의 일반적 주제에 더 비중을 두기 때문이다. 그러나 개인 단위의 신뢰성이 더 유의미한 경우도 있다.

동의 계수(coefficient of agreement)의 전산을 통해서 기록 시스템의 양적 신뢰성 계수를 얻는다. 동의 계수에 대한 상당한 양의 문헌이 존재한다. 특정 동의 계수의 선별과 관련된 사안 및 문헌을 처리하는 것은 본 글의 영역 밖에 있다. 가장 흔히 사용되는 계수는 카파(Cohen, 1956; Fleiss, 1971), pi(Scott, 1955), 그리고 Krippendorf의 알파(Krippendorf, 1970, 2013)다. 이 모든 계수들은 확률만으로 예측할 수 있는 수준에 대한 동의 확률을 정정해 준다. Krippendorf(2013)는 두 명 이상의 판단을 활용하는 절차를 포함하여, 내용 분석의 신뢰성 계수에 대한 유용한 논의를 제공해 준다(Schreier, 2012; Spiegeman, Terwilliger, & Fearing, 1953).

미가공 내용 분석을 위해 의미 있는 단위로 바꾸는 과정, 종종 이를 자료 제작(data making)이라고 부르는데, 이 과정은 내용 분석의 전 과정을 통틀어서 가장 시간이 많이 걸린다. 이는 내용 분석 문헌에서 가장 주목을 받는 단계이기도 하다. 그 이유는 내용 분석에서는 관찰 이전이 아닌 이후에 분석용 단위를 만들어야 하기 때문이다. 내용 분석은 관찰을 통해 직접 무엇을 조사하고 분석을 해야 하는지를 제시한다. 반면에 다른 종류의 연구에서는 관찰을 하기 이전에 관심 영역과 관련 기준을 확립한다.

연구법의 다양한 방식으로 자료를 만들 때 그 단계에 부여되는 중요성의 차이는 주관식 질문과 다지선다형 질문의 차이와 비슷하다. 두 유형의 질문에서 관심이 있는 특정 사안이 있지만 주관식 질문의 경우 정답은 주어지지 않는다. 그러므로 정답은 응답자의 답변 중에 있다. 시험을 평가하는 사람이 누구든 반드시 응답을 분석하고 응답이 얼마나 '정확한지'를 결정하는 데 시간을 투자해야 한다. 이러한 평가 단계는 다지선다형에서는 불필요하다. 왜냐하면 응답자가 고를 수 있는 답이 확인이 되고 평가자는 오직 어떤 정답이 채택되었는지만 판단할 필요가 있기 때문이다. 따라서 다지선다형 문제에서는 시행 전에 많은 준비를 해야 한다. 왜냐하면 부정확한 답변이 아닌 올바른 정답이 합리적인 대안과 함께 확인되어야 하기 때문이다.

설문조사 연구에서 자료 제작은 설문조사를 시행하기 이전에 이루어진다. 응답자가 답을 고르기 위한 합리적인 대안을 찾는 과정을 포함한다. 그러므로 자료 제작은 설문조사 연구, 그리고 모든 부류의 연구의 한 단계이지만 관찰 이전에 이루어진다. 내용 분석에서 자료 제작은 관찰 후에 이루어진다. 반면에 이러한 절차들은 마케팅 연구 분야에서 시행되는 시간의 압박이 크거나 실증적인 포커스 그룹 연구에서는 사용 빈도가 높지 않다.

# 🏰 양적 분석

개별 단위의 코딩 혹은 기록은 내용 분석이 아니다. 이는 분석을 준비하는 첫 단계일 뿐이다. 특정 응용에서 활용되는 분석의 특정 유형은 연구 목적에 따라 다르다. 사실상 모든 분석 수단을 사용하며 이는 단순한 서술적 분석에서 더 정교한 자료 축약과 다변수 결합 기술까지 다양하다. 포커스 그룹 자료 맥락에서 이루어지는 내용 분석 작업은 주로 서술적이지만 꼭 그렇지만은 않다. 포커스 그룹 자료는 보통 질적이지만 제대로 된 내용 분석은 가장 정교한 양적 분석으로도 자료를 처리할 수 있도록 해야 한다. 보통 포커스 그룹 면담은 다른 연구를 통해 검증되고 입증될 가설을 발전시킬 목적으로 사용되는 것이 일반적이다. 예를 들어, 포커스 그룹은 대상 인구의 설문조사를 통해서 검증되게 될 가설을 내놓을 수 있다. 물론 매우 적절한 접근이다. 반면에, 입증의 필요성은 포커스 그룹 연구에만 국한되는 것은 아니다. 이는 광고 분야에 대한 Reid, Soley, 그리고 Wimmer(1980)의 반복연구에 대한 검토에서 잘 나타난다. 이러한 연구에서 그들이 조사한 대다수의 연구는 설문조사와 실험 연구 결과를 반복한 것이지만, 그 반복연구가 원 연구를 뒷받침할 확률과 동일한 확률로 원 연구와 반대되는 결과를 내놓을 가능성이 있다. 이러한 결과는 광고에만 국한되는 것은 아니며 반복과 입증이 다른 어느 과학적 노력에 있어서 중요한 단계임을 보여 준다. 다른 종류의 연구 결과에서처럼 포커스 그룹 결과를 입증할 필요가 있다. 이러한 입증은 포커스 그룹 자료의 내용 분석을 포함하고 공식적인 실험 혹은 설문조사 연구와 같은 여타 방법이나 척도를 사용할 수 있다.

# 컴퓨터 지원 내용 분석

내용 분석가들은 분석 도구로서의 컴퓨터의 가치를 빨리 인식하였다. 시간이 많이 들고 지루한 자료 제작은 컴퓨터를 사용하면서 수월해질 수 있었다. 컴퓨터는 이전에 설명하였던 자료 제작 규칙을 그대로 따르도록 프로그램화될 수 있다. 이러한 규칙이 잘 설계되도록 확실히 하는 일은 컴퓨터가 규칙을 따르게 되면서 더욱 중요해졌다. 최근 포커스 그룹 면담의 컴퓨터 지원 해석은 상당한 주목을 받았고 내용 분석에 대한 연구의 기존 토대 위에서 발전했다.

내용 분석에 있어서 컴퓨터의 활용은 분석 단위 세기, 그리고 구분하기 작업을 포함한다. 용어의 수와 다른 용어들의 수를 단순하게 세는 일은 쉽게 컴퓨터에 프로그램화할 수 있고 문법적 어미를 무시하고 다른 용어의 어간만을 세도록 프로그램을 짤 수 있다. 이렇게 세고 분류하는 것은 자료 제작에 유용한데 바로 자료의 용어들이 말하는 내용을 알려 주기 때문이다.

용어의 특정 부류가 정해지면, 컴퓨터는 신속하게 주어진 부류 안의 용어를 세고 위치를 알아낸다. 요즘의 모든 용어 처리 소프트웨어에 있는 검색하고 찾기, 그리고 자르고 붙이기 식의 작업은 위에서 설명한 자르고 붙이기의 기존 기술을 자동화시켜서 연구 시간과 경비를 아껴 줄 수 있다. 컴퓨터는 자동화된 검색, 찾기, 세기, 자르기,

그리고 붙이기 활동보다 더 많은 것을 처리해 줄 수 있다. 단순한 세기와 용어의 분류에 대한 유일한 문제는 이러한 절차들이 용어가 발화되는 맥락을 놓친다는 것이다. 예를 들어, 감정이 실린 용어가 사용되는 빈도를 단순히 세기만 하면 그 감정이 실린 말의 대상에 대한 정보를 놓치는 것이다. 용어의 의미가 맥락에 의해 좌우되는 것이기 때문에, 맥락을 담아내는 것이 좋다. 이 때문에 내용 분석가들이 문맥 단위의 확인과 코딩을 내용 분석의 필수적인 사항으로 추천하는 것이다. 컴퓨터 지원 접근에 대해서 Schreier(2012, 제12장), 그리고 Krippendorff(2013, 제11장)는 유용한 논평을 한 적이 있다. 또 다른 유용한 정보로는 컴퓨터 지원 분석에 대한 무료 정보 출처인 Text Analysis Info Website(http://textanalysis.info)가 있고 설문조사 연구와 방법론(ZUMA or Zentrum fur Umfragen, methoden und analysen) 센터에서 관리하는 내용 분석 웹 사이트(http://www.content-analysis.de/)가 있다.

맥락과 문장의 내용을 담아내기 위한 컴퓨터 지원 접근법은 맥락-속-키워드(key-word-in-context: KWIC) 기법이다. KWIC 접근법은 주요 용어를 찾고 그 용어를 둘러싼 텍스트와 함께 주 용어를 목록으로 기록한다. 주요 용어 쪽에서 얻은 텍스트의 양은 출력할 용어와 글자의 수를 구체적으로 명시하여 조절할 수 있다. KWIC 분석에 대한 초기 컴퓨터 프로그램 중 하나는 General Inquirer(Stone, Dunphy, Smith, & Ogilvie, 1966; Stone & Hunt, 1963)로 오늘날에도 계속 사용되고 있다. 홈페이지는 http://www.wjh.harvard.edu/~inquirer/에서 찾아볼 수 있다. General Inquirer는 용어를 분류하기 위해 이론적으로 도출된 사전을 활용한다. 유사한 다양한 시스템들이 그 이후로 개발되었고 특정 적용을 위해 특별히 설계된 사전을 보통 사용한다. 이러한 일부 프로그램들은 단순히 KWIC로 지칭되며 다른 것들은 KWIC가 사용될 수 있는 특별한 응용에 따라 명명된다.

특히 내용 코딩과 용어 세기를 위해 고안된 상업 소프트웨어 상품은 누구나 사용이 가능하다. SPSS는 텍스트 분석 소프트웨어(Text Analytics Software, http://www-03.ibm.com/software/products/us/en/spss-text-analytics-surveys/)를 제공하고 SAS는 Text Analytics (http://www.sas.com/text-analytics/), 그리고 Stat Pact는 Verbatim Blaster(http://www.statpac.com/content-analysis.htm)라는 제품을 제공하고 있다. 이러한 세 가지 제품들은 대부분 단순한 코딩에서 유용한데 주로 주 용어나 구문 세기에서 사용된다. 더 복잡한 코딩은 주제, 해설, 그리고 프로파일과 관련된 대화를 태그하는 데 사용된다.

QSR International은 NVivo(www.qsrinternational.com; Bazeley, 2007). 그리고 SocioCultural Research Consultants에서는 Dedoose(http://www.dedoose.com)라는 온라인 제품을 제공하고 있다. 다른 많은 제품들이 사용 가능하며 사용의 편의성, 종합성, 목적, 그리고 비용에 따라 다양하다. 텍스트 분석에 대한 소프트웨어는 주로 클루워(Kluwer) 학술 출판사에서 나온 『컴퓨터와 인간』 혹은 Oxford 출판사에서 나온 『Literary and linguistic Computing』이라는 학술지에서 검증을 한다. 다양한 텍스트 분석 프로그램과 함께 특화된 사전도 사용할 수 있다.

내용 분석, 인공지능에 대한 연구 및 인지과학에 대한 최근의 작업들은 용어 간의 연관성이 의미의 중요한 결정요인이라는 것을 인식하고 있다. 더 나아가, 의미는 특정 용어 연관의 빈도, 관련 용어 혹은 개념들 간의 거리(개입되는 용어의 수로 측정), 그리고 다양한 연관성의 수와 관련이 있을 수 있다. 이러한 작업에서 기본이 되는 생각은 바로 사람들이 언어를 활용하는 방식이 사람들이 기억 속 정보, 느낌, 감정을 구성하는 방법, 그리고 그렇게 해서 사람들이 생각하는 경향에 대한 통찰력을 제공해 준다는 것이다.

언어가 사람들이 세상에 대해서 생각하는 방식에 대해 통찰력을 준다는 시각은 수년 동안 있어 왔다. 인류학자인 Edward Sapir(1929)는 언어가 사람들이 세상을 체험하는 것에 있어 큰 역할을 한다고 말한다. 사회심리학자들은 그동안 언어가 의미를 부여하고 환경에 적응하는 데 있어 해 왔던 역할에 대해서 관심을 가져 왔다(Brunder, Goodnow, & Austin, 1956; Chomsky, 1965; Sherif & Sherif, 1969). 최근에 세부화(categorization)에 대한 연구가 학문으로 자리 잡았고 인류학, 심리학, 그리고 개발심리학의 자연주의적 부류 연구 및 기호학 기억력과 인공지능 분야에서 발생한 모델링 자연적 범주의 도움을 받았다(관련 문헌을 참고하려면 Hahn & Ramscar, 2001; Medin, Lynch, & Solomon, 2000의 연구를 보라).

본 연구는 포커스 그룹에 대한 조사로 확대되어 왔다. 인지과학의 이론적 작업을 구축하면서 Anderson(1983)과 Grunert(1982), 그리고 Grunert와 Goder(1986)는 용어 연관성의 근접성을 분석하기 위한 컴퓨터 지원 절차를 개발하였다. 이러한 접근은 내용 분석에 대한 이전의 작업 위에 설계되었다. 이러한 접근방식의 자료 제작 단계는 [그림 7-1]에서도 나와 있는데 맞춤용 범주 사전을 설계하기 위한 상호작용 도구로서 KWIC 접근법을 사용한다. 이러한 목적으로 사용된 컴퓨터 프

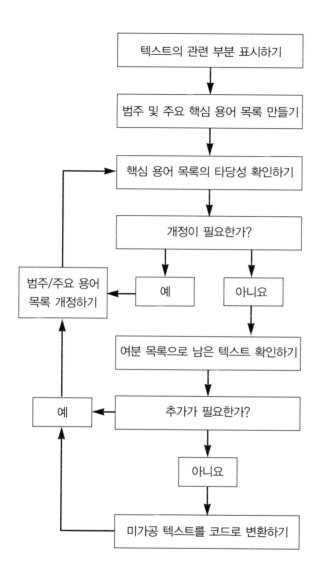

[그림 7-1] 연관된 근접성을 분석하기 전의 자료 제작

출처: Grunert & Goder (1986). 재인쇄 허가.

로그램은 TEXTPACK이지만 다른 컴퓨터 패키지 역시 사용 가능하다.

맞춤용 범주 사전을 만드는 것은 포커스 그룹의 내용 연구에 있어서 아주 중요한 일이다. 왜냐하면 포커스 그룹 면담에서 다룰 주제의 범위와 특이성이 아주 방대하며 일반 목적의 사전이나 코드 그리고 범주로는 특정 연구를 하는 연구자의 목적을 충족시킬 수 없기 때문이다. 예를 들어, 응답자들이 개인용 컴퓨터에 대해서 생각하고 얘기하는 방식에 대해서 조사하기 위해 설계된 포커스 그룹에서는 컴퓨터의 기능, 그 적용법, 그리고 특정 작업 환경에 해당하는 범주 사전을 개발해야 한다. 그리고 도심 지역 청소년들의 콘돔 사용을 조사하기 위해 설계된 포커스 그룹에서는 범주 사전을 통해서 응답자들의 속어를 포함한 토론 내용을 기록해야 한다. 다른 용도를 위해 개발된 사전들은 도움이 될 만한 제안을 할 수 있지만 주어진 맥락에서 특정 대상을 토론하기 위한 특정 응답자 집단에서 쓰는 언어의 특이성은 포커스 그룹의 분석가가 맞춤화된 범주화 시스템을 개발해야 한다는 것임을 의미한다. 접근법이 양적이긴 하지만 이러한 절차는 개별 참가자들의 자연스러운 언어와 표현을 얻기 위한 질적인 목표를 향상시켜 준다.

자료 제작 단계가 끝이 나면 토론 내용의 연관적 구조가 분석될 수 있다. 다양한 인지 범주 간의 거리를 세면서 이루어진다. 두 내용 범주의 거리 혹은 근접성은 개입되는 구조의 수에 따라 정해진다. 그러므로 서로의 옆에 붙는 두 가지의 구조는 1의 거리를 갖는 것이다. 전산을 좀 더 단순화시키기 위해서 Grunert와 Goder(1986)는 최댓값이 10인 범주로 조사할 것을 권고하였다. 최댓값은 기준으로 사용되며 이 점수에서 거리의 숫자를 빼서 값을 얻으며 이는 연관성의 강도에 따라 정비례하여(반비례한다기보다는) 달라진다. 이러한 절차는 거리의 척도가 아닌 근접 점수를 얻기 위함이다. 바로 점수가 높을수록 범주 간의 연관성이 높다. 대부분의 모든 범주가 한 번 이상 등장하기 때문에 모든 발생 횟수에 걸쳐서 연관성이 합산되어 각 한 쌍의 구조에 대한 총 근접 점수를 구하는 데 쓰인다. 이러한 근접 자료는 향후 분석에서 사용된다.

Grunert와 Goder(1986)는 비(非)전문가와 전문가가 카메라에 대해서 말하고 생각하는 방식에 있어서의 차이를 알기 위해 만들어진 포커스 그룹의 맥락에서 이 절차에 대한 실제 사례를 제시하였다. 두 집단으로부터 개별적으로 얻은 포커스 그룹 자료가 분석을 위해 제출되었다. 관심 대상은 카메라의 속성과 카메라의 활용법 간의 연관성과 관련하여, 두 집단 간의 차이다. 더 정확하게 말하면 자동초점이나 렌즈의 다양성과 같은 카메라의 특성이 카메라의 특정 사용[속성은 메트릭스(AUMA)를 사용한다] 맥락에서 언급되는 빈도에 초점을 둔다. 액션 촬영, 슬라이드, 그리고 초상화와 같은 사용[브랜드 매트릭스(BUMA)] 맥락에서 언급된 특정 브랜드 카메라의 빈도와 관련된 차이점도 관심 대상이다. 그리고 카메라의 특정 브랜드가 특정 기능[매트릭스(BAMA)]과 연관이 되는 빈도, 특정 속성과 관련하여 특정 브랜드 간의 차이에 주목하였다.

〈표 7-2〉는 이러한 적용 사례의 결과에 대한 요약이다. 너무나 당연하게, 비(非)전문가보다 전문가 집단에서 훨씬 더 풍부한 연관적 구조가 있음이 발견되었다. 이러한 연관적 구조의 특징을 그림

### 〈표 7-2〉 카메라 연관성에 대한 정보 요약

| AUMA 특성 | 비전문가 | 전문가 |
| --- | --- | --- |
| 속성의 총합 # | 36 | 40 |
| 사용법과 연결된 속성의 # | 13 | 31 |
| 사용빈도 총 # | 4 | 12 |
| 속성과 연결된 사용법의 # | 4 | 12 |
| 연관성의 절대적인 # | 19 | 120 |
| 연관성의 상대적인 # | 13% | 25% |

| BAMA 특성 | 비전문가 | 전문가 |
| --- | --- | --- |
| 속성의 총합 | 36 | 40 |
| 브랜드와 관련된 속성의 # | 28 | 34 |
| 사용빈도 총 # | 22 | 27 |
| 속성과 연결된 사용법의 # | 20 | 24 |
| 연관성의 절대적인 # | 151 | 274 |
| 연관성의 상대적인 # | 19% | 25% |

| BUMA 특성 | 비전문가 | 전문가 |
| --- | --- | --- |
| 속성의 총합 # | 22 | 27 |
| 브랜드와 연결된 속성의 # | 0 | 14 |
| 사용빈도 총 # | 4 | 12 |
| 속성과 관련된 브랜드의 # | 0 | 10 |
| 연관성의 절대적인 # | 0 | 34 |
| 연관성의 상대적인 # | – | 10% |

출처: Grunert & Goder (1986). 재인쇄 허가.

으로 나타낼 수도 있다.

예를 들어, [그림 7-2]는 브랜드 캐논에 대한 전문가, 비(非)전문가의
연관적 구조에 대한 예다. [그림 7-2]의 선의 길이는 연관성의 강도와
반비례 관계다. [그림 7-2]는 내용 분석을 통해 얻은 정보를 요약하는
종합적인 방법을 보여 준다. [그림 7-2]는 아래 그림 원 안의 숫자로
나타낸 이들 연관성의 빈도와 유형에 관한 정보를 제시해 주고 있다.

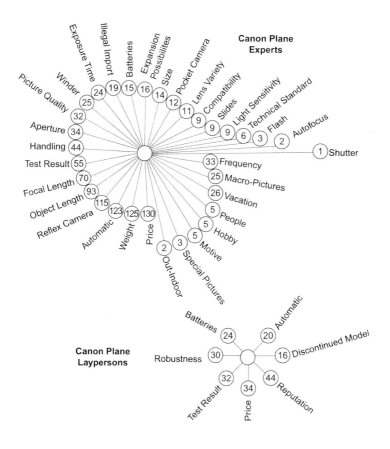

## [그림 7-2] 전문가/비전문가의 캐논의 그래프

출처: Grunert & Goder (1986). 재인쇄 허가.

확실한 것은 〈표 7-2〉, [그림 7-2]에서 요약된 분석 유형을 완료하기 위해서는 상당한 노력이 필요하다는 것이다. 이 방법을 다른 분석에 적용할 때, 그 노력의 양이 타당한지는 다양한 요인에 따라 달라진다. 시간과 예산의 한계, 연구 질문의 유형, 그리고 컴퓨터와 필요한 소프트웨어의 사용 가능성이 그 요인들이다. 중요한 핵심은 포커스 그룹 자료를 분석하는 수준과 세밀함은 컴퓨터 활용을 통해 상당한 수준으로 향상시킬 수 있다는 것이다. 동시에 컴퓨터는 불필요한 자료들을 줄일 수 있는 좋은 도구다. 그리고 인식하지 못하고 지나칠 수도 있는 관계들을 규명하는 데 사용될 수 있다. 그러므로 대부분의 사회과학 연구 방법에서 활용되는 도구와 같이 포커스 그룹 면담도 컴퓨터의 출현으로 도움을 받고 있다. 포커스 그룹을 대상으로 한 면담 사용자들이 자료에 대한 분석과 해석에 도움을 받기 위해 컴퓨터 사용이 더욱 쉬워지고 있다.

## 결론

포커스 그룹 자료 분석은 아주 다양한 형식을 취할 수 있다. 빠르고 고도의 주관적이고 인상 위주의 분석에서부터 아주 정교한 컴퓨터 지원 분석까지 그 형식이 다양하다. 최고의 접근법이란 없다. 그보다는 선택한 접근법이 연구의 본래 목적과 필요한 정보를 얻어낼 수 있는지와 일치해야 한다. 모든 포커스 그룹 연구가 고도의 주관적인 분석이 포함되어야 한다고 제안하는 것은 적절하지 않다. 이것은 여러 적용 사례 중 하나임이 확실하다. 하지만 신뢰성과 객관성 높은 연구가 되도록 하기 위해서 그리고 연구 성과를 양적 연구화하기 위한 논리적 절차들이 있다.

## ⛫ 복습 질문

1. 포커스 그룹 토론 분석을 얼마나 해야 좋은지를 결정할 때 고려해야 할 점은 무엇인가?

2. 포커스 그룹 기록을 얼마나 편집하는 것이 유용한가? 그리고 왜 그렇게 생각하는가?

3. 질적 vs 양적 접근을 선택할 때 포커스 그룹 연구자는 어떤 요인들을 고려해야 하는가?

4. 포커스 그룹 참가자들이 특정 주제를 제기하는 순서가 왜 중요하다고 생각하는가?

5. 포커스 그룹 참가자들이 집단 내에서 말하는 것에 대해 분석가들은 어느 상황에서 회의적으로 대처해야 하는가?

6. 자르고 구분하기 기술에 대해서 설명해 보자. 이 기술이 어떻게 컴퓨터를 통해서 자동화될 수 있겠는가?

7. 내용 분석이 무엇인가? 포커스 그룹 토론을 분석할 때 왜 적절하다고 생각하는가?

8. 자료 제작이 무엇이라고 하는가? 왜 중요하다고 생각하는가?

9. 자료 제작 단계는 무엇인가?

10. 기록 규칙은 무엇인가? 어떻게 규칙이 유용하다는 것을 알 수가 있는가?

11. KWIC 접근법이란? 포커스 그룹 자료를 분석하는 데 어떻게 쓰이는가?

12. 연관적 구조는 뭘 의미하는가? 연관적 구조를 어떻게 조사하는가? 연관적 구조에 대한 분석은 포커스 그룹 연구의 맥락에서 어떻게 유용하게 적용될 수 있을 것인가?

13. 다음 유형의 분석이 가장 적절한 연구 상황을 알아보자.

    a. 신속한 인상위주의 요약

    b. 자르고 붙이기 접근법을 활용한 주제 분석

    c. 주장 분석

    d. 실증적 분석

    e. 관련성 구조 분석하기

 연습

유명 잡지의 뉴스를 찾아보자. 내용을 코딩하기 위한 범주화 시스템을 개발해 보자. 그리고 잡지를 읽은 적이 없는 친구와 내용 분석을 공유하자. 그 내용 분석을 통해서 그 친구는 어느 정도의 내용을 알았는가? 그리고 내용 분석 사용이 당신에게 시사하는 바는 무엇인가?

# 포커스 그룹 실제

# 제8장

# 포커스 그룹
# 실제

1940년대 초반 라디오 프로그램에 대한 청중들의 반응평가 실험에서 포커스 그룹을 활용한 이후로 우리들은 먼 길을 걸어왔다 (Merton, 1987, Mertkon & Kendall, 1946). 포커스 그룹은 이제 다양한 목적 및 다양한 연구 분야에서 광범위하게 사용되고 있다. 예를 들어, 보통 주제에 대한 일반적인 배경정보를 얻거나 연구의 가설을 세우거나 새로운 아이디어 혹은 창의력을 자극하고, 또한 상품이나 프로그램에 대한 이미지를 만들어 낼 때 사용되고 있다. 또한 발생 가능한 문제를 진단하거나 이전에 얻은 양적 결과에 대한 해석을 뒷받침하고 화두가 되는 현상에 대한 새로운 통찰력과 지식을 얻기 위해 사용되고 있다. 이러한 포커스 그룹은 시설이 잘 갖추어진 연구실에서부터 일상적이고 편안한 거주 환경까지 다양한 환경에서 활용되고 있다.

포커스 그룹의 활용 사례를 설명하기 전에 80여 년이나 되는 포커스 그룹의 '연구 전통'을 고려하여, 우선 잠시 시간을 갖고 다음과 같은 질문들을 우리 스스로에게 던질 필요가 있다.

- 시간이 지나면서 포커스 그룹 실행에 변화가 있었는가?
- 포커스 그룹 연구가 10년 혹은 20년 전보다 더 연구 절차가 엄정해졌는가?
- 지금까지 포커스 그룹을 활용해 온 결과, 타당성과 유용성 측면에서 포커스 그룹 연구 결과에 대한 신뢰도가 더욱더 높아졌는가?
- 과거에 비해 포커스 그룹을 이끄는 전문가들이 더 숙련되고 지식이 풍부해졌는가? 조정자의 역할 및 특정 집단에 있어서 조정자를 선택할 때, 고려해야 하는 요인에 대해서 더 잘 이해하고 있는가?
- 현재 시설들로 인해 포커스 그룹 참여가 더 수월해졌는가?
- 최첨단 정보 기술 사용과 가상의 포커스 그룹 활용으로 우리는 더 나은, 혹은 더 다양한 연구를 할 수 있게 되었는가?
- 포커스 그룹 참여 및 포커스 그룹 자료의 질을 강화/제한할 수 있는 요인들과 포커스 그룹의 역학에 대해서 더 잘 알게 되었는가?
- 포커스 그룹을 연구하는 사용자들은 포커스 그룹의 목적, 강점과 더불어서 그 한계에 대해서 명확하게 인식하고 있는가?

과학은 인류가 오랜 세월 동안 축적한 노력의 산물이고 포커스 그룹 면담은 과학적 방법이라는 점에 있어서 이 모든 질문들에 대한 사람들의 답변은 반드시 '예'가 되어야 한다. 확실히 포커스 그룹을 연구하는 일은 많은 기술을 요구하지만, 이는 모든 과학적 방법에도 마찬가지다. 포커스 그룹을 통제하고 더 나은 실험을 고안하기 위한 특정 기술이 있다고 해서 이러한 방법들이 덜 과학적이 되는 것은 아니다. 과학적 도구로서 방법에 대한 근본적인 실험은 더 건전하고 유용한 지식을 창출하는 과학의 능력이다. 이러한 실험을 통해 포커스 그룹 면담을 잘 확립된, 철저한 과학적 도구로 생각할 수 있다. 그러므로 위에 제시된 각 질문들에 대한 대답은 '예'일 수 있지만, 포커스 그룹 면담이 아직까지 과학적 도구랍시고 남용되는 경우 중 하나이기 때문에 대부분의 경우 앞의 질문에 대한 답들은 검증이 되어야 할 것이다(Nelems, 2003).

사회과학 연구에서 쓰이는 다른 연구 방법들과 비교하여 상대적으로 포커스 그룹 면담은 편리하고 저비용이라는 점 때문에 포커스 그룹 오남용이라는 결과를 낳았다. 물론 제대로 설계된 포커스 그룹은 설문조사나 실험보다 결코 편리하거나 저렴하지 않고 어떤 경우 더 어려울 수 있기 때문에 이는 오해일 수 있다.

이 책에서는 의미 있는 포커스 그룹을 운영하는 데 있어 적절한 준비와 공감의 필요성을 강조하였다. 그리고 포커스 그룹 연구를 준비, 진행, 해석하기 위해 집단적 역학, 사회심리학, 임상심리학에 대한 다량의 이론과 연구에 자주 의지하기도 하였다. 우리들은 면접, 그리고 분석적 기술만을 가지고 있는 것이 아니라 포커스 그룹의 효용성을 높이고 그 자료의 타당성을 증대시켜 주는 사례 기록 및 다양한 맥락에서의 이론문헌 형태의 풍부한 경험을 보유하고 있다. 조정자 요인에서 요구되는 높은 수준의 숙련도와 준비성, 포커스 그룹에 대한 자료를 해석하는 데 필요한 분석 도구에 대한 높은 정교성 그리고 현대의 잘 설비된 면접 시설의 유효성은 일반적으로 포커스 그룹 연구에 대한 표준성을 더 높이는 데 도움이 되었다.

포커스 그룹에 대한 기본 목적과 설계에 관한 사람들의 오해, 조정자 요인의 부적절한 숙련과 준비, 부자연스러운 환경, 그리고 의욕만 앞서거나 부적절한 포커스 그룹 결과의 활용은 다른 그 무엇보다 연구의 완결성을 훼손시킨다. 연구에 더 적합한 설문조사나 실험 기술들이 있을 때, 포커스 그룹이 이들을 대체하지는 않는다. 같은 맥락에서 포커스 그룹 면접이 적절한 경우 설문조사나 실험이 포커스 그룹을 대체하지 않는다. 이 책에서는 사회과학에서 포커스 그룹의 역할을 기술하고 포커스 그룹이 적합한 연구로 어떤 것들이 있는지 알아보았다. 포커스 그룹이 의도하지 않은 목적 하에 사용될 경우 문제는 반드시 생긴다. 이러한 남용은 꼭 포커스 그룹 면접에 국한되는 것은 아니다. 사실상, 모든 연구 방법에서 있을 수 있는 일이다. 그럼에도 불구하고, 포커스 그룹은 남용되기 쉬운데 이는 겉으로 볼 때 포커스 그룹이 연구하기 쉬워 보이기 때문이다. 포커스 그룹 면접은 설계 및 분석 방식에 있어서, 다른 그 어떤 연구 방법보다 덜 구조화되어 있으며 포커스 그룹의 자료는 좀 더 주관적인 해석을 할 여지가 있는 것으로 보일 수 있다.

하지만 자주 남용된다고 해서 연구의 접근법이 비과학적이거나 덜 정밀해지는 것은 아니다. 오히려 사용자들은 포커스 그룹을 설계, 실행, 그 결과를 해석할 때 더욱 신중하고 긴장할 것을 요구 받는다. 동시에 포커스 그룹 면담이나 다른 방법들이 남용된다고 해서 이를 활용하지 않는 것은 아주 근시안적인 사고다.

이 장에서는 앞으로 몇 가지 활용 사례들을 들어 포커스 그룹의 유용성에 대해서 설명하려 한다. 다양한 사례에서 이용될 수 있음을 보여 주기 위해 다른 여러 분야에서의 사례를 제시했다. 첫 번째 사례는 정치적 사례이고, 두 번째는 광고 분야이며 세 번째는 사회 정책 사안으로 충동성과 절도에 관한 것이다. 마지막 사례는 새 차 구매 경험에 대한 소비자 인식을 다룬다. 마지막 사례는 앞선 사례들보다 길며 포커스 그룹 보고서가 어떤지에 대한 사례를 보여 주기 위해 설계되었다. 이 장에 제시된 보고서는 원본에서 축약된 형태이며 포커스 그룹을 활용할 이들을 위한 일반적 모델이다.

# 정치 선거운동과 포커스 그룹

포커스 그룹 연구에 있어서 흔한 연구 분야 중 하나는 정치 선거운동(campaigns)이다. 포커스 그룹은 선거후보 및 그들의 위치에 대한 인상과 태도, 그리고 반응을 얻기 위해 이용된다. 또한 포커스 그룹은 후보들의 위치나 행동에 대해, 대중들이 전반적인 반응이 어떠한지에 대한 이론을 실험하는 용도로도 활용된다. 이러한 실험의 배경이 되는 이론은 다음과 같다. 만일 다양한 출처를 통해 얻은 정보를 기반으로 설계된 행동 혹은 유권자와의 소통(communication)이 미국 시민들을 비교적 대변하는 소규모 집단에게 먹히지 않을 경우, 그 행동을 재고할 필요가 있음은 두말할 나위가 없다. 최종적으로, 포커스 그룹은 선거운동의 주제와 전달하고자 하는 바를 규정하고 개선하는 데 도움이 된다. 사안, 메시지, 주제, 그리고 언어는 포커스 그룹에서 테스트하고 개선할 수 있으며 그다음에 무엇이 가장 효과적인지를 결정할 수 있도록 여론조사에서 검증을 거친다.

포커스 그룹은 선거 후보들의 숨겨진 강점과 약점을 확인하는 데 유용하다. 그리고 특정 유권자 집단의 마음을 움직일 메시지를 알아내는 데에도 효과적이다. 최근에 이러한 적용 방법은 유권자에 대한 정밀세분화 방식이 중요한 선거전략 수단으로 자리매김하면서 더욱더 정교해지고 있다(Spiller & Bergner, 2011). 더 좁은 범위로 설정된 유권자 집단으로 이루어진 포커스 그룹들을 통합해서, 대체 캠페인의 메시지를 찾을 수 있으며 인터넷을 통한 설문조사로 검증을 할 수 있다. 이러한 포커스 그룹 집단에 대한 설계와 구성을 할 때 신중해야 하는데, 그래야 같은 가치관과 관심을 공유하는 유권자들의 대표성을 보장할 수 있다. 또한, 메시지가 목표 유권자 집단에는 효과가 있지만 타 유권자 집단에는 효과가 없는지 확인하기 위해서는 포커스 그룹 연구에서 얻은 가설을 목표(target) 유권자 층과 타 유권자 층으로 넓혀 더 광범위한 표본을 통해 검증하는 것이 중요하다.

포커스 그룹 연구는 선거운동보다 정치적인 맥락에서 훨씬 더 쓸모가 있다. 포커스 그룹은 정치적 대안에 대해 대중과 가장 잘

소통하는 방법 및 시민들에게 가장 의미가 있는 언어는 무엇인지에 대한 소중한 통찰력을 제시해 준다. 예컨대, 미 정부는 포커스 그룹을 광범위하게 활용하고 있는데, 심지어는 공교육 자료를 평가하고 정부 프로그램이나 계획에 대한 대중의 반응을 평가하기도 하였다. 왜냐하면 포커스 그룹은 정책 수립에 있어서 시민들의 참여도를 증가시키기 위한 대표적 수단이며 관련 대중들 사이의 참여의식과 주인의식을 높여 줄 수 있기 때문이다(Heiskanen et al., 2008). 따라서 미국의 많은 지역정부 및 주정부는 시민들이 관심을 갖는 사안을 탐구하기 위한 공동체 지원 도구로 포커스 그룹 연구를 활용하고 있다.

## 대중들이 절대 보지 않을 TV 광고들

백악관 집무실 대통령의 책상 위의 보고서로부터 GE나 AT&T와 같은 거대 기업 최고경영자들의 책상에 놓여 있는 보고서에 이르기까지 통해, 포커스 그룹 연구는 해외 정책 혼선과 한물간 광고 캠페인의 결과만 낳으며 헛돈만 쓰는 실수를 방지해 주는, 일종의 통찰력을 던져 준다. 2013년 미국에서는 6백 6십억 달러 이상이 TV 광고에 쓰였지만, 몇백만 달러나 들인 엄청나게 많은 숫자의 광고가 TV에 방영되지도 못하였다는 사실은 이 숫자에 드러나지 않는다. 이러한 천문학적인 비용을 쓴 광고들은 그 제작과 시험에 광고회사가 엄청난 시간과 돈을 쏟아부었는데도 폐기 혹은 취소가 되었다.

광고를 만들고 시험하는 데 드는 막대한 시간과 비용에도 불구하고, 기업들은 주저 없이 그러한 광고들을 중단시킨다. 왜냐하면 효과도 없는 광고 홍보에 2천만 달러를 쓰는 것보다 광고 제작비 4십만 달러를 버리는 것이 훨씬 낫기 때문이다.

적절한 시기에 잘 운영된 포커스 그룹들은 광고를 제작하고 촬영하는 데 드는 지출을 줄이거나 없앨 수 있다. 포커스 그룹은 어떤 메시지가 중요하고 효율적인지를 결정하는 데 굉장한 도움이 된다. 포커스 그룹들은 혼란이 생기는 지점과 더 나은 표현, 혹은 더욱 강한 시각자료를 모색해 주므로 광고의 질을 향상시켜 준다.


## ♜ 충동 구매자, 상점 내 절도 그리고 포커스 그룹

포커스 그룹들은 사회적으로 민감하고 부정적인 주제를 탐구하는 데에도 유용하다. 소비자들은 왜 충동적으로 구매를 하고픈 의욕을 주체할 수 없는지, 혹은 왜 사람들은 가게에서 물건을 훔치는지 등 말이다. 이러한 주제를 탐구하면서 포커스 그룹들은 전화, 개인면담, 혹은 익명의 설문조사에서는 찾아내지 못하는 소비자의 동기를 끌어내고 그 행동의 원인이 되는 상황을 유추해 낼 수 있다. 자신들도 이러한 문제가 있다거나 특정 행동을 한다는 것을 인정함으로써 토론을 합리화시키고 다른 곳에서는 볼 수 없는 솔직함을 이끌어 낸다. 이러한 연구 목적을 위해 포커스 그룹을 활용하는 것은 효율적일 뿐만 아니라 행동의 원인이 되는 동기를 끌어내는 유일한 수단이기도 하다. 가벼운 준비, 브리핑, 그리고 현명한 중재를 하면 사람들이 본인의 경험에 대해서 개방적으로 말하는 것이 가능하다. 가끔, 공통된 경험담(좋은 것이든 나쁜 것이든)을 통해서 개인적인 면담보다 폭넓고 깊이 있는 논의가 가능해진다.

포커스 그룹은 전화면담보다 훨씬 나을 수 있는데 이는 전화상으로 모르는 이의 질문에 답하는 것에는 비인격적이고 불안한 면이 있기 때문이다. 설문조사는 응답자의 익명성을 보장할 수 있지만, 설문조사는 면밀히 살피고, 명확히 하는 것에 제한이 있어 깊은 논의를 할 수 없다는 단점이 있을 수 있다. 더 나아가, 이전 장에서 말한 대로 본인의 경험에 대해서 참가자들을 심리적으로 편안하게 해 주는 준비 및 면접 전략을 통해, 익명성이라는 장벽을 극복해 낼 수 있다.

포커스 그룹에서 상점 내 절도에 대한 학생들의 태도를 조사하면서 학생들이 자신들의 절도 경험 및 태도에 대한 이야기를 할 수 있도록 하는 일이 상당히 쉬운 것으로 나타났다. 알고 싶다는 공감과 의지를 보여 주는 것만으로도 포커스 그룹 참가자들이 가진 절도를 하게 된 동기를 끌어내는 데 효과적이었다. 대조적으로, 충동구매에 대한 심층적 면담을 통해, 응답자 본인의 충동성에 대해서 알아볼 때, 응답자의 합리적 이성, 그때의 경험을 회상하는 데 있어서 방어적 요소와 같은 장벽을 무너뜨리는 것이 힘들었다. 응답자들에게 "충동구매를 한다고 절대 비이성적인 것이 아닙니다." 그리고 "우리들 대부분은 뭔가를 충동적으로 산 적이 있습니다." 라는 식으로 상기를 시켜 주는 화해전략은 심층면접에서 충동적 성향에 대한 토론을 촉진하는 데 사용된다.

포커스 그룹들은 첫 번째, 개인적인 사연을 들려주면서, 두 번째로 판단이 개입되지 않음으로써, 좀 더 효율적이고 시간 소모를 덜하는 방식으로 소비자들의 충동적 성향을 탐구해 보는 것이다. 그리고 이러한 경우 포커스 그룹의 참가자들은 서로의 경험담을 듣고 개인면담의 면밀한 조사로 인해 느끼게 되는 고립감도 느끼지 않으면서 안정감을 얻는다. 이러한 사례는 소비자들의 민감한 경험을 알아보는 데 있어, 포커스 그룹 활용이 얻는 효율성이 얼마나 큰지 여실히 보여 준다.

## 대표적 포커스 그룹 보고서: 새 차 구매

포커스 그룹에 대한 보고서가 어떤지 보여 주기 위해, 다음 대표적인 보고서를 이 장에 포함하였다. 이 장에서 처음에 밝혔듯이 이 보고서는 축약되어 있으며 서술적인 분석만 있다. 그럼에도, 이러한 보고서를 쓰고자 하는 사람들에게 유용한 설명을 제공해 주고 있다. 보고서에서는 많은 사람들이 관심 있어 하는 주제를 다루는데 그중 하나가 새 차를 구매하는 것이다. 보고서는 특정 도심 지역에서 새 차를 구매했던 소비자들의 경험을 듣고 싶어 하는, 주요 자동차 제조업체를 위해 실시된 네 차례의 포커스 그룹 연구를 요약해 놓았다. 제조업체는 해당 지역 대리점을 통해 차가 어떻게 거래되는지, 그리고 소비자들은 대리점에서의 경험을 어떻게 생각하는지에 대해 특히 관심을 가졌다. 자동차 제조사 전용 대리점에 대한 토론은 싣지 않았다.

# 새 차를 구매한 경험: 견본 보고

## 목적

새 차를 구매했던 경험, 인식, 그리고 태도를 관찰하기 위한 목적으로 도심 지역에서 4개의 포커스 그룹들에 대한 연구를 실시했다. 포커스 그룹에 참여한 참가자들은 최근 차를 구매하는 데 영향을 준 요인, 경쟁 모델, 제품에 대한 인식, 그리고 소비자들이 하는 구매 활동 유형에 대해서 토론을 하도록 했다. 서비스, 전반적인 차에 대한 만족도를 포함해 판매 후 새 차에 대한 경험에 대해서도 논의하였다. 면담에 대한 사본은 〈표 8-1〉에 있다.

〈표 8-1〉 새 차 구매 경험에 대한 면담 안내서

1. 여기 모인 여러분들은 새 차를 뽑은 사람들입니다. 토론을 시작하기 전에, 본인들이 새 차를 샀을 때 마음의 결심을 하게 만든 요인이 있었던가요?

   [참여자들이 요인을 제시하지 않는다면 다음 사항의 중요성에 대해서 알아보시오.]

   a. 차량 대리점, 정확한 위치 포함
   b. 판매 직원

c. 친구, 친척 혹은 다른 중요 인물들
d. 제품, 모델 혹은 대리점과 관련된 경험
e. 원하는 차종이나 차를 사는 목적
f. 서비스에 대한 기대치
g. 거래(특별가 혹은 패키지, 특별금융, 보상 판매)
h. 가격
i. 광고

2. 새 차를 샀을 때의 본인의 경험에 대해서 느낀 점이 있다면 말해 보시오.
   그 경험은 유쾌한 경험인지, 불쾌한 경험인지도 함께 말해 보시오.

   [왜? 어떤 요인들이 그 경험을 긍정적, 혹은 부정적으로 만드는가?]

3. 만일 새 차를 뽑았던 그 날의 경험을 바꿀 수 있다면, 어떻게 바꾸고
   싶은가요?
   [왜? 그렇게 바꾸면 무엇이 달라지는가?]

4. 마지막으로 차를 샀을 때 잘 샀다고 생각합니까?
   [왜 혹은 왜 그렇지 않은가? 왜 그렇게 생각하는가?]

5. 어떤 사람들은 미국산 차를 사고, 또 어떤 사람들은 외국산 차를 삽니다.
   미국산 차를 살 때 vs 외국산 차를 살 때 구매 과정에 있어서 다른 점
   이 있었나요?
   [왜 그렇게 다른 것인가?]

6. 여러분 중 차를 산 이후로 계속 연락하고 지내는 중개인(dealer) 혹은
   판매원이 있습니까?
   [어떤 식으로 연락을 하는가? 그 경험이 유쾌했는가? 불쾌했는가?]

7. 판매를 하기 전/후에 자동차 판매원에 기대하는 것이 있다면 그것은
   무엇인가요? [여러분 중 몇 명이나 본인의 기대를 영업사원이 충족시
   켜 주었다고 생각하는가?]

8. 아직 언급되지는 않았지만, 자동차 구매 경험에 대해 공유하고 싶은
   사연이 더 있습니까?

# 포커스 그룹 구성

포커스 그룹은 지난 12개월 동안 새 차를 뽑은 9~12명의 사람들로 구성되어 있다. 참가자들은 자동차 시장조사기관 알앨포크(R. L. Polk)와 그 회사가 취합한 주 차량국의 등록정보에서 임의로 선별한 사람들이다. 이들 중에서 나이, 수입 수준, 구입한 차량의 유형에 따라 무작위로 선발한 후, 참여자들이 고르게 포함될 수 있도록 하였다. 지역에서 차를 판매하거나 가족 중 그런 일을 하는 사람이 있는 이들은 참가자격에서 제외되었다. 모든 참가자들은 차를 구매할 때 주로 결정하는 이들이거나 차를 많이 사용하는 사람들이다. 모든 참가자들은 참가에 대한 보상을 받았다. 집단에 지리적인 다양성을 부여하기 위해 두 지역을 선별했다. 모든 집단에서 90분 동안 토론활동이 이루어졌다.

## 차를 구매할 때 영향을 주는 주요 요인들

각 집단의 토론은 차를 구매할 때, 가장 큰 영향을 주는 요인에 대해서 생각하는 것에서부터 시작되었다. 참가자들은 자동차 구매 결정을 할 때 가장 중요한 요인이 무엇인지에 대한 질문을 받았다. 만일, 선뜻 떠오르지 않아 말을 못할 경우 토론의 조정자가 다른 요인들을 제시하였다. 조정자가 언급한 요인들 중에는 대리점(해당 지역 포함), 다양한 차를 운전해 본 경험, 원하는 차종, 서비스에 대한 기대치, 그리고 제안 받은 거래 등이 있다.

참가자들은 자동차 구매에 영향을 줄 수 있는 다양한 요인들의 상대적 중요성에 대한 다양한 의견을 내놓았다. 자동차 가격은 구매를 결정하는 데 있어 한결같이 중요하게 고려되는 사항이었으나, 참가자들은 표시 가격, 월별 할부금, 그리고 보상판매(차량 가격에서 보상판매 액수를 뺀 가격), 이 요소들의 결합 중에서 무엇이 가장 중요한지에서는 차이를 보였다. 일반적으로 이렇게 새 차를 장만한 사람들은 일반적인 차종을 고른다(다른 경우에는 특정 모델을 고를 수도 있다). 그리고 적절한 가격 내에서 고른다. 참가자들은 가격의 중요성에 대해 알고 있음에도 불구하고, 판매가격 정도와 거래 비교에 따라 다양한 의견을 제시하였다. 대부분의 참가자들은 적절한 가격 내에서 자동차를 골랐다. 대부분의 참가자들은 본인들이 찾던 자동차에 대해 기준이 되는 가격이 있었다. 경쟁관계에 있는 대리점들이 제시한 가격을 비교하면서 기준 가격이 생겨났다. 기준가격은 '소비자 보고서' 혹은 참가자들이 올린 온라인 정보를 통해서 얻기도 하였다. 가격의 중요성을 언급한 의견들 중 일부 의견은 다음과 같다.

가격이 전부입니다. 가장 **중요하죠.**
월별 할부금이야 말로 저에게 가장 중요합니다. 할부금을 감당할 수 있는지 확실히 하는 게 중요하죠.

다수의 참가자들은 가격을 확정하는 과정이 힘들었다고 밝혔다. 다른 사람들은 옵션 패키지나 보상판매가 있는 경우 최종가격이 얼마인지 확인하는 것이 어렵다고 얘기했다. 모든 사람들에게 공통되는 문제는 아니었지만, 이런 경험을 한 사람들은 정말 불쾌한 경험이었다고 토로했고 결국은 다른 곳에서 차를 알아보게 되었다. 이러한 문제와 관련된 의견은 다음과 같다.

왜 가격을 안 알려 주는 거지?

왜 가격을 직접 알려 주지 않고 꼭 판매 관리자에게 확인하지?

이렇게 기다리게 하지 않고 바로 알려 줘야 하는 거 아닌가?

손님들 일부러 안달 나게 하려는 수작이지 뭐. 이런 것 좀 그만했으면.

참가자들은 판매원들이 구매자들에게 정상적인 판매가를 알려 주지 않는다는 의혹을 갖고 있었다. 구매자가 받는 청구서가 정확한 가격을 반영하지 못한다는 생각들이 많았다.

판매원이 준 청구서에 나온 가격이 실제 지불해야 될 가격이 아니다.

자동차금융은 특정 브랜드를 구매하는 중요한 이유로 자주 언급되었다. 대부분의 참가자들은 대리점이나 제조사의 저리의 특별 금융상품을 이용하였다. 자동차금융의 중요성은 다양한 의견에서도 드러난다.

저는 항상 포드 자동차를 구입했는데, 자동차 금융을 거절당했어요. 2.0%의 자동차 금융을 제안하기에 구매했죠.

구입을 결정하는 데 있어 대리점의 중요성은 참가자들마다 다르다. 가격이 가장 중요한 요인이라고 생각하는 참가자들은 지역이나 대리점의 특징을 따지지 않는다.

가장 저가를 찾고 있었습니다.
정비 서비스는 아무 데서나 받을 수 있어서, 저에게 가장 맞는 가격을 제시해 준 곳에서 새 차를 뽑았습니다.

반면에, 대리점이 아주 중요한 사람들도 있다. 이러한 사람들은 판매가 끝난 뒤의 서비스를 중시하며 편한 지역에서 대리점과 거래를 하고자 하는 사람들이거나 특정 대리점에 대해서 좋은 기억을 가진 사람들이다.

차량 서비스를 받기 편한 곳이 좋습니다.
Jones는 서비스를 너무 잘해 줘서요, 항상 그곳으로 갑니다.

모든 응답자들이 동의하는 점은 대리점에 대한 충성도에는 한계가 있다는 것이다. 특정 대리점에 대해서 좋은 기억이 있지만 응답자들은 대체적으로 여러 곳을 돌아다닌다. 대개의 경우, 이전의 좋은 기억 때문에 다음에 차를 살 때 연락을 하게 되지만 구매를 결정하기에는 그 동기가 약하다.

큰돈이 나가는 일이잖아요. 다른 곳도 둘러봐야 합니다.
다시 가겠지만, 가격을 잘 쳐주지 않으면 다른 곳으로 가야겠죠.

Wilson은 친절해서 그 사람에게서 구매했습니다. 하지만 다른 분들은 여기저기 가 보시는 게 좋을 것 같네요.

포커스 그룹 토론을 통해서 자동차 광고는 구매를 결정하는 데 그 영향이 미미한 것으로 드러났다. 많은 사람들이 신문을 통해 가격이나 자동차금융 정보를 얻고 몇몇은 잡지나 TV 광고를 통해서 디자인에 대한 정보를 얻는다고 말했다. 광고는 제품을 탐색하는 아주 초기 과정에서 사용되는 정보로 활용된다. 광고는 소비자들의 구매 인식이나 특정 제품 혹은 모델 고려에 영향을 주지만, 구매를 결정짓는 요인은 아니다. 반대로, 참가자들이 거래했던 대리점은 구매를 결정하게 만드는 중요한 요인인 것으로 나타났다. 참가자들은 판매직원과의 다양한 경험을 얘기하고 판매직원이 자신들을 어떻게 대우하는지가 구매를 결정하게 하는 결정인 요인이라고 확신하였다. 너무 적극적으로 밀어붙이는 판매원은 대개 기피 대상이지만, 너무 무심하고 무관심해 보이는 판매원도 마찬가지다. 이런 대답을 한 참가자들은 강요는 하지 않으면서 도움을 주는 판매직원을 최적의 수준으로 보는 것으로 나타났다.

참가자들이 느끼기에 좋은 인상을 받았던 판매직원은 직접 판매하는 차량에 대해 정보를 잘 알려 주고 구매자와 함께 가격, 금융 상품, 그리고 옵션 패키지(options packages)를 함께 결정해 주는 사람이었다. 참가자들이 주차장에 도착하자마자 달려드는 직원이나 싫은데도 졸졸 쫓아오는 직원 역시 기피 대상이었다. 특정 자동차 회사의 제품에 대해 질문을 했는데, 대답을 잘 안 해 주거나 못하는 직원은 아주 부정적으로 인식되었다. 대표적인 의견은 다음과 같다.

차에 대해서 모르는 게 없어요. 제가 하는 질문 하나하나 정성스럽게 대답해 주고요.
강요도 안 하지만 제가 원하는 게 있으면 다 해결해 줍니다(남성 참가자의 말).
차에 앉지도 못하게 합니다. 정말 열이 받더군요.

강요도 안 합니다. 제가 원하는 거 하나하나 짚어 주고 대답도 어찌나 잘해 주는지. 좋은 판매직원은 본인이 파는 차에 대해서 잘 알아야 합니다. 그래야 설명이 되죠.
계속해서 이건 사라고 하고 저건 사지 말라고 하더군요. 자신한테 손해인지도 모르고. 저에겐 얘기도 안 해 줍니다. 차에 대해서 얘기를 해 줘야죠. 제가 원하면 사겠지라는 태도로 일관하는 모습이, 참.

참가자들의 거의 절반이 차를 구입한 이후로 판매자와 연락을 주고받는다고 보고하였다. 어떤 사람은 전화, 편지, 혹은 성탄절 카드를 받기도 하였다. 몇몇의 경우, 판매직원은 차에 발생한 서비스 상의 문제 해결을 도와주었다. 실질적으로 모든 응답자들이 판매원들의 연락에 대해 고마워했고, 그런 판매직원과 대리점을 다시 찾을 의향도 있었다. 그러나 이러한 연락이 온다고 해서 그 판매직원이 파는 차를 다음에 구매할 충분한 이유가 되는 것은 아니라고 밝혔다.

당연히 좋죠. 그리고 그 대리점에 다시 갈 의향도 있지만, 가격이 우선 착해야겠죠.

몇몇의 참가자들은 수입차와 국산차 대리점에서 차이를 느꼈다.

수입차 판매원은 주문을 받는 사람입니다. 차를 받으려면 기다려야 하죠. 굳이 여러분에게 차를 팔지 않아도 상관이 없다는 말이죠.

몇몇의 참가자들은 판매직원이 판매를 할 때는 서비스 부서에 대해 안내해 준다고 말했다. 대부분의 참가자들은 그것이 중요하다고 말했고, 일부는 판매직원이 그렇게 해 주었으면 좋겠다고 얘기했다. 이 문제가 별로 중요하지 않다고 인식한 참가자들은 이미 서비스 판매직원과 친하다거나 대리점에서 차량 서비스를 받을 의향이 없는 사람들이었다. 친구나 지인들은 사실상 모든 참가자들이 차를 구매하는 과정에서 중요한 요소로 작용하나 그 역할은 다양했다. 친구들은 차와 대리점의 평판에 대한 정보를 제공해 준다. 어떤 경우엔 친구들이나 친척들이 구매자와 동행해서 사는 걸 도와준다. 주로 여성 구매자들 사이에서 이런 경우가 흔하며, 이런 '구매 동행자'에 대한 판매직원들의 반응은 판매 결과를 좌지우지한다.

제가 하는 질문에 대답은 잘 해 주십니다. 그 트럭은 제 약혼자 것이 아니라 제 것입니다. 그래서 저에게 말해 준 것이죠.
너무 화가 났습니다. 저에게 말 한마디도 안 걸어 주더군요. 차를 사는 건 전 데, 결국 차도 안 사고 나왔습니다.

판매가 끝난 뒤 보증과 서비스는 일부 참가자들에게 중요했다. 보증기간 연장은 몇몇 참가자들이 구매를 결정하는 데 있어 중요하다고 언급하였다. 참가자들은 이전에 차를 구매했을 때, 받은 차량 서비스 경험이 좋았기 때문에 그 대리점으로 간다고 했다. 다른 사람들은 이전에 구매한 차에 대한 서비스에 불만이 있기 때문에 그곳을 다시는 찾지 않는다고 밝혔다.

Ford 3곳에서 차를 구매했는데, 서비스를 제대로 해 주는 곳이 하나도 없더라고요.
앞으로는 Ford 차를 구입하지 않을 생각입니다.
안 좋을 뻔한 경험도 있었습니다. 문제가 아주 많은 차였지만, 대리점이 도와주었어요. 차를 다시 사게 됐을 때 그곳으로 갔죠.

자동차 그 자체는 구매 과정에서 아주 중요하게 고려되는 요소였으며 대부분의 응답자들은 구매를 하기 전에 생각해 놓은 구체적인 모델이 있었다. 대부분의 참가자들은 친구들에게 상담하거나 '소비자 보고서'와 같은 매체를 참고한다고 얘기해 주었다. 마음이 바뀌어 원래 생각했던 모델이 아닌 차량을 구매한 사람들은 그 이유가 구매 과정에서의 불쾌한 경험 때문이었거나 다른 좋은 모델을 발견했기 때문이었다.
그리고 구매 과정이 불쾌하다고 생각하는 사람은 드물었지만,

대다수는 그 과정이 뭔가 쓸데없이 복잡하다고 느꼈다. 이들은 구매하고자 하는 정보를 쉽게 얻지 못하거나 확정된 구매 가격을 받지 못하거나, 혹은 타당한 가격을 찾지 못한 것에 대해 불만을 나타냈다. 판매 관리자와의 상의 없이는 계약을 체결하지 못하는 판매직원들에 대한 불만도 만만치 않았다. 대부분의 참가자들은 간편하고 복잡하지 않은 쇼핑을 하길 원한다. 몇몇 사람들은 가게에서 사는 것처럼 가격이 붙어 있어서 물건을 집어 들기만 하는 되는 것처럼 되어야 한다고 말했다. 협의 과정은 다수의 참석자에게 뭔가 부담스럽고 짜증이 나는 것 같다. 특히, 여성 참가자들은 이러한 경험을 보고하면서 치를 떨었다.

들어갈 때마다 속이 뒤집힐 것 같습니다.

제가 그 사람들을 상대하며 그럭저럭 대처해요. 그 사람들에게 얘기하죠. 내가 여자라고 나를 이용해 먹거나 하는 건 아니죠?

참가자들은 판매 이후의 서비스에 대한 다양한 경험을 보고했다. 모든 참가자들은 괜찮은 서비스가 어떤지에 대한 확고한 생각이 있었다.

초기에 문제를 바로잡아야 합니다. 같은 문제로 또 오게 해서는 안됩니다.

질문이 들어오면 적극적으로 답해 줘야 하지 않을까요? 차에서 이상한 소리가 나면 바로 요청을 할 수 있어야 하며 원래 이런 소리가 나는 게 맞는지 알 수 있어야 합니다.

신속해야 합니다. 만일 제가 아침 7시에 간다고 하면 저를 위해 7시에 딱 준비를 해놔야 하는 것이죠. 다른 20명의 사람들 하고 같이 기다려서는 안 된다고 생각합니다.

보증기간을 지키고 차를 제공해야 합니다.

대리점은 부품을 주문해서는 안 됩니다. 재고에 부품이 언제나 있어야 합니다.

너무 비쌉니다. 거기에서 차를 산다고 하면 동네 정비사보다 수리비를 더 불러서는 안 되죠.

참가자들은 대리점이 불편함을 최소한 줄이면서 신속하게 서비스를 제때 제공할 의무가 있다고 강하게 생각했다. 차의 보증기간이 남아 있다면 대리점은 대체할 만한 교통수단을 제공해 주어야 한다고 생각했다. 몇몇의 참가자들은 대리점이 렌터카를 무료, 혹은 저렴한 가격에 제공해 주어야 한다고 생각한다. 설령 차의 보증기간이 끝났다고 할지라도 선의로 제공해야 한다고 생각했다.

제가 다시 오기를 바라면, 랜터카를 제공해 줘야겠죠.

서비스 가격이 너무 높고, 특히 불필요한 곳에서 비용이 많이 든다는 일반적인 인식이 있었다.

타이어 휠 캡을 고쳐야 하는데 30달러를 달라고 하더군요. 그럼 큰 거 고치는 데는 얼마나 들겠어요?

서비스 부서에 대해 몇몇 참가자는 다음과 같이 문제를 제기했다.

차라리 전문가에게 차를 맡기겠어요. 변속기에 문제가 있다면, 저는 변속기만 전문으로 하는 곳으로 차를 가지고 갈 겁니다. 그쪽이 오히려 저렴하고요.

문제를 해결할 줄 모르더군요. 아무것도 모르는 바보들이니까요.

서비스 부서가 정해진 일에 대해 약속을 하면 그 약속을 준수해야 한다고 참가자들은 이구동성으로 얘기했다. 그들은 일에 대해 제대로 설명을 해 주어야 하며, 특정 시간 내로 업무를 마치기로 했으면 시간을 지켜야 한다고 참가자들은 생각했다. 또한 차는 깨끗하게 하자가 없는 상태에서 반납이 되어야 하고, 먼지나 기름때가 없어야 한다고 생각했다.

참가자들은 공통적으로 대리점에서 차량을 구매할 경우, 비구매자보다 더 나은 서비스를 제공받아야 한다고 인식했다. 구매자들을 우선적으로 대우해 주어야 한다고 생각했다.

서비스가 다수의 참가자들에게는 핵심 요소인 것으로 나타났다. 어떤 사람들은 미국 자동차에는 너무 많은 점검 서비스가 필요한 것 같다며 서비스가 신속하고 편리해야 한다고 인식했다. 참가자들은 한결같이 수입차가 신뢰성, 디자인, 그리고 정비기술에 있어서 미국 국산차들 보다 더 뛰어나다고 믿는다. 나이든 참가자들은 미국 국산차의 품질이 1970년대 초부터 떨어지기 시작했다고 말한다. 이때 닥친 에너지 위기로 더 작고 더 효율적인 차로의 변화가 있었기 때문이다. 참가자들 대부분은 국산차들의 품질이 최근에 많이 개선되었다고는 하나, 이들은 수입차를 최고라고 생각하였다. 그리고 수입차 소유주들은 수입차의 내구성과 신뢰성은 구매의 가장 큰 이유라고 생각했다. 수입차의 우수성에 대한 이러한 인식 때문에, 구매자들은 새로운 차를 주문하고 차를 받기까지 오래 기다리는 것이 가능했다고 하였다. 실질적으로 모든 수입차 구매자들이 차를 주문하고 한두 달을 기꺼이 기다렸다고 하였다.

미국 국산차의 낮은 기술적 신뢰성에 이어, 참가자들은 수입차의 승차감이 최고라고 말한다. 미국 국산차들은 뭔가 가볍고 텅텅 빈 것 같은 느낌이 강하고 조작이 잘 안 되고 조금 불편하다고 하였다. 거기다가, 몇몇 참가자들은 국산차의 디자인에 대해서 비평을 하곤 하였다.

다 거기서 거기 같아요. 공기역학에 너무 신경 썼어요. 생긴 것도 맘에 안 들고요.
디자인에 신경을 안 쓰는 것 같아요.

포커스 그룹 참가자들은 일반적으로 미국이 크고 좋은 차를 만든다는 점에 동의하며, 이들 중 미국산 차를 산 사람들은 자신들은 주로 더 큰 차를 구하고 있다고 하였다. 국산차를 사야 한다고 생각하는 사람들 중에서도 수입차를 사는 것에 대해 죄책감을 느끼는 것이 옳지 못하다는 정서가 있었다. 국산차의 품질이 더 나아졌을 때, 사겠다는 뜻을 내비치기도 했다. 품질이 좋아졌는지 판단할 때, 친구들의 경험담을 듣거나 '소비자 보고서'와 같은 매체를 이용한다고 그들은 말했다. 몇몇의 응답자들은 점점 무엇이 진짜 미국 '국산차'인지 판단하기 힘들어지고 있다고 했다.

## 요약

네 곳의 포커스 그룹에 참여한 참가자들은 새 차를 뽑을 때의 경험들을 얘기해 주었다. 이러한 경험들은 아주 긍정적인 것에서부터 부정적인 것까지 다양하였다. 일반적으로 긍정적인 구매 경험은 친절하고 서비스가 좋은(강압적인 판매 전략을 펼치지 않는) 판매직원에 대한 경험이었다. 구매자들은 본인들이 파는 상품에 대해서 풍부한 지식을 갖고 적극적으로 정보를 알려 주며 언제나 준비된 자세로 질문에 대답하는 판매직원이 좋다고 말하였다. 판매직원들이 강압적이고 불친절하며, 뭘 사라 마라 하면서 질문에 대답을 잘 안 해 주면 구매의욕이 떨어졌다고 하였다.

가격, 상품, 대리점, 그리고 서비스가 구매의 중요한 요인으로 언급되었다 할지라도, 판매직원의 태도와 접근법은 최종적으로 구매를 결정하는 데 있어 일차적인 요인으로 보인다.

서비스는 많은 사람들에게 구매를 결정하는 데 있어 중요하지만, 모든 참가자들에게 다 해당되는 것은 아니다. 같은 대리점에서 계속 구매를 하는 반복적 구매자들의 경우, 이전에 차를 살 때 받은 서비스는 반복적으로 그곳에서 차를 구매하게 만든 계기가 되었다. 반면, 수많은 참가자들은 착한 가격을 찾아 구매를 하는 사람들이다. 이러한 사람들이 어떤 곳에서 무엇을 살지를 결정할 때 서비스는 그렇게 큰 요인이 아니다. 참가자들은 일반적으로 서비스가 신속해야 하며 처음에 제대로 되어야 한다고 생각을 하였다. 차의 보증기간이 남아 있을 경우, 서비스 받는 기간에 대체 교통수단을 제공받을 수 있어야 한다고 생각하였다.

미국 국산차들은 수입차에 비해 긍정적인 평가를 덜 받았다. 이러한 차이점에 대한 인식 때문에 구매자들은 수입차를 주문하고 몇 달을 기꺼이 기다린다. 수입 차 판매직원들은 판매를 하는 사람이기보다 차 주문을 받는 사람들에 가깝게 느끼는 것으로 나타났다. 그래서 적극적으로 도와주지는 않지만, 동시에 국산차 대리점의 판매직원들보다는 덜 강압적인 사람들로 여기는 것으로 나타났다.

## 결론

제8장에서는 몇 가지 다른 연구 목적에 따라 포커스 그룹이 적용되는 사례를 제시해 주고 있다. 예를 들어, 포커스 그룹이 가설 검증과 몇 가지 다른 탐색적 연구에 적용되는 사례를 제공해 주었다. 특히, 이 장에서는 대표적 보고서를 통해 한 가지 적용 영역이 확장된 사례를 보여 주었다.

# 복습 질문

1. 포커스 그룹은 주로 탐색 연구에 적합한 것으로 판단된다. 하지만 이 장에서 나온 사례들을 보면 포커스 그룹은 평가에도 활용할 수 있음을 보여 준다. 평가와 의사결정에서 포커스 그룹 연구의 역할은 과연 무엇인가?

2. 왜 포커스 그룹들은 광고를 평가하는 데 사용되는가? 포커스 그룹을 대상으로 한 면담에서는 광고 효과를 측정하도록 만들어진 설문조사나 실험에서는 발견할 수 없는 어떤 정보들을 제공해 주는 것인가?

3. 책의 초반에서 포커스 그룹들은 민감한 주제에 사용될 수 있다고 적혀 있다. 이 장에서 나온 설명 중 하나가 행동(범죄행동인 절도)에 대한 토론을 다룬다. 왜 사람들은 포커스 그룹 안에서 기꺼이 이런 주제를 논하는 것인가? 본 사례에 있어서 연구자들이 빠지기 쉬운 윤리적 모순을 확인할 수 있는가?

4. 차량 구매의 사례에서 활용되는 면접 안내서에 대해서 비평을 해 보자. 본인이 비평한 점을 반영하여 안내서를 수정해 보자.

5. 차량 구매의 사례에서 할 수 있는 또 다른 분석 유형이 있다면 무엇이 있는가? 이런 추가적 분석은 어떤 상황에서 타당할 수 있는가?

**연습**

포커스 그룹 연구의 사례들은 유튜브에서 찾아볼 수 있다. 유튜브로 접속해서 포커스 그룹이라고 검색해 보자. 찾은 사례 중 2개를 골라 보자. 두 포커스 그룹의 조정자 성향, 그룹의 상호작용, 얻은 정보의 양을 비교/대조해 보자. 차이점을 발견했다면 무엇이 이러한 차이점을 만들었는가?

# 가상
# 포커스 그룹과
# 타 그룹
# 연구 방법

# 가상 포커스 그룹과
# 타 그룹 연구 방법

이 책은 실력 있는 중재자의 안내서에 따라 8~12명의 사람들이 모여 면대면으로 토론을 한다고 정의된 종래의 포커스 그룹에 주로 초점을 맞추고 있다. 현재까지, 이는 질적 집단에 대한 심층적 연구의 가장 흔한 형태로 남아 있다. 그러나 창의적인 연구진은 특정 상황 및 특정 목적 하에서 활용하기 위해 다른 유형의 질적 집단 연구 방법을 개발하였다. 이러한 연구 방법의 중심에 집단이 자리하기 때문에 이전 장에서 했던 대부분의 논의들은 이러한 집단 연구 방법에 적용시킬 수 있다. 집단 연구가 종래의 포커스 그룹을 통해 수정, 혹은 조정되었을 때 어떤 환경 및 연구 질문에는 이러한 집단 연구의 활용이 더 적절할 수 있다.

날로 발전해 가는 연구 중의 한 예로 물리적으로 한 공간에 있지 않지만 정보기술로 인해 쉽게 토론할 수 있는 가상 포커스 그룹이 있다. 이러한 집단들은 가상 포커스 그룹이 아니고서는 모이기 힘든 참가자들을 모을 수 있다. 그리고 특정 연구 질문을 다루기 위해 개발되었으며 집단의 상호작용 방식, 중재자의 역할(혹은 역할 부족), 그리고 정보가 전개되는 방식에 있어서, 종래의 포커스 그룹과는 차이를 보이는 다수의 연구 툴이 존재한다. 이 장에서는 가상의 포커스 그룹에 대한 논의를 시작으로 기존의 포커스 그룹에 대한 대안에 주목할 것이다. 그리고 다섯 가지의 여타 집단 기법에 대해서 간략하게 탐구, 논의할 것이다. 그 다섯 가지는 다음과 같다.

① 명목 집단 기법(NGT), ② 델파이 기법, ③ 브레인스토밍, ④ 창조적 문제 해법, ⑤ 지도자 없는 토론 집단

## 🏰 가상 포커스 그룹

기술로 인해 서로 다른 곳에 흩어져 있는 사람들을 서로 연결되고 한 곳에 모이기 어려운 매우 전문적인 집단과의 면담도 가능해진다. 가상 그룹의 잠재적인 익명성은 참가자들로 하여금 민감하거나 민망한 주제에 대한 정보를 적극적으로 공유하도록 해 준다. 이러한 장점에 대해서 참가자들이 대표성을 관련하여, 그리고 전화나 전자 장비 텍스트상에서 낯선 사람들과 개인적인 정보를 공유하는 것에 대해 일부 참가자들의 우려는 없는지 등을 염두에 두고 따져보아야 한다. 가상 그룹을 통해서 잠재적인 참가자들의 범위를 확대하고 면담을 조정하는 과정을 좀 더 유동적으로 만들 수 있다. 바쁜 전문가

들이나 면대면으로 회의를 할 여력이 없는 경영진들도 정보 기술을 통해서 연락을 할 수 있다. 또한 가상 포커스 그룹이야말로 특정 부류의 샘플을 구할 수 있는 유일한 방도다. 그러나 다른 전형적인 집단과 마찬가지로 비용이 든다. 면대면의 상호작용이 부족해지면 집단의 즉흥성이 떨어지고 반응을 유도하는 데 결정적인 역할을 하는 비언어적 의사소통이 사라지고 만다. 이러한 비언어적 의사소통은 질의응답과 캐묻기가 언제 유용한지를 결정하는 데 필수적이며 집단 내의 구성원들이 상호작용하는 데 필수적인 요소다. 가상 그룹의 활용은 집단 간의 친밀성 또한 감소시키며 참여자들은 서로에게 마음을 좀처럼 열거나 자발성이 줄어드는 문제점이 있을 수 있다.

가상 그룹에서, 중재자의 역할이 점점 힘들어지고 있는 것은 참가자들을 감독하기 힘들기 때문이다. 적극적인 참가자들의 경우 이들을 조용히 시키는 것이 힘들며 덜 적극적인 사람들은 제3자가 좀처럼 인식하기 힘들다. 반면, 중재자의 역할은 누가 어떤 이야기를 했고 얼마나 하였는지 지속적으로 기록해 줄 전자 모니터링 장비의 도움을 받을 수 있다. 디스플레이를 통해서 중재자보다 먼저 집단의 참여 빈도, 그리고 그 이름들을 기록할 수 있다. 그러므로 중재자는 전형적인 포커스 그룹에서 하는 것처럼 좀 더 조용한 참여자의 호응을 이끌어 낼 수 있는 것이다.

가상 포커스 그룹은 사실 새로운 부류가 아니다. 전화로 하는 집단 면접은 수년 동안 시행되어 온 것이다. 가상 포커스 그룹으로 인해 연구진은 비용, 지역 등의 장벽을 극복하고 특정 인구, 특히 10대 계층, 저발생률 집단, 신체적으로 문제가 있거나 지리적으로 멀리 있는 사람들과 같이 기존의 포커스 그룹에 참여하기 어려운 사람들을 모을 수 있게 되었다(Jiles, 2013). 기존의 가상 공동체도 특정 세부 사항에 대한 이해도를 높이기 위해, 포커스 그룹을 통해서 참가자들을 모집하면서 큰 도움을 받을 수 있다.

전화 집단(특히 전화회의)은 연구진을 통해 주로 활용되었지만, 이러한 집단은 뭔가가 어색하고 진지하게 집단 간의 상호작용을 운영하기 어렵다. 즉흥성이 현저히 낮으며 일반적으로 참가자의 수가 3~4명으로 제한되어 있다.

실시간 비디오 회의가 최근 몇 년 동안 가상 그룹을 실행하는 주요 수단이 되어 왔다. 전화선이나 인터넷을 통한 화상 회의는 중재자가 참가자들의 모습을 보고 동시에 참가자들도 중재자 및 다른 참가자의 모습을 보면서 회의를 할 수 있다는 장점이 있다. 이러한 집단들의 성공은 기술의 신뢰성에 달려 있는 것이다. 기술적 지원이 회의 내내 가능해야 한다.

가상 그룹 운영의 다른 대안으로 인터넷을 활용하는 것 외에도 가상세계(Second life), 채팅 방, 블로그, 게시판, 그리고 웹을 기반으로 한 유사한 사이트와 같은 도구 활용을 들 수 있다.

가상세계는 집단 토론을 위해 참가자들의 아바타를 한데 모아 놓고 집단을 시뮬레이션 시키는 것이다. 이 가상세계에서는 음성, 혹은 문자로 의사소통을 한다. 채팅방에는 중재자와 참가자들 간에 실시간 상호작용이 이루어진다. 게시판은 비동기화가 되어 있어서 질문을 언제나 올릴 수 있고 거기에 대한 답변을 일정 시간 동안 올릴 수 있다. 블로그는 개인적인 견해를 제공하며, 타인들로부터 반응을 끌어낼 수 있다.

가상 집단들은 실제로 사회적인 집단이지만, 어떤 사람들은 이러한 상황에서 뭔가를 공유하는 것을 굉장히 거북하게 생각한다. 반면에, 이러한 집단의 주요 특징인 익명성으로 인해 응답자들은 정보를 공유할 수 있게 된다. 중재자와 참가자들이 서로를 볼 수 없기에 얼굴의 표정, 목소리 톤에 나타나는 정보, 그리고 비언어적 행동을 놓칠 수밖에 없다. 그러므로 이러한 가상 그룹의 대안으로 연구 목적을 위한 사이트를 개설하거나 타 연구 프로젝트처럼 세심한 관리와 계획이 필요하다. 이러한 대안이 성공하려면 응답자들이 서로와 상호작용을 하면서 집단 구성원들의 응답을 유도해야 한다. 자연적으로 발생하는 채팅방, 게시판, 그리고 다른 가상 사이트를 관찰하면서 흥미로운 정보를 발견할 수 있지만 신중하게 설계된 연구를 대체할 수는 없다.

인터넷 보급률은 2003년 3월 세계 인구의 9.7%에서 2013년 3월 10년 만에 38.8%으로 기하급수적으로 높아진 가운데(Internet World States, 2013), 연구진은 목표로 하는 참가자를 모집하기 위해, 가상 포커스 그룹에 대한 저투자 대안을 찾는 중이다. 이는 지역을 기반으로 한 포커스 그룹 및 심층 면접은 수익이 제자리걸음이거나 하락했지만, 가상 포커스 그룹에서 나온 수익은 거의 두 배가 되었다는 미국 설문조사 연구 기관의 2010년 금융 설문조사의 결과가 뒷받침한다(Pope & Kluce, 2011). 인터넷 패널의 성장도 인터넷 연구를 진행할 때, 보다 수월한 모집을 가능하게 해 주었다. 모바일 통신; 스카이프와 같은 인터넷 양식의 전화통화 기술, 그리고 웹캠의 활용 증가는 전화상의 포커스 그룹과 인터넷을 통해 촉진된 집단들

간의 경계를 모호하게 하고 있다. 그러므로 인터넷 집단과 전화 집단을 차별화하는 것보다, 이 장에서는 활용되는 기술보다 집단이 운영되는 방식에 대해서 주목하려고 한다.

## 가상 포커스 그룹의 유형들

**비동기 가상 포커스 그룹** 게시판 포커스 그룹으로도 알려져 있는 비동기 포커스 그룹들은 며칠 동안 운영되며 실시간으로 이루어지지 않고 주로 텍스트로만 이루어진 게시물을 특징으로 한다. 중재자의 역할은 토론의 첫 단추를 꿰어 정기적으로 참가자들과 새로운 질문을 공유하고 참가자들을 참여시키기 위해 의견을 면밀히 살피는 것이다. 참가자들은 마감 기한을 받지만, 사실 본인들이 편할 때 응답을 한다. 이러한 접근법으로 인해 종래의 면대면 상호작용 때보다 참가자들은 질문하고 답을 하는 데 더 시간을 더 많이 갖는다. 결과적으로 참가자들은 더 상세한 답변을 할 수 있게 되는 것이다. Google Groups이나 Ning과 같은 플랫폼은 충분한 대역폭 사항을 가진 비동기 가상 포커스 그룹과 토론을 가능케 한다(Poynter, 2010; Sintjago & Link, 2012;, Turney & Pocknee, 2005).

**동기화된 가상 포커스 그룹** 1명이나 그 이상의 중재자, 그리고 최대 8명의 참가자들을 두고 있는 동기화된 그룹은 실시간 토론을 하는 비동기적 포커스 그룹보다는 전형적인 포커스 그룹에 가깝다. 이러한 접근법의 효율성은 충분한 대역폭, 활발한 중재가 가능한지에 달려 있으며, 동기화된 음성, 그리고 문자(채팅)통신 기술을 통해서 비교적 미묘한 차이가 있는 표현, 감정을 전송할 수 있다. Skype 같은 도구, Adobe Connect와 같은 온라인 회의 소프트웨어, 그리고 가상에서 가능한, 혹은 Blackboard와 같은 소프트웨어로 설치할 수 있는 다양한 채팅방 등은 가상의 상황에서 실시간, 면대면 상호작용을 똑같이 재현할 수 있다(Poynter, 2010; Sintjago & Link, 2012;, Turney & Pocknee, 2005).

가상의 인격체로서 창조된 아바타를 통해 개인들이 상호작용하는 가상세계는 포커스 그룹 연구의 특히 흥미로운 가능성을 보여 준다. 그룹 참가자를 대표하는 아바타와 중재자는 토론을 위해 가상의 방에서 말 그대로 만날 수 있다. 이러한 가상 그룹의 상호작용은 오디오 혹은 비디오로 기록될 수도 있다(아니면 문자라면 캡처를 할 수도 있다). 2천만이 넘는 사용자를 보유하고 있는 가장 큰 가상세계인 Second Life는 상업적 포커스 그룹 서비스를 제공하며 iAsk 센터를 운영하는 Gem Research Solution과 같은 기관과 함께 가상세계 연구를 위한 일반적인 수단이 되었다.

현실 세계의 포커스 그룹들과 비교했을 때 이러한 연구에는 한계가 있을 수 있으나, 가상세계의 포커스 그룹들은 현실에서 얻기 힘든 이점을 제공해 준다. 예컨대, 참가자들은 가상현실의 제품을 통해서 제품의 유용성을 검증할 수 있으며 '완벽한' 제품을 설계하거나 감정이나 기분을 반영한 제품을 만들 수 있다(Houliez & Gamble, 2012).

〈표 9-1〉은 비동기/동기화된 방식과 전형적인 포커스 그룹의 연구 방법을 비교/대조한 내용을 보여 준다.

〈표 9-1〉 전형적인 포커스 그룹 연구와 가상 포커스 그룹 연구에 대한 비교/대조

| 척도 | 전형적인 면대면 집단 | 비동기 가상 포커스 그룹 | 동기화된 가상 포커스 그룹 |
|---|---|---|---|
| 모집 | 긴 과정, 높은 비용, 실제 면접과 같이 신뢰성이 높음. | 가상의 모집 과정으로 편리, 상대적으로 낮은 비용, 종래에는 닿기 힘든 전 세계의 참가자들과 교류 가능, 신뢰성이 낮음. 영상 상호작용이 제한됨. | 가상 모집은 절차를 더 수월하고, 빠르고 쉽게 해 줌. 서로 다른 지역/집단의 참가자들을 모집할 수 있는 기회가 생김; 데이터베이스/가상 도구가 설치되어야 하기 때문에 비동기화된 곳보다 비용이 높으나 전형적인 수단보다 낮음, 참가자들 간의 실시간 상호작용으로 인해 비동기화 보다 신뢰성이 높음. |
| 출석 비율 | 모집 단위 중 50 ~80% | 50% 적극적인 참여 및 모니터링이 없으면 참가자들이 탈퇴하여 시간에 따라 자연감소가 높아짐. | 면대면 포커스 그룹과 비슷하지만, 높은 편의성 덕분에 출석 비율이 높은 편임. |
| 기술적인 문제 | 없음. | 기본적인 전산 기술과 관련된 문제들. | 높음; 고속 인터넷이 필요, 포커스 그룹 사용자 인터페이스 이해/탐색(비동기화된 플랫폼보다 일반적으로 더 정교함) |

| 척도 | 전형적인 면대면 집단 | 비동기 가상 포커스 그룹 | 동기화된 가상 포커스 그룹 |
|---|---|---|---|
| 중재의 편리성 | 중재자가 정보를 동시에 처리하는 것에 능숙해야 함. | 중재자는 간헐적으로 참가자 사이에 관여할 수 있음. | 중재자는 전형적인 포커스 그룹과 마찬가지로 좀 더 적극적이고, 가상 인터페이스를 활용하는 데 더 숙련되어 있어야 함. |
| 참여 | 시각적 신호를 활용, 그리고 원하는 방향으로 대화 전개 | 토론을 요약하고 참가자들이 답을 설명하도록 하고 상호작용을 할 수 있도록 토론에 필요한 안내서를 줌. | 가상 플랫폼은 비교적 비공식적이며 참여율이 전형적인 집단에서 보다 높음. |
| | 사람들은 제한을 받지만 전문적인 중재를 통해서 그 제한에서 어느 정도 자유로워짐. 풍부한 표현이 가능함. | 면대면의 상호작용이 없어서 응답자들이 글에 대한 솔직한 느낌을 표현할 수 있도록 해 줌. 답을 하기 전에 정리를 할 수 있으므로 부끄러움이 많은 사람들에게 특히 좋음. | |
| 민감한 주제 | 사람들이 마음을 열고 민감한 주제에 대해서 정직한 의견을 내놓는 데 시간이 걸림. | 민감한 주제에 대한 심리적 안정성이 높아 참가자들이 자유로운 분위기에서 말을 할 수 있게 됨. | "가상 그룹의 지원 효과와 별개로 가상 형식의 '격식에 얽매이지 않는' 특성과 함께 익숙한 지역에 있다는 편안함" 때문에 참가자들이 전형적인 형식보다 더 개방적으로 다가갈 수 있음. |

| 척도 | 전형적인<br>면대면 집단 | 비동기<br>가상 포커스 그룹 | 동기화된<br>가상 포커스 그룹 |
|---|---|---|---|
| 고객의<br>참여 | 고객들이 물리적으로 다른 지역의 포커스 그룹으로 이동해서 진행 상황을 감독해야 하므로 상대적으로 낮음. | 고객들이 언제나 로그인을 할 수 있으며 현재 있는 참가자들의 의견을 스캔할 수 있기 때문에 높음. | 고객이 로그인을 하고 지속적인 상호작용을 경청할 수 있으므로 높음(실시간이라는 특성 때문에 비동기화보다 낮음). |
| 인센티브 | 참가자들이 상대적으로 더 많은 시간을 투자하기에 인센티브가 높아야 하며 일차적 유형의 보상이어야 함. | 가장 편한 형식의 참여가 가능하기 때문에 비동기에서 인센티브가 낮을 수 있음. 회기가 끝나면 쿠폰 형식으로 나누어 줌. | 인센티브는 종래의 형식보다 비슷하거나 살짝 더 낮을 수 있음. 하지만 기프트 카드 혹은 상환 쿠폰 형식으로 운영되는 것을 추천함. |
| 기록 | 메모만 전적으로 하는 사람들이나 기록을 종합적으로 기록할 수 있는 장비가 필요함. | 정확한 내용에 대한 기록이 있으며 즉각적으로 다운로드가 가능함. | 가상 인터페이스의 도구를 통해 쉬운 기록이 가능. |
| 비용 | 시설 임대, 교통, 장비 등과 관련된 높은 비용 | 대체적으로 게시판 형식은 전형적인 형식의 3분의 1의 가격이 듦. | 다양한 요인(참가자들의 지리적 위치, 표본의 출처, 모집 방식)에 따라서 전형적인 형식과 비슷할 수도, 아닐 수도 있음. |

출처: Forrest (2003), Silverman (2012), Sweet (2001).

## 가상 포커스 그룹을 운영하기 위한 플랫폼

맞춤화가 가능한 Ning, Goodgle, 그리고 Blackboard는 비동기 가상 포커스 그룹을 운영하기 위해 광범위하게 채택되어 온 세 개의 주요 플랫폼이다. 이러한 플랫폼은 사용하기 쉽고 상대적으로 참가자들이 쉽게 이해하며 이용할 수 있다. 이러한 플랫폼은 사용자들에 대한 익명성을 보장해 민감한 주제에 있어 포커스 그룹에 안정성을 준다. Goodgle Groups이 가진 주요 단점에는 참가자들의 이메일 보관함과 동기화가 되어 있어 일반 및 기관 Goodgle 계정을 가진 참가자들 사이에 지장을 주고 작업을 복잡하게 만들 수 있다는 점이 있다. 기술적인 사안에 대해 참가자들을 지원하는 문서 형식의 제한적인 동기화된 채팅과 별개로, Ning은 더 시각적인 맞춤 설계를 가능케 했다(Sintjago & Link, 2012). Blackboard는 강력한 툴이지만, 교육 현장 같은 곳에서 주로 볼 수 있으며 모든 기관이 모든 기능을 가능하게 하는 것은 아니다.

동기화된 가상 포커스 그룹에 주로 쓰이는 주요 플랫폼에는 Skype, Adobe Connect, 그리고 Second Life가 있다. Skype는 널리 사용되는 인터넷 전화 툴 중 하나이며 비디오 파일 공유와 더불어서 즉각적인 문자 전달과 실시간 음성 채팅으로 상호작용 방식 전반을 지원해 준다. 그러나 이러한 기능들은 일정한 경우나 지역에서 문제가 될 수 있는 고속 인터넷을 필요로 한다. 이와 함께, Skype는 사용자들에게 익명성을 보장해 주지 않으며 비공식적인 의사소통 툴로 확립되어 있어 참가자들에게는 조금 당황스러울 수 있다.

반면에 Adobe Connect는 중재자가 참가자들에게 승인 자격을 줄 수 있도록 권한을 부여하는 온라인 회의 툴이다(아래와는 별개로).

> 똑같은 가상 회의 공간에서 다양한 사용자들의 경험을 통해 참가자들을 지도할 수 있도록 다중매체의 'Pods'를 다른 배치로 사전에 조정한다. Adobe Connect의 기능은 다음을 포함한다. 맞춤용 회의실, 회의 중 브레이크아웃 회기, 회의기록, 화면 공유, 투표, 메모, 채팅, 가상 칠판, 정교한 사용자 허가 관리, 그리고 오디오와 영상 회의(Sintjago & Link, 2012, p. 3).

그러나 문자 흐름의 분량과 속도는 관리하기 어렵지만 음성, 영상 채팅 기능은 다른 동기화 가상 플랫폼과 마찬가지로 더 넓은 대역폭을 요구한다(Sintjago & Link, 2012).

Second Life 회원들을 연구 참여용으로 선발하기 때문에 플랫폼이라고 할 수 없다. 위에서 언급한 대로 Second Life는 가장 큰 가상세계이고 상대적으로 참가자들의 익명성을 보장하면서 집단을 운영할 기회를 제공해 준다. 그러나 잠재적인 문제점이 무엇이냐 하면, 바로 가상세계의 사람들이 현실세계의 인격과 다른 여러 정체성(아바타)을 가지고 있다는 것이다. 예컨대, 가상세계의 젊은 여성 아바타는 현실 세계의 젊은 중년의 남성이 될 수도 있는 것이다. 어떤 가상세계에서는 신원 확인을 할 수 있는 방법이 있으나, 포커스 그룹을 운영하는 데 있어 더 복잡해질 수 있는 것이다. Second Life와 마찬가지로, 작은 규모의 가입자를 기반으로 하고 다른 기능이 있으며(음성 통신을 제공하는 곳이 몇 곳 없지만) 다른 곳에 중점을 두는 가상세계가 몇 가지 있다. 가상세계는 일반 사용자들에게 무료지만, 콘텐츠를 제작하기 위해선 구독자, 그리고 정보(그렇다, 심지어 가상세계의 정보에도 돈이 든다)에 따른 비용이 든다.

## 가상 포커스 그룹 모집

가상 포커스 그룹과 관련된 유연성은 참가자 모집 과정에서도 반영된다. 수없이 많은 가상 패널이 존재하며 수년 동안 현실 세계에서 그래왔듯이 잠재적 참가자를 모색하는 데 활용된다. 전형적인 면대면, 전화, 가상, 그리고 이메일 초대장을 포함한 다른 형식의 모집방법 역시 활용할 수 있다. 모집과정이 인터넷과 멀어질수록 참여자들이 인터넷에 접속하고 연구진의 지원을 받아 연구 툴을 가지고 인터넷을 탐색할 수 있는 기본적인 능력을 확보하는 것이 더 중요해진다. 따라서 참가자들은 연구용으로 만들어진 연구 사이트에 등록, 로그인을 해 연구에 참여할 수 있는 기술적 능력을 확인 받을 수 있다.

# 가상 포커스 그룹 연구 참가자 모집에서 생기는 이익

연구 참가자 모집에서 생기는 지출 아끼기

가상 포커스 그룹을 통해 고객과 연구진은 가상에서 혹은 전화로 전반적인 참가자 모집 과정을 진행하며 이는 전형적인 포커스 그룹 모집과 비교했을 때 상당한 경비를 아낄 수 있다. 특히 잠재적인 참가자들의 이메일 데이터베이스가 준비가 되었을 때는 더욱 그렇다.

소요 시간 아끼기

면대면 집단을 구성하는 데 드는 소요 시간은 몇 주나 되지만, 가상 포커스 그룹을 위한 소요 시간은 며칠로 줄일 수 있다. 왜냐하면 인터넷을 통해 하면 유연성과 접근성이 향상되기 때문이다. 가상 포커스 그룹의 인기로 모집 서비스와 포커스 그룹 수행을 위한 다른 기능을 지원해 주는 기업의 수가 서구에서 특히 증가했다. 특히 사전에 등록된 자발적 참여자들의 목록이나 잠재 참가자들의 종합적 데이터베이스를 보유한 회사들의 서비스를 활용하면 가상 포커스 그룹을 효과적으로 모집할 수 있다.

# 가상 포커스 그룹 연구 참가자 모집에서 생기는 문제점들

신뢰성

가상으로 운영되는 연구 참가자 모집 과정 중, 면대면으로 이루어지는 상호작용이나 심사가 없기 때문에 참가자들의 자질에 대한 신뢰성에 의문을 제기할 수 있다. 따라서 기업들은 이러한 함정에 빠지지 않도록 초과로 인원을 모집할 필요가 있다(Sweet, 2001).

연구 참가자 모집 과정 중, 혹은 그 이후에 정기적으로
후속 조치를 하지 않으면 참가자들은 가상 포커스 그룹
에서 이탈하기 쉽다. 일단, 어떤 사람들은 참여하는 데
동의하나 등록을 하지 않을 수 있으며 두 번째, 어떤 사람들은 동
의도 하고 등록도 하지만, 전혀 참여하지 않거나 일부만 참여할 수
있다. 따라서 자연감소를 방지하기 위해 잠재적인 참가자들이 연
구가 어디서 진행되고 어떤 일이 포함되는지를 이해하도록 하는
것이 정말로 중요하다.

동기화 가상 그룹들은 대역폭의 유효성을 필요로 하며
동시에 가상 플랫폼을 검색할 수 있는 업무 지식을 동
시에 요구한다. 즉, 이는 심사 시에 참가자들을 거르는
필터링이 되며 문제가 될 수도 있는데, 특히 어쩔 수 없이 고속 인
터넷 연결을 할 수 없는 낙후된 도시에서 연구 참가자들을 모집할
때 더욱 그렇다.

## 가상 포커스 그룹 중재하기

연구 참가자들이 연구 사이트에 등록을 할 때가 참가
자들을 환영해야 할 첫 시점이다. 따라서 처음 사이트
를 이용하는 연구 참가자들을 위해 과정에 대한 설명

과 함께 환영 메시지가 있어야 한다. 면대면의 상호작용과 비슷하게, 참가자들을 편안하게 해 주는 것은 조정자의 책임이다. 가상 포커스 그룹들이 해 줄 수 있는 쉬운 것들 중 하나는 연구 참가자 등록과 연구 시작 사이에 정기적으로 후속조치를 취하는 것이다. 이는 개별, 혹은 대량 이메일 발송을 통해 해결할 수 있지만, 참가자들의 프라이버시를 침해하거나 메일함에 대량의 스팸 메일을 전송해서는 안 된다. 왜냐하면 연구가 시행될 때 참여율을 저하시킬 수 있기 때문이다.

**시작** 접근법을 설명하고 주제에 대한 일반적이고 쉬운 질문으로 시작하면서 참가자들에게 안정감을 심어 주는 것이 중요하다. 그리고 순차적으로, 참가자들의 답변에 따라서, 그리고 대화를 흐름을 끊지 않으면서 중재자는 특정 질문에 대해 추가 질문을 하며 탐색한다.

**질문의 적절한 숫자** 비동기화/동기화 두 형식 모두에 있어서 긴 질문들을 피하는 것이야 말로 가상 포커스 그룹을 성공시키는 데 있어 필수사항이다. 연구 주제에 따라 12개에서 15개의 질문이 가장 이상적인 질문의 숫자다. 그러나 조정자는 목록상의 질문보다 더 많은 질문을 논의되는 분야에 따라 배치하는 데 신중해야 한다. 면대면 집단과 마찬가지로, 지속적인 토론을 촉진시키는 방향으로 질문을 하는 것이 좋다.

투사
기법 투사기법(projective techniques)을 통해 조정자는 참가자들에 대한 관심을 지속적으로 가지고 혁신적인 방식으로 연구 참가자들이 참여할 수 있게끔 해 줄 수 있다. 다양한 자극 자료를 통해서 중재자가 활발한 참여를 유도하고 참가자들의 잠재적인 생각에 어느 정도 다가가면서 좀 더 솔직한 답변을 끌어내는 데 기여를 할 수도 있다. 가상 포커스 그룹에서 사용되는 다양한 투사기법들은 다음과 같다.

**이미지 보드(image boards)** 이미지 보드는 연구 주제에 따라, 브랜드의 연관성과 여타 선호도를 혁신적으로 조사하는 효과적인 방법이 될 수 있다. 조정자들은 몇 가지의 서로 다른 무드 보드(mood boards), 이미지를 참가자들에게 보여 주면서, 브랜드와 가장 동일하거나 토론의 브랜드/주제를 떠올리게 하는 이미지를 고르게 할 수 있다. 참가자들은 그렇게 선택한 이유를 설명함으로써 브랜드/주제와 관련된 잠재적인 인식을 발견할 수 있다.

**선택하기, 업로드하기 그리고 설명하기** 위에서 설명한 무드 보드 기법과 비슷하다. 하지만 다양한 접근법이 있는데, 연구 참가자들이 가정에서 자신의 특징을 잘 나타내는 질문 주제와 연관 있는 대상을 고르게 한다. 가상의 플랫폼에서 참가자들이 물건에 대한 사진을 업로드하고 집에서의 물건의 위치, 용도와 같은 얘기 외에도 그런 선택을 한 이유에 대해 설명하도록 한다.

**그 한 단어**　주제, 브랜드, 제품, 혹은 사람들을 연상할 때 떠오르는 한 단어를 참가자들에게 말해 보라고 하는 것은 탐색 토론을 시작하는 데 있어 흥미로운 접근법이 될 수 있다. 가상 플랫폼을 통해서, 옵션에 따라 혁신적인 시각적 방식으로 조정자가 그 단어들을 보여 줄 수 있다.

**문장의 완성**　직접적인 질문을 발표하는 대신, 조정자들은 질문을 불완전한 문장으로 배치한 후, 참가자들에게 "빈칸을 채워 달라."고 말할 수 있다. 조정자는 각 참가자들이 한 응답에 따라 순차적으로 특정 질문에 대한 토론을 주관할 수 있다. 이러한 기법에 대한 사례들은 다음과 같다.

> "저에게 있어, 브랜드 ×는 ＿＿＿＿＿＿＿＿＿＿"
>
> "브랜드 ×를 쓰는 사람들은 모두 ＿＿＿＿＿＿＿＿＿＿"
>
> "어떤 사람들은 브랜드 ×와 동질감을 갖지 못할 수 있다. 왜냐하면 ＿＿＿＿＿＿＿＿＿＿."

**참여**　연구 참가자들을 적극적으로 참여시키는 것이 필수적인 의무인 만큼 조정자가 그 자리에서 토론이 평가되고 있다는 걸 보여 줄 뿐만 아니라 자신도 적극적으로 참여하는 것도 의무다. 이는 장기적으로 운영되고 있는 비동기화 포커스 그룹에게도 불가피한 일이다. 이러한 경우 참가자들이 적극적으로 참여를 못하거나 조정자가 참여하지 않는다는 느낌이 들면 참가를 중단할 수 있다. 정기적으로 요약, 피드백, 토론 안내서를 참가자들끼리 공유하면 이러한 잠재적인 문제를 극복하는 데 도움이 된다. 그러나 동기화된 포커스 그룹은 면대면의 포커스 그룹과 마찬가지로 더 적극적인 중재를 필요로 한다.

**토론 안내서** 고려하고 있는 주제에 따라서 참가자들과 토론 안내서를 공유할 수 있다. 이러한 안내서는 접근법에 대한 개요와 탐구해야 하는 핵심 분야를 알려 주지만, 동시에 특히 참가자들이 시간을 두고 응답을 제출하기 전에 주제에 대해서 심사숙고하는 비동기 형식에서는 편향된 응답으로 이어질 수 있다.

## 가상 포커스 그룹의 다음 단계

스마트폰 혁명으로 인해 전 세계 사람들은 손가락 끝의 기술만으로 모바일 생활을 하고 있다. 인터넷과 가상세계는 정보 획득 가능성의 문을 이제 막 열었다. 웹 2.0, 언제 어디서나 접속하는 모바일 스마트폰, 그리고 가상세계의 등장 이전에는 거의 불가능하였던 방식으로 포커스 그룹 참가자들을 연결해 주고 있는 가상 플랫폼 고유의 가능성에 대해 앞으로 새로 알게 될 사실들이 무궁무진하게 많다(Houliez & Gamble, 2012, Stintjago & Link, 2012).

# 다른 집단 기법

온라인상의 포커스 그룹은 가상 그룹(virtual group)의 유일한 형태도 전형적인 포커스 그룹의 대안적 방법도 아니다. 어떤 연구 문제의 경우에는 보다 심층적인 정보를 얻기 위해 집단 구성원들 간의 상호작용을 필요로 하지 않을 수도 있으며, 이러한 집단 구성원들 간의 상호작용이 오히려 정보 습득에 도움이 되지 않을 수도 있다. 포커스 그룹에서 집단 구성원들 간의 상호작용이 중요하지만, 조정자가 있으면 이와 관련된 구조화에 대한 부담이 있을 수 있다. 포커스 그룹 연구의 목적은 집단 구성원 들 간에 심층적이면서도 다양한 생각을 표현하도록 하는 것이기에, 포커스 그룹에서의 집단 상호작용은 포커스 그룹 참여자들의 창의성을 활성화하도록 하는 데 주안점을 두어야 한다. 이 장에서는 집단 연구(group research)의 네 가지 변형된 연구 방법에 대해 설명하고자 한다.

## 명목 집단 기법

집단 면접(Group Interviewing)의 대안적 접근으로 명목 집단 기법(NGT)이라고 불리는 방법이 활용되어 왔다. 명목 집단(Nominal groups)은 이름만 집단일 뿐이다. 그룹 연구 참가자들은 서로 만나지도 않을 수 있다. 만일, 만난다 하여도 직접적으로 서로 상호작용을 하는 것도 아니며, 만남의 초기 단계에서조차 만나는 일이 없다. 오히려, 집단 면접 연구에 참여하는 구성원들은 개인으로 면접을 보고 반응에 대한 요약, 그리고 집단의 다른 구성원들의 생각을 다른 구성원들에게 전달해 준다. 이와 같은 명목 집단은 제 시간 내에 관심 대상의 집단을 구성하지 못할 때 유용하다. 과학자, 고위 사업 행정가, 그리고 고위 정부 관료와 같은 전문화된 집단들이 이런 경우에 해당된다. 예를 들어, 연구자들은 집단 구성원들로부터 첫 단계에서의 반응을 알아볼 수 있으며, 그 반응들을 요약하여 그 요약된 내용(매우 세부적으로, 혹은 덜 세부적으로)을 집단 구성원들과 공유한 다음, 두 번째 단계에 관련된 질문을 하여 반응을 알아본다. 그렇지 않으면, 집단 구성원들은 모두 모일 수도 있지만, 질문에 대한 응답을 한 번에 모두 말을 하게 할 수도 있다. 그러므로 연구 참가자들은 다른 참가들과 함께 질문에 대한 응답을 들을 수 있고 본인들의 순서가 되면 설명을 할 수 있다. 하지만, 그들은 서로 자연스럽게 상호작용할 수 있는 기회는 주어지지 않는다.

명목 집단 기법(NGT)이 사용되는 공통적인 이유는 한 집단 혹은 한 사람의 의견 그리고 매우 영향력이 큰 집단 구성원들의 의견이 개별 구성원들의 반응에 영향을 미치는 것을 막기 위함이다. 포커스 그룹이 집단 구성원들에 의한 동반 상승 효과와 반응 활성화 기회가 주어진다는 중요한 장점이 있음에도 불구하고, 집단 설정이 오히려 집단 전체 혹은 집단 내 일부 개인들의 반응을 제한할 수 있는 상황으로 발전될 수도 있다. 이와 같은 상황은 집단의 관리자와 그 부하 직원, 부모와 자녀와 같이 다른 구성원들에 의해 토론 주제에 대한 독특한 전문성을 가진 혹은 지배적인 성격을 가진 구성원으로 인식될 수 있는 사람들이 서로 집단 구성원이 되어 집단 면접을 하게 될 때 발생할 수 있다. 또한, 명목 집단 기법(NGT) 은 집단 구성원들 간의 갈등의 수준이 관심 주제에 대한 토론에 방해가 된다고 믿을 만한 근거가 있을 때 적합할 수 있다. 마지막으로, 명목 집단 기법(NGT)은 집단 구성원 들 중에 다수의 사람들이 같은 일반적 의견을 공유할 때 유용할 수 있다. 절대 다수의 강한 의견이나 다수의 집단 구성원들이 반대의 의견을 가진 집단 구성원들이 질문에 반응을 하지 못하도록 할 수 있다.

가끔, 명목 집단 기법(NGT)은 전형적인 포커스 그룹 연구의 특색을 살리기 위해 전형적인 포커스 그룹과 결합이 된다. 이러한 경우, 명목 집단 기법(NGT)은 개별 집단 구성원들의 독립적인 반응을 얻는 데 사용된다. 개별 집단 구성원들의 응답들에 대한 요약은 집단 토론 전, 혹은 도중에 집단 구성원들에게 배부될 수 있다. 예비 명목 집단 활동은 모든 의견이 적절하게 표현되고 포커스 그룹 토론에 모든 의견들이 제시되도록 해 준다. 보다 상세한 명목 집단 기법(NGT)에 대한 토론과 활용 사례는 Delbecq, Van de Ven, 그리고 Gustafson(1975)과 Moore(1987)의 연구를 찾아보기를 바란다.

## 🏰 델파이 기법

특정 분야의 풍부한 지식을 가진 전문가들로부터 수집한 의견을 바탕으로 미래 사건과 경향을 예상하기 위한 목적으로 명목 집단 기법(NGT)을 전문화하여 적용할 수 있다. 이 기법은 고대 그리스의 델파이(Delphi) 신전 이름에서 유래된 것이다. Oracle[1]은 미래를 알 수 있는 것으로 평판이 나 있다. 많은 예언 관련 문제들은 이들 기법들이 역사적 자료에 의존하기 때문에 관련 자료들을 구할 수 없거나 설령 자료들을 구한다고 하더라도 관심 있는 미래 사건에 대한 개연성(probability) 이해에 전혀 도움이 되지 않거나 약간 밖에 도움이 되지 않기 때문에 이들 양적 도구들을 가지고는 해결이 될 수 없다. 이런 사례에는 장기적 사회적 경향 혹은 기술 발전에 대한 예언이 흥미롭거나 좀처럼 발생하지 않는 사건에 대한 시기에 대한 예언이 필요하거나 새로운 세계의 사회적, 혹은 상품의 혁신에 대한 결과에 대한 예상이 필요할 때가 해당될 수 있다.

델파이(Delphi) 기법을 활용한 적절한 연구 분야 중 하나는 신기술의 영향력이다. 정보나 통신기술 영역에서의 기술의 발전은 우리들의 생활양식(예를 들어, 재택근무의 증가), 법과 규제(전화 회사가 특정 유형의 서비스를 제공하기 위해 고객들과 경쟁을 하여 더 이상 규제의 필요성이 사라짐), 사업이 성사되는 방식(컴퓨터 지원 제조업은 극단적으로 전통적 생산라인을 바꾸고 있다), 그리고 조직 내 사원의 요구사항(컴퓨터 사용능력은 오늘날 생겨나는 직업에서 필수적이다)에 있어 엄청난 영향을 미치고 있다. 기술 변화와 그 의미를 다루는 일은 힘들지만, 신기술이 과연 주어진 시점에서 사용할 수 있을지 그리고 그 영향력이 무엇인지를 예측하는 것은 더욱 어렵다. 참고할 수 있는 수학적 알고리즘이 정해져 있는 것도 아니다.

---

주 1 | Oracle: 귀중한 조언(정보)을 제공해 주는 사람.

이러한 유형의 문제는 정말 어렵다. 그 시점에 어떤 기술이 탄생할지 이해할 필요가 있다. 얼마 안 가서 사라질 기술의 발전을 예측하는 것 자체가 어려운 것이다. 기술의 영향력을 예측하는 것은 더 어려운 일이다. 기술의 영향력을 예측하면서 기술적인 예측을 하는 것은 무지막지하게 어려운 일이지만 다수의 조직에게는 필수적인 일이다. 델파이 기법은 이러한 문제에 대한 해법에 대한 하나의 해결 방법이 될 수 있다.

　　델파이 기법을 적용하기 위해서는 먼저, 관심 있는 연구 주제와 관련된 사회적 혹은 기술적 동향을 잘 아는 전문가 패널(panel)[2]들을 구성하여야 한다. 둘째, 그다음에는 이들 전문가 패널들에게 곧 발생할 것으로 예상되는 사건에 대해 개인적으로 예측하게 한 후, 이들 예측에 기반이 되는 가정들을 확인하는 질문을 하도록 한다. 이러한 예측에는 특정 사건 혹은 시나리오가 발생하는지 안 하는지, 또는 다음 해 3분기의 인플레이션 비율은 어떻게 될 것인지와 같이 특정 시점에 대한 예측과 같은 것들도 포함될 수 있다. 이들 전문가들에게는 특정 시점에 대한 예측이 포함되어 있을 때, 자신들이 예측한 것과 관련된 신뢰구간이나 범위가 어떻게 되는지에 대한 질문이 제시될 수도 있다. 셋째, 이들 전문가 패널들이 독립적이고 개별적으로 제시한 예측들을 통계적 형식으로 요약한 후, 핵심적인 추정을 한다. 넷째, 이러한 요약과 추정을 모든 전문가 패널들에게 2차로 다시 제공한 후, 각 패널들은 이러한 새로운 정

주 2 ｜ 패널(pannel): 특정 문제에 대해 조언 및 견해를 제공하는 전문가 집단.

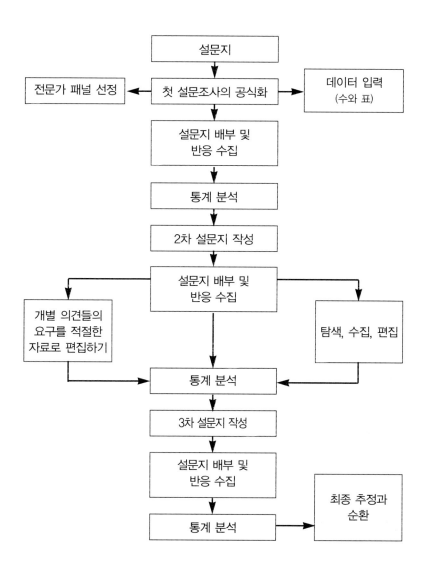

설문지

전문가 패널 선정 ← 첫 설문조사의 공식화 → 데이터 입력
(수와 표)

설문지 배부 및
반응 수집

통계 분석

2차 설문지 작성

설문지 배부 및
반응 수집

개별 의견들의
요구를 적절한
자료로 편집하기

탐색, 수집, 편집

통계 분석

3차 설문지 작성

설문지 배부 및
반응 수집

최종 추정과
순환

통계 분석

[그림 9-1] 델파이 기법 흐름도

보를 기반으로 새로운 예측을 하도록 한다. 다섯째, 이러한 전문가 패널들의 새로운 예측은 다시 요약한 후, 자신의 예측을 바꾸기를 원하는 전문가 패널들에게 다시 제공된다. 이런 반복적인 과정은 전문가 패널들의 의견이 일치가 되고 개인적인 예측에서 어떠한 변화도 없을 때까지 계속된다. 하지만 실질적으로 델파이 기법은 대개 3번 혹은 4번을 반복하지 않는 것으로 관찰되었다. [그림 9-1]은 위 과정에 대한 단계들을 보여 준다.

델파이 기법의 필수적 요소로는 전문가 패널들에 대한 신원 확인과 예측, 가정 그리고 개별적인 의견에 대한 요약을 이끌어 내는 데 사용될 질문 계획이 있다. 전문가 패널들이 면대면으로 만나지 않는 상황에서 델파이 기법을 적용하는 조정자들이 델파이 기법의 핵심 요소들을 통제하기 때문에 델파이 기법의 실행 조정자들은 중요한 역할을 한다. 델파이 기법에 대한 보다 자세한 토론은 Dalkey와 Helmer(1963), Linstone과 Turoff(1975), 그리고 Moore(1987)에서 찾아보기를 바란다.

## 브레인스토밍과 창조적 문제 해법

브레인스토밍과 창조적 문제 해법(synectics)은 오히려 서로 다른 기법들이지만, 이 두 가지는 새로운 아이디어를 이끌어 내거나 창의적 표현을 촉진하도록 위해 설계된 집단 기법(group techniques)이라는 공통점을 가지고 있다. 전통적인 브레인스토밍 기법이 적용되는 회기에서는 집단 구성원 중에 조정자가 포함될 수도 있고 그렇지 않을 수도 있다. 이 기법에 참여한 집단 구성원들에게는 비용, 현실성 그리고 실현가능성을 고려하지 않은 상태에서 아이디어, 접근 방법 그리고 해결 방법을 생각해 내도록 안내를 한다. 그리고 집단 구성원들에게 다른 참여자들이 제안한 아이디어에 대해서 비판하지 않도록 안내한다. 대신, 다른 참여자가 제시한 아이디어에 대해 윤색(embellishments), 개선점 그리고 수정사항을 제안함으로써 그 아이디어를 보다 구체화하는 것은 적극 권장된다고 안내한다.

브레인스토밍은 신나고, 창의적인 경험이 될 수 있다. 브레인스토밍 활동에서는 새롭게 제시된 아이디어의 수가 많을수록 좋다는 것을 강조한다. 왜냐하면 새롭게 제시된 아이디어가 많으면 많을수록 적어도 어떤 한 아이디어가 좋은 아이디어가 될 수 있는 개연성이 그만큼 더 높기 때문이다. 그러나 브레인스토밍 기법은 문제 해결을 위한 특별한 방법이 없거나 다양한 관점을 가진 집단 구성원들의 상호작용과 창의성을 촉진하는 방법으로만 유용하다는 점을 유의할 필요가 있다. 어떤 포커스 그룹 연구 방법은 브레인스토밍 회기 기법과 매우 흡사하다. 예를 들어, 제조 회사나 서비스 회사는 고객이나 잠재적 소비자를 모집해 신상품, 상품의 수정사항, 혹은 신상품에 있어 도움이 될 수 있는 문제점을 이야기하도록 하는 기법을 아주 흔하게 적용하고 있다.

창조적 문제 해법(synectics)은 새로운 아이디어를 제안하는 데 있어 좀 더 구조화된 접근법이다. 일반적으로 이 기법을 훈련받은 조정자들은 창조적 문제 해법에 참여한 집단을 이끌어 가면서 참여자들이 새로운, 혹은 색다른 관점에서 문제, 요구, 새로운 상품의 기능 그리고 창의적 관점에 대해 검토하도록 한다. 예를 들어, 조정자는 창조적 문제 해법 연구에 참여한 참여자들에게 풍부한 자연 자원은 많지만, 간단한 과제를 해결하는 데 필요한 전통적인 도구조차도 없는 사막 섬에서 오도 가도 못하게 된 상황을 제시할 수 있다. 이와 유사한 관련 사례로는 한 우주 왕복선이 외부와 통신을 할 수 있는 수단조차도 없는 잘 알려지지 않은 섬에 추락한 상황을 제시할 수도 있다. 그리고 참여자들에게는 승객들이 생존하는 데 도움이 될 수 있는 우주 왕복선 안의 모든 기술에 대해 생각해 내도록 한다. 이러한 활동을 통해 우주 개발 프로그램에서 새로운 상업적 기회, 즉 새로운 상품을 발견해 낼 수 있는 성과를 만들어 낼 수 있다.

창조적 문제 해법 회기 중에 조정자가 하는 역할은 참여자들 간에 서로 비-비판적이면서 브레인스토밍 회기의 특징인 수용적인 분위기를 만들어 가는 동시에 참여자들이 습관적 사고에서 벗어나, 통찰력을 가지고 문제 해결 방법을 찾아내도록 하면서 보다 창의적이고 혁신적인 분석 방법을 적용하도록 이끌어 가는 것이다. 창조적 문제 해법은 사업 기관에서 신상품과 새로운 서비스를 위한 개발하는 수단으로서 상당히 폭넓게 사용되어 왔다. 창조적 문제 해법 접근의 기본이 되는 다섯 가지 기본 원리는 다음과 같다.

1. 연기(deferment)는 말하자면, 문제 해결 방법을 찾기 전에 관점과 견해를 찾는 것이다. 예를 들어, 창조적 문제 해법에서는 즉각적으로 물을 옮기기 위한 펌프의 종류에 대해서 먼저 이

야기를 하는 것이 아니라, 한쪽에서 다른 쪽으로 어떻게 옮길지, 보다 일반적인 문제에 대해 토론을 한다.

2. **목적 자율성**(Autonomy of the object)은 말하자면, 일상과 관련된 문제를 제시하는 것이다. 예컨대, 데스크톱 컴퓨터로 출판하기 위한 소프트웨어를 고안할 때 무엇이 가장 적합한지에 대해서 따지기 이전에, 집단에서는 어떤 데스크톱 출판 시스템이 가장 이상적인가에 대해서 집중하는 것이다. 그러므로 잠재적인 해법보다 오히려 문제가 토론의 핵심이 되는 것이다.

3. **흔히 있는 일의 활용**(Use of the commonplace)은 말하자면, 낯선 것에 대한 새로운 관점을 얻기 위한 목적으로 친숙한 대상을 활용해 보는 것이다. 이러한 접근법에 대한 사례로는 새로 입학하는 신입생들을 위한 컴퓨터 과학 교육과정을 짜도록 과제가 주어진 대학 교수들이 될 수 있다. 신입생들에게 친숙하지 않은 컴퓨터 과학보다는 신입생들이 그 교육과정을 통달하려면 어떻게 교육과정을 구성해야 하는지에 집중적으로 토론하도록 하는 방법이 적용될 수 있다.

4. **개입**(Involvement)/**거리 두기**(Detachment)는 말하자면, 특별한 사례를 확인하거나 거시적 관점에서 볼 수 있도록 일반적 것과 특정한 것 사이를 오가는 것이다.

5. 은유법 사용(Use of metaphor)은 말하자면, 새로운 관점을 제안
   하기 위해 비유를 사용하는 것이다(Osborn, 1963, p. 274).

창조적 문제 해법에서 조정자가 연구 참여자들로 하여금 창의적
아이디어를 가능한 많이 내 놓도록 하기 위해 가장 일반적인 문제나
절차에서 가장 특별한 문제나 절차로 옮기는(혹은 역으로) 기법 중의
하나는 역할극 활용이나 유사점 발견이다. 개인 참여자나 집단 참여
자들이 특정 사안에 주목할 때, 사람들은 상황 이해를 참조하는 데
자신의 이전 경험이나 과거 해결 방안을 사용하는 경향이 있기 때문
에 자신들의 관점이 빠르게 좁아지는 경우가 많다. 따라서 펌프 장비
에 대한 새로운 설계를 하도록 과제가 부여된 기술자들은 과거에 설
계한 방법을 생각해 내는 경향이 있다. 어떤 사람이 어떻게 한쪽에서
다른 쪽으로 액체를 옮길 수 있을까? 하는 것과 같이 보다 일반적인
문제를 고려하는 방법으로 관점을 바꾸게 되면, 과거의 설계와는 근
본적으로 다른 새로운 설계 방법을 찾아내도록 할 수 있을 것이다.
   역할극도 관점을 전환시켜 줄 수 있다. 예를 들어, 건축가들에게
본인을 벽이라고 생각하고, 본인이 벽일 때 어떤 느낌이 드는지, 그
리고 건물의 다른 부분들과 어떻게 연결될지 설명해 보도록 하는 것
이다. 유사점 발견 기법도 비슷한 목적으로 사용이 될 수 있다. 창조
적 문제 해법을 적용한 연구에서 비유(analogy) 기법을 적용할 때는,
집단 연구 참가자들에게 비슷하지만, 참조 대상과는 다른 아이디어
를 만들어 내도록 안내를 해야 한다. 〈표 9-2〉는 창조적 문제 해법
회기에서 사용될 수 있는 몇 가지 기법들을 요약해 놓은 것이다.

**〈표 9-2〉 창조적 문제 해법 집단연구에서 창의적 아이디어 산출을 촉진하기 위한 기법들**

| 기술 | 설명 |
|---|---|
| 개인적 사례 | 연구 참가자들을 물리적 물건[예를 들어, 조음기(a tuning fork), 벽, 혹은 제품]과 같이 배치하고, 첫 번째 사람에게 그 물건이 된 소감에 대해서 설명하도록 한다. |
| 책 제목 | 연구 참가자들에게 특정 사물이나 감정 세트와 관련된 본질이나 역설을 파악할 수 있는 두-단어로 구성된 구절을 제시한다(예를 들어, 익숙한 놀람, 관심 있는 불신감). |
| 그 외(excursion) 사례 | 연구 참가자들은 사고를 촉발하거나 혹은 '방학 맞이하기'와 같이 겉으로 보기에 기본적인 문제와는 전혀 관련 없는 주제에 대해서 토론한다. |
| 끼워 맞추기 -해고하기 (Force fit-get fired) | 연구 참가자들은 아이디어의 두 개 혹은 그 이상의 요소들을 서로 끼워 맞춘 아이디어를 생각해 내도록 한다. 해고하기 기법에서는 발상이 너무 터무니 없어서 참가자의 고용주가 그나 그녀를 해고할 것 같은 아이디어가 된다. |

브레인스토밍과 창조적 문제 해법은 창의력과 아이디어 발생을 촉진하기 위해 개발되어 온 수 많은 집단적 기법 중의 두 가지다. 브레인스토밍과 창조적 문제 해법에 대해 보다 철저하게 처리하기를 원할 뿐만 아니라 다른 집단 창의력 기법에 대해서 알아보고자 한다면, Arnold(1962)과 Osborn(1963)의 책을 참고하기 바란다.

# 🏰 지도자 없는 토론 집단

집단 토론의 내용에 대한 관심보다는 집단 구성원들의 역동성 그 자체에 더 많은 관심이 있는 경우가 있다. 집단 구성원들 간의 의사소통 패턴, 개인적 행동, 그리고 집단에서 형성되는 동맹 혹은 연합이 연구자의 관심사가 될 수 있다. 이와 같은 경우는 대인관계 기술에 대한 평가가 필요한 회사 직원들의 평가 상황이 해당된다. 지도자 토론 집단은 이러한 유형의 평가와 연구에 대한 접근법이 될 수 있다. 예를 들어, 특정 부류의 관리자들에게 요구되는 바람직한 특성은 관리자들에게 직접 보고를 하지 않는 직원들로 하여금 공통의 목표를 위한 행동을 하도록 촉진할 수 있는 능력이다. 마케팅 회사의 제품 관리자들은 주로 직접적인 책임이 없는 직원들을 팀으로 조직화해야 하는 책임이 있다. 지도자 없는 토론 집단 방법은 위와 같은 상황에서 직원들이 줄 수 있는 방향과 결과에 대한 정도를 평가하는 한 가지 방법이 될 수 있다.

지도자 없는 토론 집단 방법은 그 이름에 의해 잘 설명된다. 집단 면담을 위한 지명된 리더나 혹은 중재자도 없다. 집단 참여자들은 "다음 90분 동안 뭔가 생산적인 것을 해 보아라."와 같은 일반적이고 애매모호한 과제에서부터 제품 생산 혹은 보고서 작성과 같은 매우 구체적인 과제에 이르는 지시를 받게 된다. 집단 참여자들이 그 과제를 수행하는 동안 관찰이 진행되며 다른 참여자들과의 상호작용 패턴도 기록이 된다. 어떤 집단 참여자들은 다른 집단 참여자들보다 훨씬 두드러진다. 한 명 혹은 그 이상의 참여자들은 리더의 역할을 맡고 다른 집단 참여자들은 중재자, 결정권자 혹은 지지자와 같은 역할을 맡을 수 있다.

지도자 없는 토론 집단은 관리직이나 판매 활동 직원과 같은 직위를 가진 직원을 평가하는 도구로 널리 활용되어 왔다. 지도자 없는 토론 집단 연구 방법을 활용과 관련된 풍부하고 굵직한 문헌들이 있다. Stogdill과 Coons(1957), 그리고 Finkle(1976)은 이들 문헌에 대한 유용한 소개 글을 제공해 주고 있다.

반드시 짚고 넘어가야 할 것은, 이 기법도 포커스 그룹은 집단을 활용하는 연구 기법의 한 유형이라는 점이다. 포커스 그룹은 그 자체로 가상적일 수도 있고 그 이름 자체일 수도 있다. 포커스 그룹 연구 방법은 아주 융통성이 있지만, 위에서 간략하게 설명했던 기법들 중 하나가 이 방법보다 더 적절할 수도 있다. 다른 집단 기법을 활용하는 데 관심이 있는 독자는 이러한 집단 기법들을 강조하고 이들 집단 기법을 적용하는 것과 관련된 문제점들과 쟁점에 관한 자료들을 참고하길 바란다.

# 결론

포커스 그룹 연구를 하고자 하는 연구자들은 포커스 그룹 연구가 아주 유용한 연구 방법이지만, 이 외에도 다른 연구 방법들도 많다는 점에 유의할 필요가 있다. 그리고 포커스 그룹 연구 방법의 특유의 장점과 한계에 대해서도 정확하게 인식할 필요가 있다. 포커스 그룹 연구 방법은 한 번에 매우 풍부하고 진단적이며 한계가 있을 수 있는 매우 구체적인 자료(data)를 만들어 낸다. 따라서 포커스 그룹 연구의 활용을 통해 강력한 통찰력을 얻을 수 있지만, 그렇다고 포커스 그룹이 다른 연구 기법을 대체할 수 있는 수단은 아니라는 점에 유의할 필요가 있다.

# 복습 질문

1. Second Life 혹은 다른 가상세계에서 이루어지고 있는 포커스 그룹 관련 영상을 인터넷으로 검색해 보시오. 포커스 그룹을 보시오(어떻게 포커스 그룹 연구가 수행되는지에 대한 감을 잡을 수 있도록 적어도 한 편 이상을 보도록 확실히 해야 한다). 가상공간에서 수행되고 있는 포커스 그룹이 실제상에서 이루어지고 있는 포커스 그룹 연구 방법과 어떻게 다른가?

2. 같은 가상 포커스 그룹을 생각해 보면서, 실제 세계에서 이루어지는 포커스 그룹에서는 불가능했던 것들이 가상공간에서의 포커스 그룹에서는 어떤 것이 가능한지를 생각해 보자. 그리고 이것을 통해 무엇을 배울 수 있었는가?(가상세계는 실제 세계에서는 할 수 없는 많은 것들을 쉽게 만들어 낼 수 있다는 점을 잊지 마라.)

3. 가상 포커스 그룹 연구에서 연구자는 참여자들의 느낌, 감정에 관한 정보를 어떻게 수집하였는가?

4. 포커스 그룹은 명목 집단 기법(NGT), 창조적 문제 해법, 지도자

없는 토론 집단, 그리고 델파이 기법과 같은 다른 집단 기법과 어떻게 다른가?

5. 앞으로 10년 이후의 미국 식품 소비 동향을 예측하기 위해 델파이 기법을 활용할 연구 프로젝트를 생각해 보자. 당신은 이 연구를 수행하기 위해 어떤 분야의 어떤 전문가를 선택할 것인가? 그리고 왜 그 분야의 그들 전문가인가?

6. 당신이 차세대 휴대전화 디자인 관련 아이디어 개발 창조적 문제 해법 연구를 계획하고 있다고 상상해 보자. 소비자의 휴대전화 관련성, 만족감 그리고 불만에 대해 보다 더 잘 이해할 수 있도록 하기 위해 당신이 활용하게 될 비유는 무엇인가? 예를 들어서 "만약, 제 휴대전화가 _____ (사람, 물건, 동물, 나무 등등)라면, 그것은 _____ 할 것 같습니다." 이것을 몇 번 반복해 보자.

7. 다음 쟁점 중에서 어떤 쟁점이 명목 집단 기법(NGT)을 적용하기에 가장 부합할 것 같은가? 그리고 그렇게 생각하는 이유는 무엇인가?

   • 감자 칩에 대한 소비자들의 태도 평가하기
   • 의사와 간호사의 업무 관계에 대해 이해하기
   • 약국에서의 소비자 서비스 개선을 위한 아이디어 내기

8. 브레인스토밍 회기를 적용하는 동안, 핵심적 원칙은 집단 참여자들 간에서 표현된 아이디어에 대해 어떤 비판적 평가도 해서는 안 된다는 점이다. 이것은 행동보다 말이 더 쉽다. 집단 참가자들이 부정적 표현과 비평적인 의견을 표현하지 않도록

하기 위해서 당신은 어떤 규칙과 제제를 활용할 것인가?

연습

지도자 없는 토론 집단이나 혹은 명목 집단 기법을 조직하고 이끌어 보자. 토론을 30분 내외로 진행시켜 보자. 포커스 그룹과 무엇이 다른가? 만약, 당신이 지도자 없는 토론 집단을 수행해 본다면, 본 활동을 통해 포커스 그룹에서 중재자의 역할에 대해 제시해 줄 만한 것은 무엇인가? 만약, 당신이 명목 집단 기법을 적용한다면, 본 활동이 포커스 그룹에서의 집단 상호작용의 역할에 대해 제시해 줄 수 있는 것은 무엇인가? 서로 다른 유형의 집단 기법을 적용하고 있는 연구자들과 당신이 관찰한 내용을 공유해 보자.

# 결론

# 제10장
# 결론

    포커스 그룹은 다양한 분야들에서 흔히 사용되는 연구 유형 가운데 한 가지다. 이러한 것은 학문 연구자, 정부 정책입안자, 사업 결정수립자들에 의해 사용된다. 포커스 그룹은 구성원들 자신들의 단어로 그룹 구성원들의 인식, 사고, 감정, 인상에 대한 풍부하고 상세한 데이터 집합을 제공한다. 이러한 것들은 거의 어떠한 주제들에 대하여, 넓은 범위의 설정들에서, 그리고 매우 다양한 유형의 개인들로부터 정보를 획득하도록 변경될 수 있다는 점에서 주목할 만큼 유연한 연구도구다. 그룹 토의들은 꽤 일반적일 수도 있고 매우 구체적일 수도 있다. 이들은 고도로 구조적일 수도 있지만 꽤 비구조적일 수도 있다. 시각적 자극, 시연, 또는 다른 활동들은 토론의 기초를 제공하기 위해 포커스 그룹 상황에서 사용될 수 있다. 인터넷으로 실행되는 가상 그룹들의 사용 증가는 매우 원거리의 사람들을 불러 모으는 것을 가능하게 한다. 이러한 유연성은 특히 포커스 그룹을 유용한 도구로 만들고 이러한 것의 대중성을 설명한다.

포커스 그룹 또는 일부 다른 연구도구를 사용하는 것에 대한 결정은 특정 연구 질문들의 답을 획득하기 위한 방법에서의 적합성에 근거를 두어야 한다. 망치를 가진 사람에게는 모든 것이 못이라는 말이 있다. 연구자들 가운데는 망치를 가진 사람과 같이 너무 빈번하게 하나의 방법 또는 기법이 모든 연구 문제들에서 다루어지는 수단이 되고, 다른 방법들은 무시되거나 평가 절하되고 있다. 이러한 것은 포커스 그룹 면담에서도 있어 왔다. 일부 연구자들의 경우 포커스 그룹은 전혀 적절한 것이 아니라고 인식한다. 사실을 말하자면 실제로는 중간의 어느 정도에 위치하고 있다. 포커스 그룹은 특정 그룹의 사람들이 어떠한 현상을 생각하고 말하는 방식을 탐구하고, 아이디어를 생성하고, 진단적인 정보를 생성하기 위한 특정 목적과 구체적 상황에서 효과적이다. 이러한 목적을 위하여 포커스 그룹은 탐구에서 엄격한 과학적 방법을 가진다.

포커스 그룹은 적은 확신을 가진 사람들의 변수들을 획득하기 위한 가장 적절한 수단은 아니다. 이러한 것은 생각이나 행동에 대한 중재 효과를 탐구하기 위한 가장 적절한 도구도 아니다. 다른 한편으로, 기술적인 설문자료들은 만일 실험적인 고안의 맥락에서 획득되는 것이 아니라면 이와 같은 후자의 목적을 위해 특별히 유용한 것은 아니다. 대체로 설문자료들은 구조화된 질문에 대한 답과 관련될 수도 있는 중요한 자격들 또는 우연들을 확인하는 것이 아니며, 다른 사람들의 언급들로부터 피드백과 반응을 위한 기회를 제공하는 것도 아니다. 포커스 그룹은 이와 같은 후자의 목적을 위해 더욱 유용하다.

포커스 그룹 구성원들의 자발적인 상호작용은 설령 존재하더라도 개별 설문지나 경험을 통해서는 쉽게 얻어지지 않는 통찰력을 자주 만들어 낸다. 조사와 실험은 연구자에 의해 개념화되는 것으로 세상이나 구체적 현상에 대한 피드백을 제공할 수 있다. 이와 같은 외적 접근은 꽤 유용하지만, 이와 같은 개념들은 개별 반응자들이 세상을 개념화하는 방식과 모순될 수 있다. 포커스 그룹은 개인이 어떻게 특정 현상을 개념화하고 범주화하는가의 이해를 위해 고안되었다. 이러한 것으로서, 포커스 그룹에 의해 생성된 자료들은 외적인 것이라기보다는 내적인 것이다.

탐구 방법으로 포커스 그룹의 많은 힘은 집단 역동성의 자발성과 상승 효과로부터 발전하고 있다. 소그룹들의 역동성에 대한 주의 깊고 집중적인 연구가 이루어지는 사회과학의 일부 영역이 있다. 제2장에서는 이에 대한 문헌을 검토하고, 이들로부터 포커스 그룹의 고안과 수행에서의 시사점들을 다루었다. 이러한 문헌은 그룹이 어떻게 행동하고 그룹이 어떻게 특정 이슈들에 대한 통찰을 그럭저럭 만들어 낼 수 있는지에 대하여 알려진 많은 사실을 명백하게 한다. 유사하게, 제5장에서는 면담과 면접관 특성에 대한 문헌을 검토하였으며, 면접관 선택과 훈련을 위한 기초를 분명히 하였으며, 그룹에서 면접관의 영향을 검사하였다. 이러한 장들의 목적은 그룹 면담이 기초로 하는 것에 있어서의 단단하고 광범위한 토대를 보여 주기 위한 것이었다. 비록 포커스 그룹의 중재에 있어 관여된 많은 기술이 있음은 확실하지만, 방법이 의지하는 것에 있어 확고한 과학적 토대도 있다. 마지막으로, 제7장에서는 포커스 그룹에 의해 생성된 자료의 분석과 해석이 주관적이고 인상주의적일 필요가 없음을 제시하였다. 오히려 이러한 자료들은 단순한 질적 기술로부터 인지적 네트워크들의 복잡한 양적 분석에 이르기까지 다양한 객관적 분석을 받아들일 수 있다.

이 책의 한 가지 목적은 포커스 그룹 연구는 주관적이거나 또는 엄격성이 결여될 필요가 없음을 보여 주는 것이다. 실제로, 포커스 그룹 면담은 실제뿐만 아니라 경험적 연구와 이론의 광범위한 몸체에 의지한다. 이는 모든 연구 문제들을 위한 것으로는 적절하지 않지만, 관점, 기회, 가설 생성의 명확성과 관련된 문제 및 전반적인 탐구 분석에는 잘 맞는다. 이는 또한 형식적 설문조사 연구 또는 실험에 기초를 둔 보다 양적인 분석 결과들을 더 잘 이해하기 위한 도구로 유용하다. 또 다른, 그리고 이들 중에 하나의 실제로 독특한 것은 그룹은 그 자체가 연구도구라는 사실이다. 숙련된 중재자의 미묘하지만 확고한 방향을 통해 그룹의 역동적인 상호작용은 다른 수단들로는 쉽게 획득되지 않는 통찰들을 얻을 수 있다.

우리는 포커스 그룹 면담의 기초에 대한 이론적 토대들뿐만 아니라 포커스 그룹 연구들이 어떻게 수행되는지에 대해서도 기술하였다. 제8장에서는 참여자 모집, 면담 안내서 고안, 자료 분석, 결과 보고와 관련된 실제적 이슈들을 다루었고, 포커스 그룹 프로젝트의 구체적인 예들을 제시하였다. 이와 함께 포커스 그룹 수행 및 면담 과정에서 발생할 수 있는 다양한 문제들을 다루는 데 유용한 기법들을 논의하였다.

이 책의 의도는 포커스 그룹 면담의 공부를 시작할 수 있도록 도와주는 것이다. 결국 최고의 교사는 경험에서 나오는 것이다. 대부분의 다른 연구도구들과 마찬가지로 숙련도는 실제에 따라온다. 자신들의 일련의 연구도구들로 포커스 그룹을 추가하기를 바라는 사람들은 이러한 것들을 시도하기 전에 숙련된 중재자의 방향으로부터 몇몇 그룹을 잘 관찰해야 할 것이다. 이는 다양한 그룹들이 상호작용하고 중재자가 특정 상황, 이슈, 발생하는 문제들을 다루는 방식을 알 수 있는 기회를 제공한다. 이는 또한 포커스 그룹이 생생하고 재미있는 경향을 가지기 때문에, 참여자들과 중재자들을 위한 그룹 중재와 관련된 우려를 감소시키는 수단을 제공한다.

우리는 이 책을 통해 포커스 그룹의 장점과 포커스 그룹 면담의 제한점에 대한 관심을 가지게 하였다. 만일 우리가 이러한 제한들을 다시 한번 언급하지 않았다면 소홀할 수 있었을 것이다. 아마 포커스 그룹과 관련된 제한들 가운데 가장 큰 것은 각 그룹이 실제로 하나의 관찰을 보인다는 것이다. 단순히 12명의 사람들이 그룹 토의에 관련되었기 때문에 12개의 독립적인 관찰들이 있다는 것은 아니다. 정의 및 고안을 통해 포커스 그룹 참여자들의 진술은 그룹 상호작용과 다른 사람들의 의견으로부터 영향을 받는다. 이와 같은 영향의 결과로서 몇 개 그룹 이상들이 어떤 한 주제를 수행하는 경우가 흔하지 않다는 사실뿐만 아니라 통계적인 평가가 가능하지 않으며 포커스 그룹 결과들에 근거한 특정한 인구 변수들을 일반화시키는 것은 적절하지 않다. 이는 모든 일반화가 적절하지 않다는 것은 아니다. 우리는 만일 그룹 토의에 참여하는 것 이상으로 개인들에 대한 어떠한 통찰들을 얻지 않는다면 포커스 그룹 연구를 수행하지 않을 것이다. 오히려, 포커스 그룹 결과들로부터 나타나는 일반화의 유형들은 구체적이기보다는 일반적이고, 잠정적이고, 묘사적인 경향이 있다.

포커스 그룹의 다른 제한들은 인간을 이용하는 다른 연구 기법들과 유사하다. 이러한 것들로는 소그룹, 비대표적 샘플, 면담자 편견, 요구 영향과 관련된 문제들을 포함한다. 포커스 그룹의 사례에서 요구 영향들은 그룹 구성, 그룹에서 특별히 지배적인 구성원의 존재, 중재자 행동, 또는 일부 다른 그룹 관련 요인이 원인일 가능성이 있다. 따라서 포커스 그룹은 설문조사 연구와 실험을 포함하여 많은 다른 연구도구들과 마찬가지로 많은 제한들이 있다. 이러한 제한들과 문제들의 근원은 정도의 차이는 있지만 문제들은 동일하다.

이 책을 통해 우리는 포커스 그룹 면담이 적절하면서도 의도된 목적대로 사용될 때 강력하고 유용한 도구임을 제시하였다. 이는 모든 연구 기법들에 있어서도 마찬가지다. 궁극적으로, 연구 기법의 타당성의 실제적인 시험은 유용하고, 흥미롭고, 실행 가능한 결과들을 산출할 수 있는 빈도로써 결정된다. 50년 이상 포커스 그룹 면담에 대한 저항, 사회과학 연구를 위한 도구로서의 급격한 성장, 이러한 것이 적용되어 온 분야들과 적용 규모는 이와 같은 타당성의 기준에 부합되어 왔음을 보여 주고 있다.

# 참고문헌

Aaker, D. A., Kumar, V., Leone, R., & Day, G. S. (2012). *Marketing research* (11th ed.). New York, NY: Wiley.

Adams, G. R., & Huston, T. L. (1975). Social perception of middle-aged persons varying in physical attractiveness. *Developmental Psychology, 11*, 657-658.

Agar, M., & MacDonald, J. (1995). Focus groups and ethnography. *Human Organization, 54*, 78-86.

Anderson, J. R. (1983). *The architecture of cognition.* Cambridge, MA: Harvard University Press.

Anderson, R., & Braud, W. (2011). *Transforming self and others through research.* Albany: State University of New York Press.

Ansay, S. J., Perkins, D. F., & Nelson, C. J. (2004). Interpreting outcomes: Using focus groups in evaluation research. *Family Relations, 53*(3), 310-316.

Aries, E. (1976). Interaction patterns and themes of male, female, an mixedgroups. *Small Group Behavior, 7*, 7-18.

Arnold, J. E. (1962). Useful creative techniques. In S. J. Parnes & H. F. Harding (Eds.), *Source book for creative thinking* (pp. 251-268). New York, NY: Scribner.

Axelrod, M. D. (1975, February 28). Marketers get an eyeful when focus groups expose products, ideas, images, ad copy, etc. to consumers. *Marketing News, 9,* 6-7.

Babej, M. E., & Pollack, T. (2006, May 24). Boeing versus airbus. *Forbes.* Retrieved from http://www.forbes.com/2006/05/23/ unsolicited-advice-advertising-cx_meb_0524boeing.html

Barabba, V. P. (1995). *Meeting of the minds.* Cambridge, MA: Harvard Business School Press.

Barbour, R. (2007). *Doing focus groups.* Thousand Oaks, CA: Sage.

Barrett, J., & Kirk, S. (2000). Running focus groups with elderly and disabled elderly participants. *Applied Ergonomics, 31*(6), 621-629.

Bateman, P. J., Gray, P. H., & Butler, B. S. (2011). The impact of community commitment on participation in online communities. *Information Systems Research, 22*(4), 841-854.

Baxter, C. (1970). Interpersonal spacing in natural settings. *Sociometry, 33,* 444-456.

Bazeley, P. (2007). Qualitative data analysis with *MNivo* (2nd ed.). Thousand Oaks, CA: Sage.

Beaver, A. P. (1932). *The initiation of social contacts by preschoo children* (Child Development Monographs, No. 7). New York, NY: Columbia University, Teachers College.

Beebe, S. A., Beebe, S. J., & Redmond, M. V. (2008). *Interpersonal communication* (5th ed.). Boston, MA: Pearson Education.

Berkowitz, J. L. (1954). Group standards, cohesiveness, and productivity. *Human Relations, 7,* 509-519.

Berndt, T. J. (1979). Developmental changes in conformity to peers and parents. *Developmental Psychology, 15*(6), 606-616.

Bishop, R. (2005). Freeing ourselves from neocolonial domination in research: A Kaupapa Māori approach to creating knowledge. In N. K. Denzin & Y. S. Lincoln (Eds.), *The SAGE handbook of qualitative research* (3rd ed., pp. 109-138). Thousand Oaks, CA: Sage.

Blom, A. G., & Korbmacher, J. M. (2013). Measuring interviewer characteristics pertinent to social surveys: A conceptual framework. *Survey Methods: Insights From the Field.* Retrieved from http://surveyinsights.org/?p=817

Bogardus, E. S. (1926). The group interview. *Journal of Applied Sociology, 10*, 372-382.

Boleyn-Fitzgerald, M. (2010). *Pictures of the mind*. Upper Saddle River, NJ: FT Press.

Bradburn, N. M., Sudman, S., & Wansink, B. (2004). *Asking questions*. New York, NY: Jossey-Bass.

Bruner, J. S., Goodnow, J. J., & Austin, J. G. (1956). *A study of thinking*. New York, NY: Wiley.

Bryant, N. (1975). Petitioning: Dress congruence versus belief congruence. *Journal of Applied Social Psychology, 5*, 144-149.

Calder, B. J. (1977). Focus groups and the nature of qualitative marketing research. *Journal of Marketing Research, 14*, 353-364.

Canary, D. J., & Dindia, K. (2006). *Sex differences and similarities in communication* (2nd ed.). New York, NY: Routledge.

Carey, M. A., & Asbury, J. (2012). *Focus group research*. Walnut Creek, CA: Left Coast Press.

Carter, L. F. (1954). Recording and evaluating the performance of individuals as members of small groups. *Personnel Psychology, 7*, 477-484.

Chandler, D. (2007). Semiotics: *The basics*. New York, NY: Routledge.

Chaubey, N. P. (1974). Effect of age on expectancy of success on risk-taking behavior. *Journal of Personality and Social Psychology, 249*, 774-778.

Chavan, A. L. (2005). Another culture, another method. In *Proceedings of the 11th International Conference on Human-Computer Interaction* [CD ROM]. Mahwah, NJ: Lawrence Erlbaum.

Chomsky, N. (1965). *Aspects of the theory of syntax. Cambridge*: MIT Press.

Cohen, J. (1956). Experimental effects of ego-defense preference on relations. *Journal of Abnormal and Social Psychology, 52*, 19-27.

Colucci, E. (2007). "Focus groups can be fun": The use of activity-oriented questions in focus group discussions. *Qualitative Health Journal, 17*(10), 1422-1433.

Colucci, E. (2008). On the use of focus groups in cross-cultural research. In P. Liamputtong (Ed.), *Doing cross-cultural research* (pp. 233-252). Dordrecht, Netherlands: Springer Science +Business Media B.V.

Costanzo, P. R., & Shaw, M. C. (1966). Conformity as a function of age level. *Child Development, 37*, 967-975.

Dalkey, N. C., & Helmer, O. (1963). An experimental application of the Delphi method to the use of experts. *Management Science, 9*, 458.

Deaux, K., & Lafrance, M. (1998). Gender. In D. T. Gilbert, S. T. Fiske, & G. Lindzey (Eds.), *The handbook of social psychology* (4th ed., Vol. 1, pp. 788-827). New York, NY: McGraw-Hill.

Delbecq, A. L., Van de Ven, A., & Gustafson, H. (1975). Guidelines for conducting NGT meetings. In A. L. Delbecq, A. H. Van de Ven, & D. H. Gustafson (Eds.), *Group techniques for program planning* (pp. 40-66). Glenview, IL: Scott, Foresman.

DePaulo, B. M., Rosenthal, V., Eisentat, R. A., Rogers, P. L., & Finkelstein, S. (1978). Decoding discrepant nonverbal cues. *Journal of Personality and Social Psychology, 36*, 313-323.

Dichter, E. (1947). Psychology in marketing research. *Harvard Business Review, 25*, 432-443.

Dubrin, A. J. (2012). *Leadership: Research findings, practice and skills* (7th ed.). Stamford, CT: Cengage Learning.

Dymond, R. S., Hughes, A. S., & Raabe, V. L. (1952). Measurable changes in empathy with age. *Journal of Consulting Psychology, 16*, 202-206.

Dyson, J. W., Godwin, P. H. B., & Hazelwood, L. A. (1976). Group composition, leadership, orientation, and decisional outcomes. *Small Group Behavior, 7*, 114-128.

Edmiston, V. (1944, April). The group interview. *Journal of Educational Research, 37*, 593-601.

Edmunds, H. (1999). *Focus group research handbook.* Chicago, IL: American Marketing Association.

Eide, P., & Allen, C. B. (2005). Recruiting transcultural qualitative research participants: A conceptual model. *International Journal of Qualitative Methods, 4*(2), 44-56.

Emerson, T., Johnson, S., & Koh, B. (2000). Coffee, tea ... or tennis?

*Newsweek, 135*(23), 62.

Faraj, S., & Johnson, S. L. (2011). Network exchange patterns in online communities. *Organization Science, 22*(6), 1464-1480.

Fern, E. (1982). The use of focus groups for idea generation: The effects of group size, acquaintanceship, and moderator on response quantity and quality. *Journal of Marketing Research, 19*, 1-13.

Fern, E. (2001). *Advanced focus group research.* Thousand Oaks, CA: Sage.

Finkle, R. (1976). Managerial assessment centers. In M. Dunnette (Ed.), *Handbook of industrial and organizational psychology* (pp. 861-888). Chicago, IL: Rand McNally.

Fleiss, J. L. (1971). Measuring nominal scale agreement among many raters. *Psychological Bulletin, 76*(5), 378-382.

FocusVision. (2012). *15th Annual Focus Group Index.* Stamford, CT: Author.

Forrest, E. (2003). *Internet marketing intelligence: Research tools, techniques and resources.* New York, NY: McGraw-Hill/Irwin.

Forsyth, D. R. (2014). *Group dynamics* (6th ed.). Independence, KY: Cengage.

Fowler, F. J., Jr. (2008). *Survey research methods* (4th ed.). Thousand Oaks, CA: Sage.

Franz, N. K. (2011). The unfocused focus group: Benefit or bane? *Qualitative Report, 16*(5), 1380-1388.

Frieze, I. (1980). Being male or female. In P. Middlebrook (Ed.), *Social psychology and modern life* (2nd ed., pp. 80-115). New York, NY: Alfred A. Knopf.

Fry, C. L. (1965). Personality and acquisition factors in the development of coordination strategy. *Journal of Personality and Social Psychology, 2*, 403-407.

Gallup, G. (1947). The quintamensional plan of question design. *Public Opinion Quarterly, 11*, 385.

Gibbins, K. (1969). Communication aspects of women' s clothes and their relation to fashion ability. *British Journal of Social and Clinical Psychology, 8*, 301-312.

Gladwell, M. (2005). *Blink: The power of thinking without thinking.*

New York, NY: Little, Brown.

Goldman, A. E. (1962). The group depth interview. *Journal of Marketing, 26*, 61-68.

Goldman, A. E., & McDonald, S. S. (1987). *The group depth interview: Principles and practice.* Englewood Cliffs, NJ: Prentice Hall.

Goldman, W., & Lewis, P. (1977). Beautiful is good: Evidence that the physically attractive are more socially skillful. *Journal of Experimental Social Psychology, 13*, 125-130.

Gottschalk, L. A., Winget, C. N., & Gleser, G. C. (1969). *Manual of instructions for using the Gottschalk-Gleser Content Analysis Scales.* Berkeley: University of California Press.

Greenbaum, T. L. (2000). *Moderating focus groups: A practical guide for group facilitation.* Thousand Oaks, CA: Sage.

Grunert, K. G. (1982). Linear processing in a semantic network: An alternative view of consumer product evaluation. *Journal of Business Research, 10*, 31-42.

Grunert, K. G., & Goder, M. (1986, August). *A systematic way to analyze focus group data.* Paper presented at the 1986 Summer Marketing Educator's Conference of the American Marketing Association, Chicago, IL.

Hahn, U., & Ramscar, M. (2001). *Similarity and categorization.* New York, NY: Oxford University Press.

Halcomb, E. J., Gholizadeh, L., DiGiacomo, M., Phillips, J., & Davidson, P. M. (2007). Literature review: Considerations in undertaking focus group research with culturally and linguistically diverse groups. *Journal of Clinical Nursing, 16*(6), 1000-1011.

Hall, E. T. (1977). *Beyond culture.* Garden City, NY: Anchor Press/Doubleday.

Hall, J. A. (1978). Gender effects in decoding nonverbal cues. *Psychological Bulletin, 85*, 845-857.

Hall, J. A. (1980). Voice tone and persuasion. *Journal of Personality and Social Psychology, 38*, 924-934.

Hall, M., de Jong, M., & Steehouder, M. (2004). Cultural differences and usability evaluation: Individualistic and collectivistic participants compared. *Technical Communication, 51*(4), 489-503.

Hare, A. P., & Bales, R. F. (1963). Seating position and small group interaction. *Sociometry, 26,* 480-486.

Hargie, O. (2010). *Skilled interpersonal communication: Research, theory and practice* (5th ed.). New York, NY: Routledge.

Heiskanen, E., Jarvela, K., Pulliainen, A., Saastamoinen, M., & Timonen, P. (2008). Qualitative research and consumer policy: Focus group discussions as a form of consumer participation. *Qualitative Report, 13*(2), 152-172.

Henderson, N. (2004). Same frame, new game. *Marketing Research, 16,* 38-39.

Hennink, M. M. (2007). International focus group research: *A handbook for the health and social sciences.* Cambridge, UK: Cambridge University Press.

Hess, J. M. (1968). Group interviewing. In R. L. Ring (Ed.), *New science of planning.* Chicago, IL: American Marketing Association.

Hilton, J. L., & von Hippel, W. (1996). Stereotypes. *Annual Review of Psychology, 37,* 237-271.

Hofstede, G. (2001). *Culture's consequences: Comparing values, behaviors, institutions, and organizations across nations* (2nd ed.). Thousand Oaks, CA: Sage.

Hofstede, G., Hofstede, G. J., & Minkov, M. (2010). *Cultures and organizations: Software of the mind* (3rd ed.). New York, NY: McGraw-Hill.

Hollander, J. A. (2004). The social context of focus groups. *Journal of Contemporary Ethnography, 33,* 602-637.

Hollingshead, A. (2003). Communication technologies: The Internet and group research. In M. A. Hogg & S. Tindale (Eds.), *Blackwell handbook of social psychology: Group processes* (pp. 557-573). Malden, MA: Blackwell.

Hollingshead, A., & Poole, M. S. (2011). Research methods for studying groups and teams: *A guide to approaches, tools, and technologies.* New York, NY: Routledge.

Houliez, C., & Gamble, E. (2012). Augmented focus groups: On leveraging the peculiarities of online virtual worlds when conducting in-world focus groups. *Journal of Theoretical and*

*Applied Electronic Commerce Research, 7*(2), 31-51.

Hurwitz, J. I., Zander, A. F., & Hymovitch, B. (1953). Some effects of power on the relations among group members. In D. Cartwright & A. Zander (Eds.), *Group dynamics: Research and theory* (pp. 483-492). Evanston, IL: Row, Peterson.

Iacobucci, D., & Churchill, G. (2009). *Marketing research: Methodological foundations* (10th ed.). Independence, KY: Cengage.

Internet World Stats. (2013). *Internet growth statistics.* Retrieved from http://www.internetworldstats.com/emarketing.htm

Ivy, D. K., & Backlund, P. (1994). *Exploring gender speak: Personal effectiveness in gender communication.* New York, NY: McGraw-Hill.

Janis, I. L. (1965). The problem of validating content analysis. In H. D. Lasswell, N. Leites, & Associates (Eds.), *Language of politics* (pp. 55-82). Cambridge: MIT Press.

Jensen, K. B. (2011). *A handbook of media and communication research.* New York, NY: Routledge.

Jiles, T. (2013). The virtues of virtual focus groups. *Greenbook.* Retrieved from http://www.greenbook.org/marketing-research.cfm/virtues-of-virtual-focusgroups-04157

Kamberelis, G., & Dimitriadis, G. (2013). *Focus groups: From structured interviews to collective conversations.* New York, NY: Routledge.

Karger, T. (1987, August 28). Focus groups are for focusing, and for little else. *Marketing News, 21*, 52-55.

Kassarjian, H. H. (1994). Scholarly traditions and European roots of American consumer research. In G. Laurent, G. Lilien, & B. Pras (Eds.), *Research traditions in marketing* (pp. 265-287). Boston, MA: Kluwer Academic.

Kaufman, L (1997, August 18). Enough talk. *Newsweek,* 48-49.

Kennedy, F (1976, February-March). The focused group interview and moderator bias. *Marketing Review, 31,* 19-21.

Khan, M., & Manderson, L. (1992). Focus groups in tropical diseases research. *Health Policy and Planning, 7*(1), 56-66.

Kiley, D. (2005, November 14). Shoot the focus group. *BusinessWeek,* pp. 120-121.

Knapp, M. L., Hall, J. A., & Horgan, T. G. (2013). *Nonverbal communication in human interaction* (8th ed.). Boston, MA: Wadsworth Cengage.

Krauss, R. M., Garlock, C. M., Bricker, P. D., & McMahon, L. E. (1977). The role of audible and visible back-channel responses in interpersonal communication. *Journal of Personality and Social Psychology, 35*, 523-529.

Kreuter, F. (2008). Interviewer effects. In P. J. Lavrakas (Ed.), *Encyclopedia of survey research methods* (pp. 370-372). Thousand Oaks, CA: Sage.

Krippendorf, K. H. (1970). Bivariate agreement coefficients for reliability data. In E. F. Borgatta & G. W. Bohrnstedt (Eds.), *Sociological methodology* (pp. 139-150). San Francisco, CA: Jossey-Bass.

Krippendorf, K. H. (2013). *Content analysis: An introduction to its methodology* (3rd ed.). Thousand Oaks, CA: Sage.

Krippendorf, K. H., & Bock, M. A. (2008). *The content analysis reader.* Thousand Oaks, CA: Sage.

Krueger, R. A., & Casey, M. A. (2000). Focus groups: *A practical guide for applied research* (3rd ed.). Thousand Oaks, CA: Sage.

Krueger, R. A., & Casey, M. A. (2001). Designing and conducting focus group interviews. In R. A. Krueger, M. A. Casey, J. Donner, S. Kirsch, & J. N. Mack (Eds.), *Social analysis: Selected tools and techniques* (Paper No. 36). Washington, DC: Social Development Department of the World Bank. Retrieved from http://siteresources. worldbank.org/INTCDD/Resources/SAtools. pdf

Krueger, R. A., & Casey, M. A. (2008). Focus groups: *A practical guide for applied research* (4th ed.). Thousand Oaks, CA: Sage.

Langer, J. (1978, September 8). Clients: Check qualitative researcher's personal traits to get more. Qualitative researchers: Enter entire marketing process to give more. *Marketing News, 12*, 10-11.

Lazarsfeld, P. F. (1934, October). The psychological aspects of market research. *Harvard Business Review, 13*, 54-71.

Lazarsfeld, P. F. (1937, July). The use of detailed interviews in market research. *Journal of Marketing, 2*, 3-8.

Lecuyer, R. (1975). Space dimensions, the climate of discussion and group decisions. *European Journal of Social Psychology, 46*, 38-50.

Lee, J. J., & Lee, K. P. (2009). Facilitating dynamics of focus group interviews in East Asia: Evidence and tools by cross-cultural study. International *Journal of Design, 3*(1), 17-28.

Lee, K., Hakkyun, K., & Vohs, K. D. (2011). Stereotype threat in the marketplace: Consumer anxiety and purchase intentions. *Journal of Consumer Research, 18*, 1-17.

Leonhard, D. (1967). *The human equation in marketing research.* New York, NY: American Management Association.

Levine, J. M., & Moreland, R. L. (1998). Small groups. In D. T. Gilbert, S. T. Fiske, & G. Lindzey (Eds.), *The handbook of social psychology* (4th ed., Vol. 2, pp. 415-469). New York, NY: McGraw-Hill.

Levy, S. J. (1979). Focus group interviewing. In J. B. Higginbotham & K. K. Cox (Eds.), *Focus group interviews: A reader* (pp. 34-42). Chicago, IL: American Marketing Association.

Lewin, K. (1948). *Resolving social conflicts.* New York, NY: Harper.

Liamputtong, P. (2007). *Researching the vulnerable: A guide to sensitive research methods.* Thousand Oaks, CA: Sage.

Liamputtong, P. (2008). Doing research in a cross-cultural context Methodological and ethical challenges. In P. Liamputtong (Ed.), *Doing cross-cultural research* (pp. 3-20). Dordrecht, Netherlands: Springer Science+Business Media B.V.

Liamputtong, P. (2011). *Focus group methodology.* Thousand Oaks, CA: Sage.

Liamputtong, P., & Ezzy, D. (2005). *Qualitative research methods* (2nd ed.). South Melbourne, Victoria, Australia: Oxford University Press.

Linstone, H. A., & Turoff, M. (1975). *The Delphi method: Techniques and applications.* Reading, MA: Addison-Wesley.

Lippitt, R., Polansky, N., Redl, F., & Rosen, S. (1952). The dynamics of power. *Human Relations, 5*, 37-64.

Little, K. B. (1965). Personal space. *Journal of Experimental Social Psychology, 1*, 237-257.

Lorr, M., & McNair, D. M. (1966). Methods relating to evaluation of therapeutic outcome. In L. A. Gottschalk & A. H. Auerbach (Eds.), *Methods of research in psychotherapy* (pp. 573-594). Englewood Cliffs, NJ: Prentice Hall.

Lott, D. F., & Sommer, R. (1967). Seating arrangements and status. *Journal of Personality and Social Psychology, 7*, 90-95.

Madriz, E. L. (1998). Using focus groups with lower socioeconomic status Latina women. *Qualitative Inquiry, 4*(1), 114-129.

Maier, N. R. F., & Hoffman, L. R. (1961). Organization and creative problem solving. *Journal of Applied Psychology, 45*, 277-280.

Manderson, L., Bennett, E., & Andajani-Sutjahjo, S. (2006). The social dynamics of the interview: Age, class, and gender. *Qualitative Health Research, 16*(10), 1317-1334.

Mannheim, K. (1936). *Ideology and utopia: An introduction to the sociology of knowledge.* New York, NY: Harcourt Brace.

Mariampolski, H. (2001). *Qualitative market research.* Thousand Oaks, CA: Sage.

Markee, N. (2013). Emic and etic in qualitative research. In C. A. Chapelle (Ed.), *The encyclopedia of applied linguistics.* New York, NY: Wiley-Blackwell.

McCracken, G. (1988). *The long interview.* Newbury Park, CA: Sage.

McDermott, M. J. (2013). Take your pick. ANA *Magazine, Spring,* 32-42.

McGarty, C., Spears, R., & Yzerbyt, V. Y. (2002). Conclusion: Stereotypes are selective, variable and contested explanations. In C. McGarty, V. Y. Yzerbyt, & R. Spears (Eds.), *Stereotypes as explanations: The formation of meaningful beliefs about social groups* (pp. 186-199). Cambridge, England: Cambridge University Press.

Medin, D. I., Lynch, E. B., & Solomon, K. O. (2000). Are there kinds of concepts? *Annual Review of Psychology, 51*, 121-147.

Mehrabian, A., & Diamond, S. G. (1971). Effects of furniture arrangement, props, and personality on social interaction. *Journal of Personality and Social Psychology, 20*, 18-30.

Meisels, M., & Guardo, C. J. (1969). Development of personal space schemata. *Child Development, 40*, 1167-1178.

Merton, R. K. (1987). Focussed interviews and focus groups: Continuities and discontinuities. *Public Opinion Quarterly, 51*, 550-566.

Merton, R. K., Fiske, M., & Curtis, P. L. (1946). *Mass persuasion.* New York, NY: Harper & Row.

Merton, R. K., Fiske, M., & Kendall, P. L. (1956). *The focussed interview.* New York, NY: Free Press.

Merton, R. K., & Kendall, P. L. (1946). *The focussed interview. American Journal of Sociology, 51*, 541-557.

Miller, D. T., & Turnbull, W. (1986). Expectancies and interpersonal processes. *Annual Review of Psychology, 37*, 233-256.

Moore, C. M. (1987). *Group techniques for idea building.* Newbury Park, CA: Sage.

Moreno, J. L. (1931). *The first book on group psychotherapy.* New York, NY: Beacon House.

Morgan, D. L. (1998). *Planning focus groups.* Thousand Oaks, CA: Sage.

Morgan, D. L., & Spanish, M. T. (1984). Focus groups: A new tool for qualitative research. *Qualitative Sociology, 7*, 253-270.

Morgan, M., Gibbs, S., & Britten, N. (2002). Hearing children's voices: Methodological issues in conducting focus groups with children aged 7-11. *Qualitative Research, 2*(1), 5-20.

Morris, M. W., Leung, D., Ames, D., & Lickel, B. (1999). Views from inside and outside: Integrating emic and etic insights about culture and justice judgement. *Academy of Management Review, 24*(4), 1781-1796.

Murphy, B. C., & Dillon, C. (2011). *Interviewing in action in a multicultural world* (4th ed.). Belmont, CA: Brooks/Cole.

Napier, R. W., & Gershenfeld, M. K. (2003). Groups: *Theory and experience* (7th ed.). Mahwah, NJ: Lawrence Erlbaum.

Nelems, J. (2003, February). Qualitatively speaking: The focus group-popular but dangerous. *Quirks Marketing Research Review.* Retrieved from http://www.quirks. com/articles/article. asp?arg_ArticleId=1086

Neuendorf, K. A. (2001). *The content analysis guidebook.* Thousand Oaks, CA: Sage.

Nevid, J. S., & Sta. Maria, N. L. (1999). Multicultural issues in qualitative research. *Psychology & Marketing, 16*, 305-325.

Nijstad, B. A., & Paulus, P. B. (2003). Group creativity: Common themes and future directions. In P. B. Paulus & B. A. Nijstad (Eds.), *Group creativity: Innovation through collaboration* (pp. 326-339). Oxford, England: Oxford University Press.

Northouse, P. G. (2012). *Leadership: Theory and practice* (6th ed.). Thousand Oaks, CA: Sage.

Osborn, A. F. (1963). *Applied imagination* (3rd ed.). New York, NY: Scribner.

Patterson, M. L., & Schaeffer, R. E. (1977). Effects of size and sex composition on interaction distance, participation, and satisfaction in small groups. *Small Group Behavior, 8*, 433-442.

Payne, S. (1951). *The art of asking questions.* Princeton, NJ: Princeton University Press.

Pennington, D. C. (2002). *The social psychology of behaviour in small groups.* New York, NY: Taylor & Francis.

Pennington, D. C., Gillen, K., & Hill, P. (1999). *Social psychology.* London, England: Arnold.

Poffenberger, A. T. (1925). *Psychology in advertising.* Chicago, IL: A. W. Shaw.

Pollack, J. (2005, December 19). Those who made their mark. *Advertising Age*, p. 8.

Pope, D., & Kluce, J. (2011, May 11). The "virtual" reality of focus groups. *Survey Magazine*. Retrieved from http://surveymagazine.org/?p =338

Poynter, R. (2010). *The handbook of online and social media research: Tools and techniques for marketing research.* New York, NY: Wiley.

Quiriconi, R. J., & Durgan, R. E. (1985). Respondent personalities: Insight for better focus groups. *Journal of Data Collection, 25*, 20-23.

Reid, N. L., Soley, N., & Wimmer, R. D. (1980). Replication in advertising research. *Journal of Advertising, 9*, 3-13.

Reitan, H. T., & Shaw, M. E. (1964). Group membership, sex-composition of the group, and conformity behavior. *Journal of*

*Social Psychology, 64*, 45-51.

Reynolds, F. D., & Johnson, D. K. (1978). Validity of focus-group findings. *Journal of Advertising Research, 18*, 21-24.

Reysen, S., & Reysen, M. B. (2004). Sex differences on a measure of conformity in automated teller lines. *Psychological Reports, 95*(2), 443-446.

Robinson, C. (1996). Asian culture: The marketing consequences. *Journal of the Market Research Society, 38*, 55-62.

Rook, D. W. (2003, Summer). Out-of-focus groups. Marketing Research, *15*(2), 11.

Sapir, E. (1929). The status of linguistics as a science. *Language, 5*, 207-214.

Sayre, S. (2001). *Qualitative methods for marketplace research*. Thousand Oaks, CA: Sage.

Schachter, S. N., Ellertson, N., McBride, D., & Gregory, D. (1951). An experimental study of cohesiveness and productivity. *Human Relations, 4*, 229-238.

Schaeffer, N. C., Dykema, J., & Maynard, D. W. (2010). Interviewers and interviewing. In P. V. Marsden & J. D. Wright (Eds.), *Handbook of survey research* (pp. 437-470). Binley, UK: Emerald.

Schaeffer, N. C., & Presser, S. (2003). The science of asking questions. *Annual Review of Sociology, 29*, 65-88.

Schoenfeld, G. (1988, May 23). Unfocus and learn more. *Advertising Age*, p. 20.

Schreier, M. (2012). *Qualitative content analysis in practice*. Thousand Oaks, CA: Sage.

Schutz, A. (1967). *The phenomenology of the social world*. Evanston, IL: Northwestern University Press.

Schutz, W. C. (1958). FIRO: *A three dimensional theory of interpersonal behavior*. New York, NY: Rinehart.

Scott, W. A. (1955). Reliability of content analysis: The case of nominal coding. *Public Opinion Quarterly, 19*, 321-325.

Seymour, J., Bellamy, G., Gott, M., Ahmedzai, S. H., & Clark, D. (2002). Using focus groups to explore older people's attitudes to end of life care. *Aging & Society, 22*(4), 517-526.

Shaw, M. E. (1981). Group dynamics: *The psychology of small group behavior* (3rd ed.). New York, NY: McGraw-Hill.

Shaw, M. E., & Shaw, L. M. (1962). Some effects of sociometric grouping upon learning in a second grade classroom. *Journal of Social Psychology, 57*, 453-458.

Sherif, M., & Sherif, C. W. (1969). *Social psychology.* New York, NY: Harper & Row.

Silverman, G. (2012). Face-to-face versus telephone versus online focus groups. *Docstoc. Retrieved* from http://www.docstoc.com/docs/ 123595577/Face-to-Facevs-Telephone-vs-Online-Focus-groups

Sintjago, A., & Link, A. (2012, June 21). From synchronous to asynchronous: Researching online focus group platforms. *In Cultivating change in the academy.* Retrieved from https://cultivatingchange.wp.d.umn.edu/from-synchronous-to-asynchronous/

Smelser, W. T. (1961). Dominance as a factor in achievement and perception in cooperative problem solving interactions. *Journal of Abnormal and Social Psychology, 62*, 535-542.

Smith, G. H. (1954). *Motivation research in advertising and marketing.* New York, NY: McGraw-Hill.

Smith, J. A., Flowers, P., & Larkin, M. (2009). *Interpretive phenomeno-logical analysis.* Thousand Oaks, CA: Sage.

Smith, K. H. (1977). Small-group interaction at various ages: Simultaneous talking and interruption of others. *Small Group Behavior, 8*, 65-74.

Smith, R. G. (1978). *The message measurement inventory: A profile for communication analysis.* Bloomington: Indiana University Press.

Spiegelman, M. C., Terwilliger, C., & Fearing, F. (1953). The reliability of agreement in content analysis. *Journal of Social Psychology, 37*, 175-187.

Spiller, L. D., & Bergner, J. (2011). *Branding the candidate: Marketing strategies to win your vote.* New York, NY: Praeger.

Steele, C. M., Aronson, J., & Spencer, S. J. (2007). Stereotype threat. In R. F. Baumeister & K. D. Vohs (Eds.), *Encyclopedia of social psychology* (pp. 943-944). Thousand Oaks, CA: Sage.

Steinzor, B. (1950). The spatial factor in face-to-face discussion groups. *Journal of Abnormal and Social Psychology, 45*, 552-555.

Stewart, C. J., & Cash, W. B. (2011). *Interviewing: Principles and practices* (13th ed.). New York, NY: McGraw-Hill.

Stewart, D. W., & Shamdasani, P. (1990). *Focus groups: Theory and research.* Newbury Park, CA: Sage.

Stewart, D. W., & Shamdasani, P. (1992). Analytical issues in focus group research. *Asian Journal of Marketing, 1*(1), 27-42.

Stogdill, R. M. (1948). Personal factors associated with leadership: A survey of the literature. *Journal of Psychology, 25*, 35-71.

Stogdill, R. M. (1950). Leadership, membership and organization. *Psychological Bulletin, 47*, 1-14.

Stogdill, R. M. (1974). *Handbook of leadership: A survey of theory and research.* New York, NY: Free Press.

Stogdill, R. M., & Coons, A. E. (Eds.). (1957). *Leader behavior: Its description and measurement.* Columbus: Ohio State University, Bureau of Business Research.

Stone, P. J., Dunphy, D. C., Smith, M. S., & Ogilvie, D. M. (1966). The general inquirer: *A computer approach to content analysis.* Cambridge: MIT Press.

Stone, P. J., & Hunt, E. B. (1963). A computer approach to content analysis using the general inquirer system. In E. C. Johnson (Ed.), *Conference Proceedings of the American Federation of Information Processing Societies* (pp. 241-256). Baltimore, MD: American Federation of Information.

Strickland, C. J. (1999). Conducting focus groups cross-culturally: Experiences with Pacific Northwest Indian people. *Public Health Nursing, 16*(3), 190-197.

Stringer, L. (2008). *An examination of the relationship of demographic variables and communication on the quality of the leader-member exchange* (Unpublished doctoral dissertation). Nova Southeastern University, Fort Lauderdale, FL.

Strodbeck, F. L., & Hook, L. H. (1961). The social dimensions of a twelve-man jury table. *Sociometry, 24*, 397-415.

Strong, E. K., Jr. (1913). Psychological methods as applied to advertising. *Journal of Educational Psychology, 4*, 393-395.

Sullivan, L. (2009). Emic and etic perspectives. In L. Sullivan (Ed.), *The SAGE glossary of the social and behavioral sciences* (p. 175). Thousand Oaks, CA: Sage.

Surowiecki, J. (2004). *The wisdom of crowds.* New York, NY: Doubleday.

Sweet, C. (2001). Designing and conducting virtual focus groups. *Qualitative Market Research: An International Journal, 4*(3), 130-135.

Swim, J. K., & Campbell, B. (2003). Sexism: Attitudes, beliefs, and behaviors. In R. Brown & S. Gaertner (Eds.), *Blackwell handbook of social psychology: Intergroup processes* (pp. 218-237). Malden, MA: Blackwell.

Tannenbaum, R., Weschler, I. R., & Massarik, F. (1961). Leadership and organization: *A behavioral science approach.* New York, NY: McGraw-Hill.

Templeton, J. F. (1994). T*he focus group: A strategic guide to organizing, conducting and analyzing the focus group interview* (2nd ed.). New York, NY: McGraw-Hill.

Tennis, G. H., & Dabbs, J. M., Jr. (1975). Sex, setting and personal space: First grade through college. *Sociometry, 38*, 385-394.

Thompson, C. (1997). Interpreting consumers: A hermeneutic framework for deriving marketing insights from the texts of consumers' consumption stories. *Journal of Marketing Research, 34*, 438-455.

Ting-Toomey, S., & Kurogi, A. (1998). Facework competence in intercultural conflict: An updated face-negotiation theory. *International Journal of Intercultural Relations, 22*(2), 187-225.

Torrance, E. P. (1954). Some consequences of power differences on decision making in permanent and temporary three-man groups. *Research Studies, 22*, 130-140.

Tubbs, S. (2011). *A systems approach to small group interaction.* New York, NY: McGraw-Hill.

Turney, L., & Pocknee, C. (2005). Virtual focus groups: New frontiers in research. *International Journal of Qualitative Methods, 4*(2),

32-43.

Tynan, A. C., & Drayton, J. L. (2007). Conducting focus groups: A guide for first time users. *Marketing Intelligence and Planning, 6*(1), 5-9.

Vissandjée, B., Abdool, S. N., & Dupéré, S. (2002). Focus groups in rural Gujarat, India: A modified approach. *Qualitative Health Research, 12*(6), 826-843.

Walden, G. R. (2008). *Focus groups: Vol. 1. A selective annotated bibliography.* Toronto, Ontario, Canada: Scarecrow Press.

Walden, G. R. (2009). Focus groups: Vol. 2. *A selective annotated bibliography.* Toronto, Ontario, Canada: Scarecrow Press.

Walden, G. R. (2012). *Focus groups research.* Thousand Oaks, CA: Sage.

Watson, D., & Bromberg, B. (1965). Power, communication, and position satisfaction in task-oriented groups. *Journal of Personality and Social Psychology, 2*, 859-864.

Wellner, A. (2003, March 1). The new science of focus groups. *American Demographics*, 29-33.

Wheatley, K. L., & Flexner, W. A. (1988, May 9). Dimensions that make focus groups work. *Marketing News, 22*, 16-17.

Willis, F. N., Jr. (1966). Initial speaking distance as a function of the speakers' relationship. *Psychonomic Science, 5*, 221-222.

Wong, E. (2010, November 19). From focus groups to "friend" groups. *Forbes.* Retrieved from http://www.forbes.com/sites/elainewong/2010/11/19/from-focus-groups-tofriend-groups/

Yukl, G. A. (2013). *Leadership in organizations* (8th ed.). Upper Saddle River, NJ: Prentice Hall.

Zaltman, G. (1989). *The use of developmental and evaluative market research* (Report No. 89-107). Cambridge, MA: Marketing Science Institute.

Zaltman, G. (2003). *How customers think.* Boston, MA: Harvard Business School Press.

Zander, A., & Cohen, A. R. (1955). Attributed social power and group acceptance: A classroom experimental demonstration. *Journal of Abnormal and Social Psychology, 51*, 490-492.

# 찾아보기

# 저자 소개

**David W. Stewart** 박사는 Loyola Marymount의 마케팅 및 법학과의 President 교수이며, 「공공정책과 마케팅 학술지」의 편집자다. Stewart 박사는 밴더빌트 대학교 Owen 경영(Management)대학원, 서던 캘리포니아 대학교 Marshall 경영(Business)대학원, 리버사이드 캘리포니아 대학교 교수로 재직하였다. 그는 교수로서의 책임감과 함께 고등교육에서 다수의 행정적 일들을 수행해 왔으며 「마케팅 학회지」와 「마케팅 과학 아카데미 학술지」의 편집인을 역임하였다. 또한 마케팅 과학 아카데미 이사회 및 미국 마케팅 아카데미 이사회 부회장, 재무, 회원 및 미국 마케팅 협회 재단 임원으로 일하고 있다. Stewart 박사는 미국 마케팅 협회의 아카데미 위원회 회장, 미국 통계 협회의 마케팅 통계의 부문장, 소비 심리를 위한 사회의 회장을 역임하였으며, 미국 심리 협회와 심리 과학을 위한 협회의 회원이다. 또한 미국 통계국 전문가 협회 자문위원 의장을 역임하였다.

Stewart 박사는 250편 이상의 논문들과 8편의 책들의 저자 또는 공동저자다. 그의 연구는 마케팅 전략, 마켓 분석, 소비자 정보조사 및 결정수립, 마케팅 의사소통의 효율성, 마케팅 관련 공공정책이슈, 마케팅 데이터 수집 및 분석의 방법론적 접근들을 포함하여 넓은 범위의 이슈들을 조사해 왔다. Stewart 박사의 연구와 논평들은 비즈니스와 대중지에 자주 나타나고 있다.

**Prem N. Shamdasani** 박사는 마케팅 부교수, 관리자 교육 부학장, 아시아-태평양 관리자(APEX) MBA 프로그램 학술부서장, 국제경영프로그램 Stanford-NUS 관리자 프로그램 공동-책임자, 싱가포르 국립대학교 NUS 경영학교 상급 관리 프로그램 책임자다.

Shamdasani 박사는 싱가포르 및 다른 국가들에서 지도해 왔으며, 많은 수상들과 교수 우수상을 받았다. 대학원 및 관리자 MBA 과정들에 대한 교수뿐만 아니라 관리자 개발 및 훈련에 적극적으로 활동하고 있으며, Caterpillarm J&J L'oreal, McDonalds, Nokia, Sony, Samsung, IBM, Microsoft, 3M, Dupont, Asahi Glass, Philips, Siemens, Alcatel-Lucent, Singapore Airlines, UPS, AP Moeller Maersk, Roche, Bayer Healthcare, GSK, Deutsche Bank, HSBC, Barclays, Ernst & Young, KPMG, Deloitte, Danone, Neslte, Suntory, Volvo, Ikea, Carrefour, Royal Ahold, NTUC Incheon Int'l Airpot, Wipro, Singapore Tourism Board, UNICEF, USDA, 외무부(싱가포르), 연방사무국(UK)을 포함하여 전 세계 80개 이상의 회사들과 일해 왔다.

Shamdasani 박사는 또한 소비자 제품 회사들과 사회적 마케팅 프로그램들을 위한 포커스 그룹 연구에 적극적으로 활동하고 있다. 그의 연구 출판물들은 선도적인 지역 및 국제 학술지들에서 나타나고 있으며, 이러한 출판물들은 「소비자 연구의 학술지」, 「마케팅의 유럽 학술지」, 「광고 연구 학술지」, 「아시아 마케팅 학술지」, 「아시아 태평양 경영 학술지」, 「소매 및 소비자 서비스 학술지」를 포함한다.

Shamdasani 박사는 싱가포르 국립대학교로부터 경영행정 학사 학위를 우등으로 받았으며 로스앤젤레스 서던 캘리포니아 대학교에서 마케팅 박사학위를 받았다. 그의 연구 및 교수(teaching) 관심들은 브랜드 관리, 신상품 마케팅, 소매 전략, 관계 마케팅, 문화 간 소비자 행동을 포함한다.

# 역자 소개

**강종구**(Kang, Jong-Gu)
　컬럼비아대학교(Teachers College, Columbia University) 교육학박사
전) 나사렛대학교 재활자립학과 전임강사
현) 대구대학교 초등특수교육과 부교수

**김영표**(Kim, Young-Pyo)
　단국대학교 교육학박사
전) 한국보건사회연구원 연구원
　　삼육재활학교 교사
　　국립특수교육원 교육연구사
현) 국립한국교통대학교 교육대학원 부교수

**정광조**(Jung, Kwang-Jo)
　서울대학교 교육학박사
전) 한양대학교, 세종대학교, 중부대학교, 나사렛대학교 겸임교수
　　고려대학교, 숙명여자대학교, 중앙대학교, 서울교육대학교,
　　경인교육대학교, 단국대학교, 용인대학교 등 시간강사
현) 서울시교육청 중·고등학교 부장교사
　　성균관대학교 겸임교수
　　국제사이버대학교 객원교수
　　연세대학교, 동국대학교 시간강사

**최종근**(Choi, Jong-Keon)
　서울대학교 교육학박사
전) 서울대학교 입학관리본부 전문위원
　　서울대학교, 서울교육대학교, 동국대학교 시간강사
현) 건양대학교 중등특수교육과 부교수

# 포커스 그룹 연구 방법론
## 이론과 실제
**Focus Groups** -Theory And Practice- (3rd Edition)

2018년 7월 30일 1판 1쇄 발행
2024년 5월 20일 1판 3쇄 발행

지은이 • David W. Stewart · Prem · N. Shamdasani
옮긴이 • 강종구 · 김영표 · 정광조 · 최종근
펴낸이 • 김 진 환
펴낸곳 • (주) **학지사**

　　　　04031 서울특별시 마포구 양화로 15길 20 마인드월드빌딩 5층
대표전화 • 02) 330-5114　　팩스 • 02) 324-2345
등록번호 • 제313-2006-000265호

홈페이지 • http://www.hakjisa.co.kr
인스타그램 • https://www.instagram.com/hakjisabook

ISBN 978-89-997-1383-5 93370

정가 **18,000원**

출판미디어기업 **학지사**

간호보건의학출판 **학지사메디컬** www.hakjisamd.co.kr
심리검사연구소 **인싸이트** www.inpsyt.co.kr
학술논문서비스 **뉴논문** www.newnonmun.com
원격교육연수원 **카운피아** www.counpia.com
대학교재전자책플랫폼 **캠퍼스북** www.campusbook.co.kr